大羽箭

刀锋唐朝

张目◎著

天津出版传媒集团
天津人民出版社

图书在版编目(CIP)数据

刀锋唐朝之大羽箭 / 张目著. -- 天津 : 天津人民出版社, 2017.10
ISBN 978-7-201-12248-9

Ⅰ. ①刀… Ⅱ. ①张… Ⅲ. ①中国历史-唐代-研究
Ⅳ. ①K242.07

中国版本图书馆 CIP 数据核字(2017)第 220976 号

刀锋唐朝之大羽箭

DAOFENGTANGCHAOZHIDAYUJIAN

出　　版　天津人民出版社
出 版 人　黄　沛
地　　址　天津市和平区西康路 35 号康岳大厦
邮政编码　300051
邮购电话　(022)23332469
网　　址　http://www.tjrmcbs.com
电子信箱　tjrmcbs@126.com

责任编辑　岳　勇
装帧设计　卢炀炀
插图绘画　卢炀炀

印　　刷　高教社(天津)印务有限公司
经　　销　新华书店
开　　本　787×1092 毫米　1/16
印　　张　17.5
插　　页　2
字　　数　250 千字
版次印次　2017 年 10 月第 1 版　2017 年 10 月第 1 次印刷
定　　价　52.00 元

目 录

杨广
杨素
画

杨玄感
楊

秦琼
罗士信

李渊
王世充

刘文静
裴寂

宋金刚
刘武周

蔡建德
翟让

徐世绩
宇文化及

程知节
裴行俨

盛彦师
魏徵

尉迟恭
单雄信

李孝恭
萧铣
李靖

李密

杨义臣
窦建德

李世民
丘行恭

刘黑闼
田留安
刘弘基
李建成

引 子

公元618年,李渊终于在大兴城——后来的长安坐上了皇帝的宝座。他实在是没想到,这个三十七年前由他姨夫一手创立、看上去富丽堂皇的大隋朝会被他表弟在不到十三年的时间里败得一干二净;他实在是没想到,他不过用了一年多的时间就从这份家产中抢到了最大最肥的一块;他大概也不会想到,他的儿子们花了三年多的时间就用弓马为他扫平了天下,使他成为可以和姨夫比肩的王朝肇基之主;他也更不会想到,仅仅九年之后的一个夏日,他会在一天之中失去两个儿子、十几个孙子和自己的自由;但最让他想不到的,恐怕还是在这之后,这个由他一手开创的王朝会成为中国历史上最为引人瞩目的王朝,它绚烂的文化、强盛的军功、繁荣的经济,直到如今仍然让后人骄傲不已。甚至一千多年后的今天,远走世界各地的华人,总还会用"唐"这个他当年的爵号、国号,来命名自己生活的街区。这个王朝如此持久的文明魅力是当时的李唐儿孙们没有料到的,而要想说清楚这个王朝为什么会如此成就斐然,似乎不得不从李渊的表弟、隋炀帝杨广说起……

第1章 大业

隋开皇二十年(600),隋文帝杨坚终于做了一个艰难的决定:废掉太子杨勇,册立杨广为皇太子。也许是因为对这个决定多少有点儿忐忑不安,为了祈求这个自己一手创建的王朝长久兴盛,第二年杨坚改年号为“仁寿”。可惜这个年号似乎没有发挥应有的作用,改元之后的第二年,他的皇后独孤氏去世;又过了不到两年,杨坚本人病死在仁寿宫中。不过至少在当时的人看来,老皇帝应该是可以安心地去的,因为他为帝国选择的接班人实在太符合男一号的气质了。

今天的人们如果将中国古代封建王朝几百个皇帝进行一个从坏到好的综合排名,不论是谁做评委,隋炀帝杨广大概无可争议地会在最坏皇帝前十名中占据一个位置。可如果把这几百个皇帝选手从相貌的英俊程度、文化修养、风度气质、军事理论、文艺才华等方面进行比拼,评出最具偶像气质的皇帝,那我告诉你,如果杨广谦虚地说,我是第二,恐怕没有人敢自认第一。这样一个男神气质的人物做帝国的皇帝大概是谁都满意的。

英俊潇洒、风度翩翩、才华横溢的男神们追求的除了美女,大概就是功名,建功立业,扬名立万,有自己的公司,有自己的粉丝,实现人生价值的最大化。那英俊潇洒、风度翩翩、才华横溢的男神皇帝呢?美女已经太多了,粉丝?全国各族人民、满朝文武官员全都是,每天都诚心诚意地祝愿您长命万岁。他心中向往的只能是开创大业,所以杨广在位十三年的年号就是“大业”。

大业是什么？我猜在杨广看来，所谓大业就是宫殿华贵、城市绚丽，就是万邦来朝，就是开疆拓土称霸全球。所以在杨广一生不长的皇帝工作中，他主要抓了两件事。第一，全国范围超大规模的城市基本建设、宫殿建设和国家交通建设；第二，亲自策划并指挥了高句丽战争。这两件事产生了两个结果。第一，为后来的唐朝在国家基本建设方面节省了大量的人力、物力和财力，为唐朝的辉煌做出了自己不可磨灭的贡献；第二，他本人因此丢了性命。

之所以可以一当上皇帝就大展拳脚，那是因为杨广确实有这样做的本钱。他老爹杨坚一辈子省吃俭用给他留下的这份家业，据说唐朝的开元盛世都没能超越。手里有这么一大笔财富加上个性张扬、志向远大，杨广不折腾几把才怪。所以有时候遗产留得太多不见得是好事。

杨广当上皇帝以后的第一个工程是兴建东都洛阳，大业元年(605)三月东都洛阳的兴建工程开始。这个工程大到什么程度？据说每个月使用的人力是二百万。而这个工程的完工时间你知道是什么时候？第二年。想想鸟巢和水立方的建设时间，再想想没有任何大型机械化设备、人口只有八百九十万户的隋朝，如果要用两个字来形容一下当时的赶工速度和劳动强度的话，那就只能是“恐怖”，如果要用四个字来形容的话就是“相当恐怖”。而从后来在整个隋末农民战争中没有任何一支军队包括李世民的唐兵能攻进洛阳，就可以知道这座城市的建设质量绝对不是豆腐渣工程。而这只是大业元年的一项工程，在这一年杨广还同时启动了开挖通济渠、邗沟和修筑长安西苑的工程，每一项的工程量都不亚于兴建东都洛阳。差不多中原地区的隋朝人从这一年开始都变成了建筑工人。

宫殿建筑得雄浑壮观，往往让人叹为观止，从而对普通人，对文武百官，对四方使节起到震慑作用。据说清朝乾隆年间，英国使节马戛尔尼代表英国女王率团访清。双方的礼宾司在马特使见到乾隆皇帝要不要下跪的问题上争执不下。双方妥协的结果是马戛尔尼见到乾隆的时候单膝下跪，就像见女王一样。可当这位小马哥在万树园见到乾隆的时候，中国宫殿的恢宏壮观与中国皇帝仪仗的煊赫威风，竟让他不由自主地扑通一声双膝跪倒。这件事的真相如何，反正英国那边是死不承认，中国人呢只把它记载在了清朝野史里。由此，我们不难看出皇帝的排场是多么重要。住在威风八面的恢宏宫殿中，享受着大排场的杨广是很难不觉得自己是万能的，可以没事的时候手握着日月旋转的。

除了帝王的雄心壮志，杨广还有一个特点就是文人情怀。在中国古代帝王中，杨广大概是最富于文人情怀的。文人呢，一般都喜欢没事的时候做一些浪漫的事情。杨广就是这样，他曾经让手下抓了几口袋萤火虫，然后晚上带着自己的嫔妃爬山的时候在山谷之中把它们放飞。那漫天萤火的场面绝对浪漫。建议苦思求婚桥段的朋友好好学习这一做法。文人喜欢无拘无束，三五好友、一叶扁舟随风而行纵情于山水琴剑之间。杨广的一生最爱的就是纵情山水，可他到底是皇上，一举一动都是国家大事，君身未可轻动。个性十足的杨广是不会因为帝位而牺牲自己的。他照样还是要出门，要上路旅行。没法子，皇帝要出门，那后宫嫔妃得带上，文武百官得跟着，官员家眷也得随着，还有好几万装备精良战斗力强悍的御林军得沿途保护。这一路大军到哪里都是要吃要喝、要拉屎要睡觉的。各级地方官吏那是一点儿都怠慢不得，得好吃好住地供着，还是免费的。大军所到之处，方圆五百里内的百姓是要来贡献食物的。所以这好几万人的旅游团队，对地方经济没有任何好处，只能落个怨声载道。当然皇帝下榻的地方也马虎不得，那时候没有大酒店没有总统套房，杨广呢干脆就给自己造离宫。不管什么地方，只要山清水秀是杨广看上了，就在当地造离宫。所以晋阳有晋阳宫，汾阳有汾阳宫，洛阳有洛阳宫，江都有江都宫。杨广当皇帝这几年全忙着造宫殿了，而且一个比一个造得好。

其实中国古代的历史轨迹都差不多。创业之主打下江山分封功臣，开始的时候因为刚经过战乱地多人少，一封一大片。比如给李将军分了一千亩土地，那么李将军就变成了将军兼地主。一千亩土地李地主肯定种不完，那就有了给他打工的农民王二、牛五等一百多家种这一千亩土地。他们每年给李地主交租子。刚开始的时候人少地多，地种不完，所以李地主和王二他们的收入都会不断增加。可增加到一定程度的时候事情就变了。李地主生了小李地主,小李地主又生了好几个小小李地主,老李家的人口是越来越多,可人均收入却不断减少。为什么呢?因为王二他们也有了小王二、小小王二,一开始是一家两口十亩地,后来可能变成好几十口人十亩地,口粮都快成了问题,哪来的余粮交租子?于是李地主的后人们和王二们的后人们都对这种现象极为不满,矛盾就这么慢慢积累着,等到闹个天灾人祸一吃不饱饭就该爆发了。那就只好造反了。大家你死我活地相互厮杀,人口急剧减少,民生凋敝,然后终于有个运气好的家伙得了江山,再接着分封,接着重复这个过程。

如果李将军是个厚道人,比较注意计划生育,比较节俭,收的租子也少,那么这个过程可能就会持续得长一点。如果摊上的是杨广这样的败家子,那么破产的速度就非常快了。

当然,说杨广是败家子其实有点儿冤枉他,因为实际上这家伙是想有所作为,只不过手段与运气都差了一些。如果他不是从上台的第一天就玩命折腾,而是小步快走地慢慢来,那么以后怎样很难讲。偏偏杨广是一个一万年太久只争朝夕的人。杨广登基的时候三十七岁,按理说不大呀,可是你要知道在他那个年代三十七岁做皇帝已经是高龄了,当初北齐高氏政权没有一个男人的寿命超过四十岁,你想想杨广能不着急吗?还有一个,在杨广看来,他爹杨坚虽然结束了中国三百年的分裂局面,帝国重新归于一统,但是国家毕竟分裂了三百年,三百年的时间文化是割裂的,也就是说从地理上看,国家统一了,但是从文化上说未必,不论是帝国的臣民还是异域的外邦似乎还没有从心里完全认同这个政权。我这么说可是有证据的,要知道后来的唐朝宰相房玄龄年轻的时候就和他爹说过,隋朝可能不会长久,房宰相说这个话的时候那可是杨坚在位的开皇年间,他能这么说,就表明至少很多士大夫阶层对隋朝并没有那么认可。而杨广想要做的就是让这个帝国真正成为万邦来朝的中心,成为兆宇之中士民的主宰。所以他才会不停手地大兴土木来展示王朝的强大,让四方远夷震服;才会不间断地四方出行去强化帝国中央与地方的文化交流。

其实在杨广登基头几年他的大手笔效果是不错的,包括突厥的启民可汗当时都有过想法要举族完全效仿中原文明,过上和大隋朝老百姓一样的幸福生活。也就是在这样盛极一时的背景下,杨广有了一次伟大的出巡,中国历史上皇帝第一次出巡到了一直以来的对手游牧民族的地盘，当时这个对手是突厥。在中国的历史上,还没有哪个皇帝到突厥的地盘上撒过野,杨广是特别看重这个第一和唯一的。

那时候突厥的首领是启民可汗,一个非常亲隋的头领。他的老婆就是杨广家的宗室女儿——义成公主,为了表示对老婆娘家来人的重视,在杨广特使长孙晟的提示下，启民可汗开创了一项为热烈欢迎杨广而进行的特别活动——全民除草义务劳动活动。这场活动的主要目的是在草原上为杨广皇帝的旅游团队开出一条长三千里、宽三百步的御道。

行走在这样的无草的壮观御道上，看着四夷首领们低眉顺眼的谦卑样子,杨广的心里空前的兴奋与激动。在他之前的中国皇帝,还没有哪个能让这些马背上的民族如此驯顺。杨广兴师动众的草原数日游行动,引发了另一个国家的极度不安。这个国家叫高句丽,一个一直没有对隋称臣的国家。他们实在不相信杨广的突厥之行只是一次旅行。他们有理由相信杨广亲自到突厥有可能会对自己有军事行动。他们非常需要准确的军事情报,所以也向突厥派出了使臣,不巧的是当使臣到达的时候杨广正在启民的大帐中。这一下启民犯了难,他虽然知道出卖朋友是不对的,但他更知道老婆娘家是得罪不起的,所以他向杨广汇报了这件事。

正在兴头上的杨广,马上高兴地召见了高句丽特使。双方在非常严肃的气氛中进行了会谈,会谈的主要内容,是杨广对高句丽国特使进行了威胁。杨广威胁的主要内容是,高句丽国与中原文明同文同种是一家。现在中原的皇帝是我杨广,连突厥这样的异族都已臣服,你们就更应该纳表称臣。可我干皇帝工作都已经三年了,你们的国王还没来请安,这是非常严重的错误。现在啥也别说了,明年赶紧的,让你们国王来请安,省得我带着几十万人马去看他。

高句丽国的使臣,那天是吓个够呛,没想到会碰到这个阵势。赶紧拍着胸脯子保证,一定把话带到,并且替国王保证明年一准儿去请安。

杨广结束了非常有面子的草原风情数日游,回到中原,又开始兴致勃勃地等待高句丽国王的来访。可左等没来,右等没来,一直等了五年也没来。这一下,杨广的面子搁不住了,自己当初在启民可汗那里说过的,要是高句丽王不来朝贡,就刀兵相见。不管启民可汗是不是把这话当回事,自己是不能含糊的。打仗是小事,面子可是大事,尤其不能在外族面前丢面子。你想想,如果像高句丽这样的国家都不认可自己的政权,那怎么让别人信服?所以高句丽国是无论如何也得修理一下的,怎么也得让高句丽王给个说法不是。于是从大业七年(611)开始,杨广开启了战争总动员,也顺便开启了隋朝灭亡的总动员。这场战争差不多是一场空国之战。全国应征入伍的人数达到了可怕的一百三十多万,负责运送军需物资的民夫两百万人以上。为了运送人员、物资,隋朝政府还修造了航海大船三百艘,运输车五万辆。这个国家的战争潜力一点儿没剩全部被挖掘了出来。

会写诗、很浪漫、爱山水、有风度、够英俊的偶像皇帝杨广这一次亲自担任了北伐高句丽军总司令。这不是杨广第一次带兵打仗,开皇年间还是晋王的杨广就参加过统一南方的战斗。那场战役的前线实际指挥者是隋朝名将杨素、韩擒虎和贺若弼,隋朝最有能力的三位军事家。杨广是督战的角色,在整个统一南陈的过程中杨广没有给三位将军造成任何困扰和麻烦,就说明杨广不是个笨蛋,军事上还是有一定的素养的,至少是不添乱的水准。现在杨素、韩擒虎早就死掉了,贺若弼在大业四年(608)的时候因为背后议论杨广也给杀了头,所以无形中杨广似乎成了总司令最合适的不二人选。说实话,爱读书的杨广是读过几本兵书的,他知道不战而屈人之兵的道理。他心里一直有个想法,就是这百万大军一到辽东,可能根本就不用打仗,吓也把高句丽吓毛了,所以军队最重要的是要造势,造出大军所向无敌、风卷残云、摧枯拉朽的态势。

所以这支军队的设置和行军状况是这样的:一百一十三万人分为左右十二军,会军平壤。每军设大将一人,亚将一人。骑兵四十队,每队一百人。步兵八十队,每队一百人。十队为一团。每个团都有不同的铠甲和旗帜。其他的散兵和押运辎重的人员随大军行动。这二十四支部队每天发出一支,相去四十里连营渐进,一直发了四十天才全部出发完毕。首尾相继,鼓角相闻,旌旗绵亘九百六十里,然后还有杨广的御林军和政府各机关,又是八十里,出兵的盛况可谓是空前绝后。

另外，杨广大概是一厢情愿地认为只要高句丽人听到这支军队的号角就会立马投降，所以特别给每支军队都配备了一名谈判专家（受降使者)——专门负责接受投降的,不受大将节度。为了更好地贯彻自己不战而屈人之兵的伟大战略构想,杨广司令严令前线的各兵团司令不得擅自行动,大军调动要积极上报,一旦高句丽求和要立即停止军事行动,等候命令。可以说,杨广对高句丽的投降做了充分和细致的准备。从理论上讲,高句丽的土地、人口只相当于隋朝的一个郡,大隋朝举倾国之力来教训高句丽,他们明智的选择肯定是求和投降。但是可惜,杨广的对手、犯了脾气的高句丽人偏偏做了一个显然是疯狂的决定——与百万大隋军决一死战。

对于高句丽之战,杨广更多的是当成了一场盛大的阅兵式,为此他甚至还邀请了外国的军事观察员——高昌国王曲文泰,杀鸡儆猴的用意很明显。当然,杨广对于自己可能会很丢人的被鸡杀没有任何思想准备。这场面子引发的战争最后让杨广丢了大面子，为了找回面子他不得不魔怔般的一次又一次征高句丽,直到最后丢了江山社稷和自己的性命。

第2章　高句丽之战

高句丽之战的第一战是在辽河边上打响的。为了全军顺利渡过辽河，将作大匠宇文恺——隋朝最著名的建筑工程师，在西岸造了三座浮桥，然后引到东岸，但是当部队冲上浮桥时却发现桥不够长，离对岸还差几丈远。就在稍一犹豫的工夫，高句丽军队冲到了隋军的登陆地点，拉弓射箭。这么多人拥在三座浮桥上那基本就是靶子了。关键时刻隋军大将麦铁杖以撑杆跳的方式跳上了对岸，抢滩登陆和高句丽军队交了手。这位胆大如斗的麦铁杖是要多交代两句的，这位仁兄是广东人，以前是个大盗，后来被政府军俘获就做了政府军的仪仗兵，主要工作是给皇帝撑伞。这家伙不但力大无穷，而且跑得很快，据说一天可以跑五百里，放在今天，马拉松的世界冠军那是拿得妥妥的。麦铁杖虽然成了政府军但是贼性不改，每天晚上下班就跑一百多里到别的地方行窃，然后在早上天亮之前赶回来上班。这样干了十几票终于有一天给失主认出来了，你想他天天给皇帝打伞那多招眼。问题是他的领导同事都不相信，谁能一来一回一个晚上跑两百里作案？但是人家失主又说得言之凿凿，后来朝廷给他下了一个套，招募能去他作案地点送诏书的人，并且要求第二天早上必须返回，酬劳是一百金。麦铁杖高兴地抢到了这个任务，第二天早上果然回来了，这样大家才相信这小子不是一般人。除了跑得快，这家伙单兵作战能力极强，后来隋朝统一，麦铁杖跟着杨素一起在南方作战，他主动请求去敌后侦察，第一次很顺利，第二次被人家活捉了。押送他的时候,麦铁杖居然趁着敌人放松警惕的时候夺刀反击,杀光了所有押送的敌兵,然后割下他们的鼻子,大模大样地回营复命去了。你知道麦铁杖带着多少鼻子回去的吗?告诉你,三十个,现在你该明白他有多猛了吧。在麦铁杖的带头示范下,隋军中胆子大的兄弟们也纷纷仿效麦铁杖的自杀式攻击方式跳上了对岸。可惜人数实在太少,被高句丽军队全部歼灭。剩下的隋兵连人带桥撤回了西岸。

初战不利,没能给杨广必要的警醒。他没能从高句丽人的殊死相搏中看到自己的战略失误而及时调整策略。他依然固执地相信高句丽人投降的概率远远大于死战。

其实在出兵之初兵部尚书段文振曾给杨广一个很中肯的建议,就是百万大军以迅雷不及掩耳的闪电战方式直捣平壤,不要管其他城市,只要拿下平壤,高句丽自然会全面崩溃,可席卷而定。整个辽东和朝鲜北部地区冬长夏短,秋多淫雨,地多沼泽,一旦军事行动在秋天到来之前不能完成,那么百万大军的保障补给就会有大麻烦,所以高句丽之战只能是闪电战。杨广对于高句丽王会投降可能是过于自信了,他没有采纳段文振的建议,执意以耀武扬威的方式开始自己的战争。百万大军绵延九百六十里的行军里程和四十天的开拔时间给了高句丽人充分的备战时间。现在如同一个准备充分的轻量级职业拳击手和一个掉以轻心、自以为是的超重量级拳击手的比赛开始了。第一回合,轻量级选手小胜。

巨无霸杨广对于首战失利没有太在意。毕竟自己身大力不亏还有一身疙瘩肉,挨几拳小意思。接下来杨广在隋军中大力宣传了麦铁杖的英雄事迹,用以鼓舞士气。然后用了两天的时间加长了浮桥。第二回合开始了,这一回合隋军没有给高句丽人机会。大军一窝蜂地冲过了辽河,凭借数量上的绝对优势,将高句丽军队杀得大败。高句丽人扔下近万具尸体退回了辽东城坚守不出。请注意是坚守不出而不是准备投降。

高句丽之战的第三回合开始了。这一回合是攻坚战。高句丽军队的战法很简单,坚守不出。任凭你怎么讨敌骂阵我就是不出来。只有攻城了,在冷兵器时代攻坚战是最吃力不讨好的战法。可隋军没有选择。说实话,隋朝军队的攻坚战还是非常了得的,高句丽人眼看就撑不住了。就在辽东城快要被攻破的时候,高句丽这个轻量级的选手扔出了白毛巾,要投降。那就不能再打了,赶紧给杨广汇报,然后谈判专家上阵交涉具体投降事宜。杨广那时候不在辽东城外,信使骑着快马得跑几天才能把消息带到,然后再把杨广的指示带回来,前前后后一折腾就是一个月的时间。等到一切都谈得差不多了,高句丽人突然把毛巾一收,说毛巾扔错了,咱还是接着干吧。你很恼火,对手的确很赖皮,可你没办法,因为没有裁判。只好接着攻城。

这一个月的时间,隋军的将士是满心欢喜,觉得好了不用打仗了,可以回家了。高句丽人呢,一点儿没闲着,修整城墙,准备兵器,训练士卒,养精蓄锐。现在隋军这边是要把丢了的斗志鼓起来,高句丽人那边却是斗志昂扬。仗是越来越不好打了。可隋军毕竟人多势众,慢慢地又取得了主动,眼看着又快破城了。高句丽人的白毛巾又扔出来了。这种情况下换成是另外一个智商超过七十的正常人,肯定是管你投不投降,先攻进去再说。可隋军不敢,前边有杨广的军令呢。还是得再次上报等待批复。然后眼睁睁看着高句丽人安心地修整备战。等你决定受降的时候,他那边也休息得差不多了,然后毛巾一收说一句咱们还接着干吧。而这样低级的狼来了的把戏,他们愣是在隋朝军队面前玩了三四次。战争的时间被一点点地拖向了多雨的秋季。就在大家觉得事情开始变得有点儿不妙的时候,另一路由来护儿率领的海军陆战队却几乎取得了成功。

来护儿率领的这一路海军,由山东出发,与由辽东出发的杨广遥相呼应。这一路海军的登陆战打得很漂亮,一上岸就把高句丽守军打了个落花流水。然后勇敢的来护儿立刻整合人马,直扑平壤。来护儿打仗的特点就是快,快得让人措手不及。登陆战的胜利让来护儿觉得,必须马上杀向平壤,趁着对手惊慌失措的时候一举拿下平壤,结束高句丽之战。来护儿的战斗热情显然是好的,可是他实在小看了高句丽人的狡猾。对于来护儿的冒险急进,副将周法尚是不同意的,他认为应该等大军全部到齐之后再战更稳妥。一贯不把常理和圣旨放在眼里的来护儿,当然也不会把周副将的意见放在心上。他扔下周法尚,带了四万多海军陆战队员扑向平壤。

来护儿冲到平壤的时候,这座城市看上去毫无戒备,所有的百姓和军队好像都逃散了。这个场面有点儿眼熟,是不是有点儿像空城计?可来护儿不是司马懿,没那么多的想法,他是不会糊里糊涂就退兵的。来护儿带着军队就冲了进去,到里面一看还真是一座不设防的城市,大喜过望的来护儿下了一道致命错误的命令。弟兄们,抢吧,能拿多少拿多少。四万大军顷刻之间变成了四万土匪,开始肆意抢掠,不复部伍。在冷兵器时代,打仗最重要的不是士兵的单兵作战能力,而是保持阵形。只要阵形完整坚固,对手是很难取胜的。当然抢掠的时候是不会摆成军阵进行的,散了队形肆意妄为的隋军士兵们没有想到,在平壤城外的空寺中集结着高句丽的精锐部队,他们像狙击手一样瞄着来护儿的四万大军,隋军一散,他们立刻冲了出来。其实来护儿的手下战斗力是很强的,要是大军不乱击败高句丽军队真正占领平壤是完全可能的。可惜忙着抢东西的隋军结阵迎战已经不可能了,只能做一件事了,那就是——跑。在来护儿将军的带领下,四万大军全体溃逃,拼命地跑。显然,来护儿逃跑的速度一点儿不逊色于他进攻的速度。在这场隋军的长途逃命奔跑比赛中,来护儿取得了第一名的好成绩。第二到最后一名的选手全部阵亡。其实来护儿也差点儿挂了,他快跑回海边的时候,也差不多快被追上了,这时候高句丽军队停止了追击。因为他们看到了排成整齐的战斗阵形的隋军,这是周法尚的手下。显然他对来护儿的轻敌冒进非常担心,所以他将陆续登岸的隋军排好阵形摆在滩头以防万一。来护儿得救了,但已经损失了四万人马的海路军显然已没有力量单独进击平壤,只能待在沙滩上等着杨广那边的消息再做打算了。这一回合,隋军惨败。

来护儿的海路兵败和辽东城的久攻不下,使杨广不得不认真重新考虑高句丽之战的战略部署。他决定采用已故兵部尚书段文振的建议,分兵一路直扑平壤。这一路偏师由九路组成,各兵团司令分别是:宇文述、于仲文、荆元恒、薛世雄、辛世雄、张瑾、赵孝才、崔弘升、卫文升,总兵力三十五万人。

三十五万大军扑向平壤,后勤补给是个大问题。所以出发之前,宇文述下令军中所有士兵每人带百日粮。什么概念,我觉得至少是一百斤粮食吧,再加上盔甲、兵器、衣物和各种作战装备,单兵的负荷应该是绝对超过美国海军陆战队的,而且宇文述还下令军中"遗弃米粟者斩"。他大概是认为有这么一道军令应该没人敢把口粮给扔了。可惜他错了,天天扛着一百多斤东西走路,就是大力水手也不乐意。于是在晚上宿营的时候,也不知道是谁先带了个头,士兵们开始自我轻装,大家在帐篷里挖坑,把粮食埋了。这种夜间埋粮的业余活动很快传遍全军,等宇文述发现的时候大军已经快开到鸭绿江边了。怎么办?继续前进粮食是肯定不够的,就这么退回去?三十五万大军白跑了好几百里,谁能丢得起这人?

就在宇文述他们举棋不定的时候,高句丽的投降使者到了。来的人叫乙支文德。对于这个人你可能很陌生,可是仔细回想一下2009年美韩军事演习的名字"乙支自由行动",你大概就会明白这个人的分量了。这个人是高句丽国国王以外的第一能人,相当足智多谋。不过对隋军而言,乙支先生是很缺德的。因为他来投降的主要目的,是刺探军情。

隋军出发之前,杨广曾给于仲文下过一道密旨,如果乙支文德或者高句丽国王来投降立刻扣留。现在肥肉真的送上了门,这简直是天上掉馅饼,还正好砸到你脑袋上。于仲文马上决定扣留乙支文德。可是这个命令居然没能执行。为什么?因为有一个人坚决不同意,这个人不是宇文述,这个人叫刘世龙,你应该没听说过,他的职位是慰抚使,主要负责的项目就是处理投降事宜。还记得杨广出兵之前的安排吧,慰抚使在军中不受大将节度,专责谈判事宜。刘世龙认为自己是和谈的全权代表,高句丽既然投降了那接下来的事情就是我说了算了,就该我接手处理了。他认为一旦扣留了乙支文德,高句丽肯定会血战到底决不投降,所以他坚决反对扣人。于仲文呢,干着急没办法。

乙支文德和刘世龙愉快地共进了午餐,双方在友好而不坦诚的氛围中就投降的具体事宜交换了意见,然后酒足饭饱的乙支文德飘然而去。

乙支先生走了,于仲文是越想越觉得不对劲。全军现在是上不上下不下的处境,扣住乙支文德的作用应该相当于司马懿活捉诸葛亮,好歹是个交代。就这么让他大摇大摆地走了,万一日后不得不退兵那可就太难看了。所以这一次于仲文也不顾刘世龙的反对了,派出骑兵赶紧追吧。乙支文德是走得很快的,一般而言虎口脱险后人跑得都很快。于仲文的骑兵看到乙支文德的时候,他已经在鸭绿江的小船上了。追是追不上了,那就得骗了。领头的军官大喊乙支先生请回来,我们大将军刚才有件重要的事情忘了说了,得请您回去好好商量。老谋深算的乙支文德哪能上这当,走您的吧。理都不理就过了江。怎么样,乙支文德够帅吧?不比关云长的单刀赴会差吧?别忘了关老爷当时手里还有把大刀呢,乙支文德可是正儿八经的文官。而且最重要的是,乙支文德从隋军的蛛丝马迹中敏锐地判断出了一个军事秘密——隋军缺粮。

送走了乙支文德,隋军接下来要怎么办?宇文述与于仲文进行了激烈的争论。左翊卫大将军宇文述认为粮草不足应当退兵,这显然是一个很认㞞但很理智的决定。而于仲文坚决主张进兵。他的理由很简单,三十五万大军就这么回去,笑都被人笑死了,至少得有点说得过去的功劳才行不是。本来宇文述是主张退兵的,但可惜的是于仲文这次也很固执。而且大军出发之前,杨广曾经说过,于仲文有智略,让大家多参考他的意见。所以宇文述动摇了。现在你可能会发现这九路大军居然没有一个真正的总司令。宇文述和杨广是亲家,又是杨广最信任的大臣,所以大家对他比较尊重,但他并不是真正的大军统帅。这支大军压根就没设总司令的职位,全军的重大军事行动是采用民主制的方式讨论决定的。为什么这行不通?因为它误事,讨论出的军事方案往往会是最失败的那个。宇文述他们跨过了鸭绿江。粮食当然是不够的,怎么办?实行定额配给,每个人口粮定量,定量的标准大概是以不能半饱为原则的,也就是说得让人都能看出来你饿着呢。希望能撑到平壤,或者至少捉住乙支文德。

一个人饿肚子你未必能知道,一群人饿肚子应该是不难看出来的。隋军全军饿肚子的情报很快送到了乙支文德那里。乙支文德也很快做出了军事部署,四个字——诱敌深入。

于是隋军跨过鸭绿江的第一仗高句丽军队一触即溃,以后的几仗隋军节节胜利,曾经创下了一日之内七战七胜的纪录。这使得各兵团司令的头脑都开始发热了。他们开始相信,高句丽军队战斗力低下,只要大军到达平壤城下,高句丽就会不战而降。本来宇文述还是比较冷静的,打了几个胜仗,也算是有了交代,这时候退兵也还说得过去,毕竟粮食是不够的。可眼前一场场的胜利和各大将们热情如火的求战欲望让他也欲罢不能了，他终于也头脑发热了:弟兄们,冲吧。

就这样几十万大军被高句丽人一步步引诱到了平壤城下。宇文述大军也终于饿得走不动了。他们想象中的高句丽人不战而降的场面没有出现,眼前所见的是比辽东城更加险峻的平壤城，这里的高句丽人斗志昂扬地等待着隋军的到来。宇文述知道自己上当了,摆在自己面前的有两条路:一是背水一战进攻平壤,二是退兵。可是让自己手下这些长途奔袭又饿着肚子的士兵去攻取平壤城,成功的概率小于万分之一;退兵,就这样回去杨广亲家会不会要了自己的脑袋真的很难说。就在宇文述左右为难的时候,一个让他可以下台阶退兵的人到了。这个人是乙支文德的信使,他带来了乙支文德的亲笔信,信的内容是:我投降。

显然,宇文述的窘迫乙支文德是料到了。看来他是不希望狗急跳墙的宇文述真的进攻平壤。守住平壤乙支文德是有信心的,但是高句丽军队兵力有限,他不想在这样的城市攻防战中和隋军拼消耗。置之死地而后生的道理他知道,他可不想和三十五万破罐子破摔的隋军血拼,他要给隋军一条生路,有了生路的人,自然也就没有了背水一战的勇气和斗志。乙支文德的投降信上说,我投降了,你先退兵吧。我明年一定和我们的大王到贵国请罪。这显然是毫无诚意的,但对宇文述而言足够了。因为他就在等一个退兵的理由,他当然知道这是诈降,但是他不在乎,因为他终于可以退兵了。

作为在军队中混了多年的老兵油子,宇文述知道,既然是诈降,自己退兵的时候就是高句丽人进攻的最佳时机。他对全军的撤退阵形做了安排,全军各兵团的战斗单位全部排出可以四面抗击的方阵,有秩序地撤退。

果然，看到隋军撤退乙支文德开始表演了。他命令自己的部队四面抄击。高句丽人凭借着地利上的优势和吃得饱的优势开始对隋军进行全面袭扰。一会儿左边射一排箭,一会儿右边扔一排投枪,一会儿骑兵再来冲一冲,搞得隋军穷于应付。不过总的来说,隋军的撤退还是有序的,所以损失不算太大。可当全军退到萨水边上的时候情况变得严峻了。萨水今天叫清川江，离平壤不算远。宇文述现在是非常后悔，如果自己当初能在萨水北岸就停住脚步，等待乙支文德的降书那有多好。现在说什么都晚了。他知道乙支文德是绝不会放过这样的好机会的，他一定会在全军渡河的时候发起总攻，为此他特别安排兵团司令辛世雄亲自断后，然后全军渡河。

乙支文德把中国的兵法学得真是好。在隋军渡河渡到一半的时候，高句丽人的总攻开始了。这在兵法中叫半渡而击。大将辛世雄率领的几万隋军在高句丽人气势如虹的攻击面前没有任何抵抗能力。为什么？因为实在是太饿了、太累了，而且更要命的是，辛世雄本人竟然在攻击中阵亡了。这一下负责断后的部队全乱了套。还打个什么劲儿呀，逃命要紧吧。一时之间隋军全体溃败。正在河里的拼命往对岸游，已经过了河的头也不回拼命往前跑。现在已经没有任何抵抗能力和手段了，全军的目标只有一个，就是跑。兵已经找不到将了，将也找不到兵了，没关系，回去的方向认得就行。跑路总是会的。在这场逃跑比赛中部分隋军将士竟然创下了一日一夜奔跑四百七十里的纪录，一口气跑到了鸭绿江边上。几十万人的大溃败是谁也镇不住的，你能做的就是跟着一起跑。这大概就是传说中的兵败如山倒吧。后面的高句丽军队就好像是冲入羊群的恶狼一样对着溃败的隋军士兵任意砍杀。这一仗高句丽人赢得真是漂亮。据后来统计，三十五万大军，最后回到辽东城下的只有两千七百人。三十四万多具尸体的处理掩理工作，成了高句丽人的繁重工作。为此他们干了一件很缺德的事情，就是把所有的尸体堆在一起，堆成一座尸山，然后覆土，这就是有名的炫耀武功的京观。

在辽东城下苦苦等待隋军胜利的好消息的杨广，等到的却是两千七百名狼狈不堪的残兵败将。这场高句丽之战到此为止，已经不可能再进行下去了。这场战争以杨广的大丢面子而结束。它的另外一个结果就是成就了高句丽人不可战胜的神话，而且这个神话差不多持续了三十年。

第3章 杨玄感造反

对于理智的人而言高句丽之战的失利未尝不是好事，因为失败乃成功之母。但对于丢了面子而冲动地要急于挽回的杨广而言,失败是另一场失败的妈妈。

事实上,在大业八年(612)的这场高句丽之战发动之前,大隋朝就已经出现了江山不稳的迹象。连年大规模的皇家基本建设,搞得这个国家金玉其外、败絮其中,民众不堪重负,造反起义的事情时有发生。高句丽之战的失利,更加速了皇朝的崩溃。如果够理性的话,杨广现在要做的就是休养生息,积蓄力量,养兵富民,等待时机,然后没事的时候和高句丽人玩一点反间计、美人计什么的。可杨广不是,他是十年太长只争朝夕。一回国,他就开始准备他的第二场高句丽之战,他是下决心要和高句丽人死磕了。第二场高句丽之战的发起时间是令人恐怖的——大业九年(613)。这大概相当于你对一个刚刚跑完四十二公里一百九十五米、累得半死的马拉松选手说,兄弟,别忙换衣服,喝口水再跑一遍。

就在全国人民、各级官员为杨广这个二征高句丽的决定叫苦连天的时候,有一个人却异常兴奋。他一蹦老高地表示坚决拥护杨广的正确领导,支持杨广的战略决定。这个人叫杨玄感。他不光嘴上支持,还以实际行动来表明自己的态度。他带头参军,并且把自己的两个弟弟也送到了部队。显然已经隐忍了很久的杨玄感觉到机会来了。他大概是生怕杨广会不去高句丽打仗。杨玄感为什么这么积极？因为他是杨素的儿子。

说到杨素得稍微多啰唆两句，他在隋朝有名到什么程度？如果当时有福布斯财富榜的话他应该仅次于杨广排第二位，如果当时有《时代周刊》权力榜的话他应该与杨广并列第一。他一生主要做了三件事：第一，统一华夏；第二，拥立杨广；第三，平定杨谅叛乱。杨素和杨广虽然都姓杨，但他们之间没有任何血缘关系，但是杨素却得到了只有皇帝直系亲属才可以有的封号“王”，他的封号是越王，足见杨素在隋朝的地位。如果要专门描述一下这位牛人的丰功伟绩，大概需要写几十页纸的内容，简单一些，你暂时只要知道这个人非常非常非常牛就行了。而对于这样一个一手把自己扶上皇帝宝座的牛人，你觉得杨广会不忌惮吗？对杨广而言，杨素实在是一个太可怕的臣子，在登位之前的一度混乱中，杨素以老辣冷酷的雷霆手段，迅速稳定局面。自己当上皇帝以后，面对汉王杨谅谋反，杨素弹指之间就把弟弟的十万劲卒扫了个干干净净。他像是卧在自己身边的一只猛虎，尽管外表恭顺，而且年纪也不轻了，但谁也不能保证他还会不会吃人。最让人放心的当然是消灭他的肉体。可还没等杨广动手，杨素自己先病了，并且一病不起。对此杨广当然高兴，可表面上还得装出一副猫哭耗子的样子，每天派自己的私人医生给杨素看病、送各种名贵药材，主要的目的是看看老杨到底死得了不。聪明绝顶的杨素自然明白杨广的用心，所以他采取的办法就是谢绝一切救治——等死。这其实是一个很无奈的选择，因为你很难保证杨广的私人医生会不会给你来点儿含笑半步癫之类的猛药，万一真是这样顶多搞成个医疗事故，砍一两个医生的脑袋就够了。宫里的药不能吃，自家的药就能吃？那不明摆着不信任皇上吗？所以越王杨素所能做的也就只有等死，并顺利地死掉了。

杨素的死终于搬掉了杨广心中的一块巨石。这人呀，一得意就容易忘形，就容易张狂毫无顾忌，何况杨广本来就是个目中无人的皇帝，当他听到杨素的死讯后，居然在自己的后宫说这老家伙总算是死了，要不然早晚还是要收拾掉他。杨广显然低估了身边的小宦官们传播是非的能力，这话很快就传到了杨玄感的耳朵里，而且按照惯例还会添油加醋的有了籍没财产、株连九族的内容。所以从杨素死掉的那年开始，处在愤怒与恐惧中的杨玄感就开始了自己的地下工作,为造反做准备。他开始了长达七年的等待。

当然杨广大概是没有想到,就在杨素去世以前,他已经给自己这个不安分的儿子找好了一位称职的总参谋长,这个人就是李密。而这位李密先前却是杨广贴身禁卫部队的一员,正是因为自己的原因,这个难得的人才,被推到了对手的阵营。

李密当初的工作单位是三军仪仗队, 被炒鱿鱼的原因是他的一双眼睛让杨广非常不舒服,文武大臣、西方远夷、各国首脑们的眼睛见到他会显露出依顺与惶恐,至少是谦卑,可这双眼睛呢?在皇宫内苑万岁驾前,顾盼自如、四处乱瞄,颇有些没太把杨广放在眼里的感觉。李密会有这样的气度和他的出身有关,李密的先祖是西魏八柱国之一的李弼,地位可是比当初的杨广家高。这样的家庭背景,难免不带一点儿傲气。这是骄傲的目空一切的杨广不能容忍的。杨广对李密的处理方式非常简单,叫来了三军仪仗队司令宇文述,告诉他炒这人的鱿鱼。

离职回家的李密读书去了。白天读书、晚上读书、吃饭读书、如厕读书、睡觉读书、走路读书,四书五经都读得滚瓜烂熟,尤其是《史记》《汉书》之类的史书,更是精深。中国古代历史中记载的差不多全都是斗争,君臣之间的斗争、大臣之间的斗争、地主与农民的斗争,皇后与妃子的斗争等,中国历史差不多就是一部斗争史,李密在这样的斗争史中浸淫,为以后的造反工作打下了坚实的基础。这一天,李密要出个远门,路上的时间他不想耽误,要充分利用。他在坐骑——一头黄牛背上铺上厚垫子,把一套《汉书》挂在牛角上,然后手拿一本, 坐着黄牛出门了。李密这种读书的造型大概多少有点儿雷人,这次他还雷到了一个名人——杨素。

杨素这个人特别傲,满朝文武没几个他能看得上的。可这一天傲视天下的越王却被有型的书生李密雷到了。杨素当时也不知道是哪根筋不对了,带人悄悄地尾随骑着黄牛的李密。更雷人的事情出现了,越王带领人马为坐在牛背上的书生李密护驾而行。

最终这两个人的一场对谈,让杨素对于李密赞赏不已。他深信自己为儿子找到了最好的帮手。有了李密的辅佐,自己百年之后可以安心了。

大业九年，在杨玄感率先垂范的感召下掀起了又一次征讨高句丽的参军高潮。杨广带着重新组织的部队出发了，当然杨广也留了心眼，杨玄感的弟弟杨玄纵和杨万硕被一起带去了前线。杨玄感干什么呢？他在这场战争中的职责是常驻黎阳，负责全军的后勤保障工作。这个工作当然是个美差，自己高兴的话按时给杨广送粮食没问题，要是不高兴要造反了，那几十万斤的粮草能干什么是显而易见的。

这一次杨广的高句丽之战务实多了，不再搞什么谈判大使之类的噱头了。各兵团司令全权指挥，围攻辽东城。很快各路大军就把辽东城围了一个水泄不通，然后攻城。出门时能带上的各种各样的攻城重武器——撞城门的撞车、云梯、飞钩等一起上阵。还有一部分人进行土工作业，没日没夜地挖地道、堆城墙，就是在和辽东城城墙成直角的位置上，用土石修一条像大堤一样和城墙一样高的“鱼梁大道”，大道修成后隋军可以从大道上直接冲击辽东城。杨广那里没日没夜地攻城，杨玄感这里呢，也在没日没夜地准备着造反。

一般来说，造反这种事情和赌博一样第一步要做的是聚众，所以这两个词一般都是连在一起使用。要想聚众得有个由头，还得是个挺重要的由头，总不能说是请大家吃饭就把几千人聚到一起吧。杨玄感是这样做的：当时隋朝名将来护儿正在东莱准备着征高句丽的海路军。杨玄感让自己的家仆假装从东莱跑回来说来护儿造反了。这一下作为后方留守的杨玄感就得征调人马准备平叛，就有了合理合法的聚众理由。这种做法后来的李渊父子也用过。杨玄感下令黎阳附近的各个郡县向黎阳输送人马，同时在他看来比较有能力的地方官员也被他一并给收了。除了要聚众，造反这种事情还得有组织，要不怎么老是说有组织、有预谋？所以在准备动手之前，杨玄感偷偷地告诉自己在杨广身边的两个弟弟赶紧找个机会跑回来，同时秘密派人回老家长安叫剩下的弟弟们一起来黎阳造反，从长安和剩下的弟弟们一起同行的最重要的人物就是李密。李密给杨玄感带来了周详的造反方案。

方案一：集中精锐人马直扑临榆控制幽州切断杨广的退路。数十万隋军后路被断，没有粮草补给，再加上高句丽人知道以后肯定会出来追击，这样一来，杨广前后受敌，又无粮草，军心必乱，要不了十天半个月的就得投降。

方案二:集中人马直扑长安。一路之上不要去管其他城市(经城勿取),以最快速度攻取首都长安城。长安城的守将卫文升能力有限,在猝不及防的情况下成功的概率很高。这样占有关中之后再东出和回来的杨广争夺天下,即使不能成功但至少有地盘。

方案三:闪电战攻取洛阳。洛阳是隋朝的东都,百官家属基本上都在洛阳,攻取洛阳会对杨广和他的手下官员们产生震撼性的影响。但以后能否就此造反成功,很难说。

三个方案中李密重点推荐一,而老板杨玄感选择的却是三。因为洛阳离黎阳最近,造反的人一般而言都愿意迅速攻占一个大城市,取得成果。我们来对方案三进行一个可行性分析:

本方案目标:占领洛阳

杨玄感兵力:八千人左右

武器配置:单兵每人单刀一把,柳盾一面。所谓柳盾就是用柳条编的盾牌。见过过去农村用的柳条筐筐盖子的人,大概明白柳盾是什么东西。

远程武器弓箭:无

攻城武器:无

结论:这个方案行不通

然而事情的发展往往又有让人意外的地方, 这个方案在开始执行的时候异常顺利。杨玄感部队兵分两路,分别由他的两个弟弟杨积善和杨玄挺带领兵力三千人左右,一路由东向西,一路由北向南直指洛阳。杨玄感自己率领剩余人马,与形成钳形攻势的两路保持成品字形阵形向洛阳进兵。

已经知道杨玄感造反消息的洛阳对这两路游击队的到来做出了这样的安排。河南令达奚善意率精兵五千对阵杨积善,河南赞治裴弘策将兵八千抵挡杨玄挺。双方的对阵形势从人数上说,隋政府军占有明显优势,武器配置上优势更为明显。然而战斗的结果却让人非常意外。达奚善意的五千精兵碰到杨积善后真的是非常善意,双方还没有交火,政府军就莫名其妙地全军溃退了,根本就没打起来。而且更要命的是人跑了不要紧,盔甲兵器、军火物资还全都扔了一地,就好像是诚心给反政府武装送装备来的一样。裴弘策那边的情况稍好一点儿,在白司马坂和杨玄挺正儿八经地打了一场,一战即溃。好歹算是交了手,全军溃散之后扔兵器铠甲的人数也稍微少一点儿,一大半吧。全部人马跑出去三四里一看杨玄挺没有追上来这才稳住神,收拢散兵又摆好战斗阵形等着杨玄挺。杨玄挺也不慌,大摇大摆、慢慢悠悠走过来一看这阵势,全军席地而坐,喘气休息,搞得裴弘策莫名其妙。等休息得差不多了,突然之间杨玄挺全军起立进攻。裴弘策又是全军溃败。这个过程被裴弘策复制了五次,最后结果是一直被杨玄挺追着屁股赶进了洛阳的太阳门。和他老人家一起回到洛阳城的人据说只有九个。

两路军队的大胜让杨玄感的信心迅速膨胀,显然就这些软蛋的孬兵,根本不是自己的对手,攻克洛阳指日可待。兴奋的杨玄感在上春门进行了声势浩大的誓师活动,他本人发表了热情洋溢的讲话。其基本大意是:哥们儿身份是上柱国,家里有的是钱,早就大富大贵了,干吗还干这种掉脑袋的事情,不都是为了大伙吗?为了拯救普天下的苍生万众(但为天下解倒悬之急耳)。听到演讲的人都很高兴,据说十里八乡的百姓争着送牛献酒,很多人直接参加了杨玄感的部队,每天都有一千多人参军。这种阵势让杨玄感深深地觉得造反很快就会成功。可是杨玄感忽略了两个问题:第一,洛阳城的坚固程度;第二,洛阳城里有个叫樊子盖的人,他当时的职位是洛阳留守。

要说樊子盖这个人,那是真有两把刷子的。他是从外地调到洛阳当京官的,所以东都的旧官们还真没太把他放在眼里,时不时地给他使个绊儿。杨玄感刚起兵的时候,樊子盖的军事部署基本执行不下去,没人听他的。裴弘策兵败回城后,樊子盖让他继续出城作战,裴弘策脑袋摇得跟拨浪鼓一样说什么也不去。裴弘策和樊子盖差不多都是部级官员,想着自己就是死活不出战了,你也不能把我怎么样。樊子盖呢?他用实际行动证明了,我是可以把你怎么样的。他把裴弘策给砍头了。还有一个国子祭酒叫杨汪的也是因为有点儿小不恭顺,樊子盖就要砍他的脑袋,吓得他愣是给樊子盖磕头磕出了血,才捡了一条小命。这一下没人敢再挑事了,洛阳城里的大小官员看到樊子盖跟看到阎王差不多,樊子盖的所有指示都是令行禁止。洛阳城的防御体系在樊子盖的亲自指挥下迅速建立,大小官员明白要是不好好守城,樊子盖是很敢砍自己的脑袋的。

进行了声势浩大的誓师活动后,意气风发的杨玄感指挥全军攻城。在他的想象当中,只要现在自己的五万大军冲到城墙下,守城的政府军估计就得尿裤子。然而战斗打响后的实际情况让他感到非常意外,守城的政府军和前几天出城交战的部队迥然不同,有组织、有纪律,紧张有序地对抗着自己的进攻。他的无攻城重武器配备的部队根本攻不动,在洛阳城下盘桓良久只能望城兴叹。一切似乎都开始沿着李密所估计到的不好的方向发展。果然在杨玄感顿兵于坚城之下的时候,关中的援军已经上路了。领头的是李密认为能力有限的卫文升(虽有卫文升,不足为意)。后来的发展来看卫文升的指挥水平的确有限,但是他的到来为能力更高的人的到来赢得了时间。而且他大概也明白自己的斤两,知道不是杨玄感的对手。为了让自己的部队到时候不至于也全军溃散、投降,在路过华阴的时候他干了一件很缺德的事——把越王杨素、杨玄感他爹的坟给刨了,并且把杨素的尸体拖出来给火化了。这一下卫文升带的几万人都明白了,看到杨玄感的时候要么战斗,要么逃跑,投降是不可能的。

还有另外一个不好的消息就是杨广从高句丽撤兵了。

当杨玄感成立了反政府武装的消息传到辽东,正是辽东城岌岌可危旦夕可破的时候。杨玄感造反再晚几天,辽东城破,这场高句丽之战的结果可能就会不一样。此时对于杨广而言,退兵,以迅雷不及掩耳之势迅速退兵是唯一的选择。当然撤退的时候还得防着高句丽人的趁火打劫,毕竟上一次宇文述他们就是在撤兵的路上被高句丽人包圆儿了。

这一次高句丽之战的撤军过程基本上是称得上成功的。撤军的命令是在头一天晚上下达的。这一天二更天杨广突然秘密召开紧急军事会议,向各兵团司令通报了杨玄感造反的内部消息,然后命令全军轻装、撤军。所有重型装备、攻城器械、营垒帐篷都不要了,全部丢掉连夜开拔。几十万人的撤退,即便是在晚上动静还是很大的。守在辽东城头的高句丽人很快发觉不对劲,但是他们这个时候基本上已经是强弩之末,实在是没有力量来追杀,况且他们也害怕这是杨广给他们下的套儿。所以直到两天以后,他们经过仔细搜索没有发现伏兵,这才派出几千人来追击,基本上没占着什么便宜。在这场几十万人的大撤退中,有一个人却选择了留下。这个人叫斛斯政,时任兵部右侍郎,杨玄感的哥们儿。杨玄感造反的时候跟斛斯政通了消息,所以杨玄感的两个兄弟杨玄纵和杨万硕在老斛的帮助下一起成功开溜。等到杨广想起来的时候连斛斯政自己都成功跑路,投靠了高句丽人。因此这一次的高句丽之战让杨广觉得更加没面子,所以他就一定会发动找回面子的第三次高句丽之战。

尽管在历史上,人们对杨广基本上都是负面评价,好端端的一个大隋帝国,十几年的光景就被他折腾得干干净净。他总是会被描绘成一个人格扭曲、智谋短浅的废物,他的缺点总是被无情地放大后供人唾弃。但是从杨玄感造反后杨广的所有处置来看,他绝对是一个头脑清楚、做事果断的人物。大概是因为过人的智慧使他极为自负,就像一个现代社会的金融巨头,绝对不乏胆略与头脑,对于冒险、对于成功,他有着痴迷和渴望。虽然他的冒险豪赌使他成功地成为皇帝,但好运气并不能始终眷顾他,最终他葬送了帝国和自己的性命。

杨广的平叛工作安排得相当靠谱。第一招攻击黎阳,这里是反政府武装的大本营,先抄老窝。第二招派宇文述与屈突通两路进兵洛阳。第三招下令在山东的来护儿回师洛阳,争取在洛阳城下解决战斗。

来护儿是一个相当生猛的人,在杨玄感造反的时候他本来正在山东准备渡海作战。一知道杨玄感造反了立即下令全军放弃渡海计划进兵洛阳。但是来护儿手下的各级军官没人赞同,不是因为他们脑袋被枪打了,成了弱智,而是因为他们没有接到杨广的命令。在隋朝,军队的集结调动有严格的规定。弄不好的话是会掉脑袋的,所以来护儿勇敢地承担了掉脑袋的风险,表示有事我兜着,现在敢有违命者,斩。就在来护儿回师的同一天,杨广在几千里之外的辽东发出了命令来护儿回师进兵的敕书。现在回过头来再审视当初李密的三个造反计划,其实不论哪个成功的可能都不大。即便是杨玄感选择了李密重点推荐的上策,北上直趋山海关,我想在他奔向山海关的时候,屁股后面一定跟着生猛的来护儿。至于中策袭取长安大概也不会成功,守将卫文升也许智谋浅短,但却绝对是一个难缠的对手,他的两万援军是最先与杨玄感接战的。

对于卫文升而言,碰到杨玄感这样的对手实在是悲剧。无论从谋略、战术素养还是单兵技能,卫文升都不是对手,但是卫文升有自己的特点——顽强。

他的两万士兵与杨玄感刚一接战,反政府武装居然败退了。有点儿心眼的将领这时候可能会琢磨琢磨这是怎么回事,杨玄感不是这么面的人。可卫文升没这么多的心眼,他下令全军追击,没追多远,中了埋伏,前军尽没。过了几天他再次和杨玄感交手, 刚接战没多久, 突然有人高喊:"抓到杨玄感了。"卫文升本人和他的军队发愣了,不知道发生了什么事。就这么一愣神的工夫,杨玄感率领着几千名高喊着"抓住杨玄感了"的骑兵横冲而来。卫文升这时才明白人家在使诈,但是为时已晚,全军溃败。这一仗打完后卫文升带来的两万援军还剩八千人。这时候一个智力正常的将领所做的理智选择应该是固守待援,因为兵力悬殊。可卫文升的举动让人吃惊,他命令全军列阵与杨玄感决战,这个看上去基本上就是作死的做法,没想到却收到了极其意外的效果。因为在这一天极为艰苦的战斗中,一支冷箭无意中射中了杨玄感的弟弟——他那个最能打仗的兄弟杨玄挺。杨玄挺挂了,杨玄感退兵了,卫文升稳住了。

对于反政府武装而言,造反工作似乎越来越不顺利。洛阳城在樊子盖的指挥下坚不可摧,看样子根本没可能被攻下来,只能是围困。而东边来护儿、宇文述、屈突通的援军正日夜兼程地往这儿赶。西边稍好一点儿,卫文升基本上是被打残了,但是也站住了脚。局面看起来很不好。

当然也不都是坏消息。杨玄感当初在洛阳城外俘虏的那批现政府高官的子女们也都开始渐渐地为己所用, 不少人甚至进入关键部门担当关键职务,比如韦福嗣。这支反政府武装看起来似乎势力越来越大,这使得杨玄感对局势的危急程度认识得不是很深。

但是眼神凌厉的李密头脑相当清醒。他知道那些官员子弟,比如韩擒虎的儿子韩世谔、来护儿的儿子来渊等并不是真心投靠反政府武装,而是因为樊子盖。樊子盖砍掉裴弘策脑袋的行为固然使得洛阳城军容整肃、令行禁止,但同时也断了这些官员子弟的后路,这些养尊处优的公子哥是很害怕回去以后落个和裴弘策一样的下场的。杨玄感的造反队伍他们同样不看好,栖身在此保命而已。所以当韦福嗣成为杨玄感的秘书和参谋时,出谋划策都是首鼠两端,基本作用就是两个字——误事。但是因为韦福嗣的叔叔韦洸是隋朝有名的能臣,因此杨玄感惯性地认为韦福嗣也应该是个能人,对于参谋长李密则不像以往那么亲密了。

在李密看来,韦福嗣现在的作用基本就是一个——卧底,对于这种潜伏分子是必须要干掉的。但是自信的杨玄感拒绝了,他认为事情没那么严重,不过是李密的小心眼罢了。

屈突通的援军终于到了。屈突通是老于兵事的一流指挥官。他率领援军到达后,没有直逼洛阳城下,而是在和洛阳城隔河相对的地方扎营。他不像卫文升那么头脑简单,带着人马直扑杨玄感,现在杨玄感的人多,他要等待第二批援军宇文述的人马。杨玄感马上准备调兵封堵屈突通,让他不能成功渡河,但是洛阳城里的樊子盖相当老辣,居然知道了反政府军的计划。他怎么知道的,是自己猜到的还是和韦福嗣有关,我不知道。反正他是知道了,所以他就不断派兵出城袭扰杨玄感,结果杨玄感的封堵计划完全失败。而屈突通和随后赶到的宇文述成功渡河。现在杨玄感不得不分兵,一路西抗卫文升,一路东拒屈突通。这一分兵事情基本上就不太妙了。

现在到了樊子盖的表演时间了,他居然大开城门有恃无恐地和杨玄感大战,打得杨玄感相当没脾气。显然再这样发展下去,洛阳城下应该就是这次造反活动的终点了。

这时候李密再次站了出来,他强烈建议,放弃洛阳立刻西进,趁着现在长安守备空虚(守备部队被卫文升带走了),直取首都。占领关中以后,再作打算。可问题是杨玄感手下的这支队伍人员成分复杂,说白了其实就是乌合之众。乌合之众的特点是闹事的时候聚得很快,事情不妙的时候散得更快。现在正是事情不太妙的时候。这帮人家又不在关中,万一拢不住散了伙麻烦就大了。于是李密又贡献了另一条计策——耍诈(反正不是第一次用了)。就说弘化留守元弘嗣响应反政府武装也造反了，已经占领了长安，现在专门派人来迎接大家西入关中，坐天下。这样，有了利益刺激的时候，人们通常是会跑得比较快的。然后对关中的各界群众进行反向的要诈，声称反政府武装已经夺取了洛阳现在要来占领长安了。显然李密要用最小的代价博取最重要的战果。

杨玄感上路了。他明白西取长安能否成功的关键就是时间。只有在追兵赶上来之前夺取长安才有翻盘的可能，否则一旦在无险可守的情况下与追兵相遇，他手下的这帮人，面对生猛的来护儿、老辣的屈突通和宇文述、卫文升带领的正规军，根本不堪一击，所以杨玄感的行军速度很快。当然还有一个人的速度也很快，他就是韦福嗣，他在反政府武装起义的混乱中，以最快的速度逃跑到了洛阳城里，结束了潜伏。

就在一路飞速西进的反政府武装到达离长安不远的弘农宫时，杨玄感犯了一个致命的错误——夺取弘农宫。

弘农宫当时的管理者是蔡王杨智积。虽然是蔡王，但是这位杨先生却一点儿都不菜。杨玄感的队伍经过蔡王的地盘时，碰到当地的老乡们拦住了大军，老乡们向杨玄感反映说，弘农宫里面有很多粮食和金银珠宝，是一块大肥肉，而且守备空虚非常容易拿下。当然我猜测老乡们不全都是好心，多少还有点儿等到宫城城破的时候，趁火打劫捞一票的想法。杨玄感居然不假思索下令攻打弘农宫。这让李密很上火，作为参谋长，他再三提醒杨玄感时间的重要性，但是杨玄感没有听李密的。你不要以为是杨玄感弱智，你得明白，他有他的难处，他手下的这帮人不是训练有素的正规军，而是乌合之众。不让人捞点好处，人家能心甘情愿地跟你一路杀到长安吗？况且现在和追兵似乎也有了一段距离，小小一个弘农宫花点儿时间拿下应该不是问题。

而那位蔡王杨智积这时又偏偏露出一副没事找抽的样子。按说作为皇亲，反政府武装一到，那就应该找个地方躲一躲，低调点终归是没错的。可是他呢，生怕你不来打我一样，站在弘农宫的宫墙上，对着杨玄感破口大骂，不顾王爷的身份，骂了很多脏话，不堪入耳。估计是把杨玄感的老娘和奶奶都问候了一遍。

你猜对了，这是蔡王的激将法，杨智积的想法就是要把杨玄感拖住。结果杨玄感真的很生气，所以事情很严重。

他命令三军攻城。问题是这是一支轻装前进的部队，攻城是需要设备的，比如云梯、撞车等。但是杨玄感是很聪明的，他想了一个很绝的办法——烧城门。不用费事地爬城墙，在城门口堆起干柴放火一烧，把城门烧掉，然后冲进去了事。

大火烧得很旺，厚厚的城门被烧毁了。望着被烧毁的城门反政府武装一动没动，因为他们看到在城门的另一边是更大的一片火。原来更聪明的杨智积在城门里面放了一把更大的火。杨玄感很愤怒，他不相信自己拿不下一个小小的弘农宫。但问题是他的反政府武装就是攻不进弘农宫。三天，整整三天。杨玄感的部队在这里被蔡王拖了三天，当杨玄感终于意识到不对劲准备放弃攻城的时候，一切都晚了，追兵到了。

接下来的事情就毫无悬念了。杨玄感将手下的反政府武装排成了声势浩大绵延五十里的长阵，但是面对政府军的冲击，一战即溃。尽管杨玄感努力把被打散的部队不断地重新收拢顽强再战，但也只不过是拖延一下时间而已。这样的收而复战的过程重复了三次以后，杨玄感的身边只剩下一个人——他的弟弟杨积善。渴望着用他们哥俩的脑袋加官晋爵的追兵越来越近了。刚烈的杨玄感下了最后一道军令，命令弟弟杀了自己，他深信死在弟弟手里比落到杨广手里强得多。杨积善忠实地执行了命令，在完成任务后，引刀自裁。可惜杀人与自杀的勇气毕竟不同。求生的本能使他不由自主地手下留情。杨积善没能死掉。以后，他会明白自己将多么后悔此刻的手软。只有机灵的李密在大战中成功地逃脱了。一场声势浩大的造反活动在有惊无险中被平定了。现在要做的事情，是秋后算账。

第4章 粉墨登场

我一直觉得大业九年应该是杨广不长的皇帝工作中代表性的一年。这一年是整个帝国加速分崩离析的开始，这一年也未尝不是给了杨广一个重新整合帝国的机会。可惜杨广对于自己的才智和大隋朝的抗击打能力估计错误,因此杨玄感之乱没能让他有所警惕,悬崖勒马。这场大乱之后的秋后算账没过多久便真正的天下大乱了。那些在这场隋末之乱中金戈铁马的一代枭雄也正是在这一年纷纷粉墨登场了。

对于在平叛中表现突出的个人像卫文升、樊子盖和来护儿都受到了杨广的重重奖赏,加官晋爵。同时对和杨玄感、李密关系原来比较好的,造反活动的疑似参与者或同情者进行严密搜捕。在这个过程中,樊子盖扮演了不太光彩的角色。樊子盖坚守洛阳能够成功是和他的性格分不开的。樊子盖是一个刻薄刚勇的人,这种性格的人在洛阳保卫战中能够勇于任事、建功立业,在和平之后的秋后算账中就会杀人无算、破家无数。那些和杨玄感家族、李密家族有关联的官员，都会根据关系的远近程度遭受抄家灭族或缉拿审判的不同待遇。樊子盖和参与秋后算账的官员对于这项活动乐此不疲,因为抄家是一个发家致富的好机会。在这种充满恐怖气氛的秋后算账中,很多人倒了霉。在这些人中,有一位在山西做地方官的叫刘文静,虽然名字很文静但人却相当不安分。被捕待审期间,他在狱中与一个未成年人确定了日后推翻帝国的战略构想,这个未成年人叫李世民。

杨广对这种已经明显过分了的秋后算账基本持放任的态度，在他看来不如此不能让百官臣服，让天下震肃，帝国的威仪是至高无上的。另外，对那些在实际上参与或者支持了反政府武装的老百姓，杨广也要进行严厉的惩处。杨广对杨玄感能在不长时间里组成近十万人的队伍耿耿于怀，他曾说了一句阴森森的话："天下人不欲多，多则相聚为盗，不加尽诛，无以惩后。"在这样的授意下，那些曾经在杨玄感开仓放粮的过程中拿过国家粮食的老百姓一律被活埋。

杨广力图用这种强硬的手段来维持王朝的强大，结果却事与愿违。杨家王朝的官吏们开始人心思变了。王朝其实和一个企业差不多。当杨玄感等王朝的高级管理者自组新公司后，作为王朝的总负责人，杨广不是千方百计地笼络人心、稳定局面，而是自恃家大业大，在管理中一味地高压——将凡是与杨玄感关系好的公司高管一律解雇，普通员工下调一级工资。杨广这样做，有他的道理，因为大隋王朝是当时唯一的合法公司。

在这场声势浩大的秋后算账中当然少不了要做重大的人事变动。拿掉的官员总得有人来补缺，比如陇右的方面大员元弘嗣。他不但和杨玄感关系好，和跑到高句丽的斛斯政还是亲戚，所以这个人必须拿掉。接替他的是杨广的表哥、大隋王朝的埋葬者之一、大唐帝国的创建者——李渊。大业九年，李渊成了手握一方的实力诸侯，这为他以后的造反活动打下了坚实的物质基础。

李渊，四十九岁(大业九年)，民族疑似汉族，也有说是鲜卑族的，国学大师陈寅恪经过考证认为还是汉族更靠谱些。不过李渊宗族的母系那是千真万确带着胡人血统的。他娘独孤氏，他老婆窦氏，他儿子李世民的老婆长孙氏都是确凿无疑的鲜卑人。另外，李渊本人生长的环境胡汉杂糅，他身上胡气很重，从这一点上说李渊是鲜卑人，也过得去。

李渊的出身是关陇贵族。一般像我们现代老百姓，往上数三代大概都是农民。李渊就有点儿特别了，从他开始往上数五代都是官，而且还是大官。到他爷爷的时候是有名的西魏八柱国，官拜左仆射(相当于副总理)，封的爵位是国公。李渊是世袭的公爵。这还不算，更要紧的是，李渊的老娘和杨广的妈妈是亲姐俩。李渊是杨广的表哥。当初杨广的老爹杨坚还在的时候，对他的这个大外甥甚是喜欢，很早就给了一个千牛卫备身的官衔。千牛卫这个官得说明一下，千牛卫和弼马温不同，它跟养牛或宰牛没有任何关系。这个名字来自《庄子·庖丁解牛》，这篇著名的文章说庖丁宰了上千头牛，但是手里的刀还是很快，“若新发于硎”。所以就有了千牛卫这个官名，形容刀很快，其实就是拿刀的人很牛。这个官名在清朝的辫子戏里一般都被叫作御前某品带刀侍卫。能在皇帝身边混个侍卫干，李渊的个人单兵作战能力那是很有两下子的。要知道李渊不但是世袭贵族出身，而且往上数五代，代代是军官。所以李渊不论是打架还是打仗都很在行，据说他箭法如神，曾创下发七十箭，毙七十人的纪录。凭借自己超凡的军事技能，他甚至敢和以弓马功夫见长的突厥人叫板，并且完胜之。除此之外，他的高超射术还为他挣回了一个好老婆。

李渊的老婆窦氏也是贵族出身，北周武帝宇文邕是她的亲舅舅。窦氏风华绝代，貌美如花。她老爹不想随随便便把她嫁掉，就提了一个挺有意思的条件。他们家有一副画着两只孔雀的屏风，谁能射中孔雀眼睛，他就把女儿许配给谁，当然只限贵族出身的有为青年。(这大概是那个年代的价值取向，不是看谁学历高、银子多，而是看谁拳头硬。)结果李渊两箭射中两只眼，窦小姐变成了李太太。李太太过门后，那是相当的争气，为李渊生了一堆的好儿女，他们成为李渊后来创建唐朝最有力的助手。甚至很多后代的史官都认为大唐朝能够创造辉煌，有一半的功劳要归功于继承了他高超箭法的优秀儿子李世民。好像有点儿扯远了。

大业九年另外一位交了运的人叫王世充。与李渊的关陇贵族身份不同，王世充的身份相当卑微。正史中甚至没有他的年龄记录，他是西域胡人之后(疑似白色人种)，本来的姓是支。老爹死得早，小时候跟老妈改嫁给王家，所以姓了王。按说像王世充这样的出身，出头的机会应该不多。但是这样的出身练就了王世充狡猾的个性和善于察颜观色、“投怀送抱”的能力。他后来的出人头地和称霸一方都和这有关。

杨广刚做皇帝的时候，王世充当时在隋朝“财政部”——民部任职。他这个人胆大心细，善于舞文弄墨、颠倒黑白，而且关键是还能做得让人无话可说。他对主子杨广更是琢磨了个透,往往能做一些杨广想干又不好意思干的事情,这样的人一般都吃得开。所以杨广挺喜欢王世充。年轻的时候,王世充很喜欢读兵书和算命书,大业九年他开始有机会真正展示自己的军事才华。应该说,王世充的军事才能,在隋末的各路诸侯中绝对是数得着的。

王世充踏入军界的过程是这样的。大业九年七月,余杭人刘元进响应杨玄感的号召造反了,手下很快聚了好几万逃避兵役的人,势力不小。后来,另外一支由朱燮和管崇领导的反政府武装也加入了刘元进集团。所以这支反政府武装的势力很是浩大。当时负责征讨这支武装的是吐万绪和鱼俱罗两个很能打仗、很会打仗的将领,在和这支反政府武装交手的过程中屡战屡胜,三当家管崇被击毙,刘元进和朱燮好几次差点儿挂了。但是这股反政府武装相当难缠,虽然是屡战屡败但还是屡败屡战。你一仗把它打散了,它没过多久又聚成了团儿,散掉的人还都能又招来不少再入伙,政府军胜仗打了不少,但是对手的人数却好像越打越多。所以吐万绪和鱼俱罗都认为,看样子灭了刘元进不是一朝一夕的事,而且自己手下的人马也都非常疲惫,这时候对刘元进逼得太紧可能事与愿违,纯军事手段看来不行,得来一点儿政治,所以他们的想法是对这股贼匪围而不剿,等来年再说。这样一来,反政府武装中的不少人,难免会心里活泛,毕竟大多数人都是农民,这一来参加造反工作,家里的地肯定是没人种了。现在人家不剿了,是不是该回去接着种地?人误地一时,地误人一年,难不成真要一辈子干土匪?所以这个不打了的政策其实相当高明,很容易让刘元进集团自行消散。可问题是杨广知道以后,相当生气:明年,明年还有征高句丽这样的大事要办呢!怎么能等到明年!恰好这个时候,鱼俱罗办了一件蠢事,因为想等到明年再打,所以他就派人偷偷摸摸地回洛阳老家把自己的孩子接到部队,同时因为洛阳的大米比较贵,就又顺手想再把南方的大米在洛阳倒卖一点儿,用军船拉了大米到洛阳挣外快。结果东窗事发,有关部门很快给杨广打了报告。这下好了,正好想收拾你们,你俩自己送上门来了。结果朝廷很快就拿出了令杨广满意的处理意见:鱼俱罗斩首,吐万绪锁拿进京接受调查。接替他俩的就是王世充。

受到皇帝重用的王世充表现相当给力。在和对手的战斗中也同样是屡战屡胜。过程和他的前任差不多,但是王世充的运气很好,在平乱的过程中他的部队击毙了反政府武装的大当家刘元进和二当家朱燮。然后王世充对散掉的反政府武装参与人员用了一招他的前任没有想到过的手段——诱降。对所有投降的叛军他一律好吃好喝好招待,然后在庙里当着佛祖的面和大家盟誓,只要投降一律既往不咎。王世充的口才很好,很善于表演,所有投降的人很感动, 纷纷自发地去那些还坚持在造反活动第一线的亲朋故交那里称颂王大人的美德,结果刘元进反政府武装的参与者纷纷投降,一批已经准备逃到海上当海盗的造反人士也弃船登岸归降王大人。然后王世充很高兴地把这些人聚拢到一起,活埋了。活埋的人数是三万。这三万人成了王世充在杨广那里邀功请赏的资本。于是杨广很高兴,他开始相信王世充是自己发现的一个帝国在关键时候可以倚重的人才。受到重用的王世充几年以后成了对大隋朝下手最狠的人。

大业九年就这样过去了, 在杨广的年终总结里这一年应该是曲折而胜利的一年。虽然发生了杨玄感造反的不幸事件,但是在全国各级官员的共同努力下这场造反活动和连带的刘元进造反活动都被迅速平息, 这足以显示出帝国的强大和坚不可摧。同时通过杨玄感事件使得帝国的高级管理层更加纯粹,离心离德的人被清除出了各自的岗位。这一年又是收获的一年,发现了很多促进帝国的事业不断发展的高级人才比如王世充,比如李渊。所以这一年总的来说是值得大书特书的一年, 在新的一年里要办的第一件大事就是把大业九年没有完成的工作圆满结束,那就是三征高句丽。但杨广可能忘记总结的一点是,这一年杨玄感造反集团的二号人物李密成功逃亡了。

第5章 三征高句丽

李密在逃亡的旅途中东跑西颠、风餐露宿的时候，自负雄才伟略、志在四方的杨广开始了又一次的倾国之战——三征高句丽。尽管这个时候全国各地各种规模不等、类型不同的反政府武装组织已经不下十几个，尽管在各地征兵去涿郡的路上逃兵不断，尽管满朝的文武大臣对征伐高句丽的事情不发一言，杨广还是下令：开战。你不要以为是杨广的脑袋进水了，你要想想毕竟前两次的高句丽之战打得太丢人，栽了大面子。所以不管怎么样，帝国的尊严是一定要挽回来的，而且是越快越好。大业十年(614)杨广还没有找到一个让他停止这场战争的理由，这一战他只能硬着头皮上。

这一次出风头的是来护儿，急于挽回第一次高句丽之战惨败的他劲头很足。来护儿认真发挥自己打仗一贯比较二的特性，渡海登陆后一路强势攻击，在卑奢城和空国而来的高句丽军队一场血战，取得大胜。之后，兵锋直指平壤。你可能觉得奇怪，这一次为什么这么顺利，你别忘了高句丽是个小国，跟大隋朝拼了两年国内元气大伤，兵员严重不足，百业凋零，所以现在是的确撑不住了，面对生猛的来护儿很快就招架不住了。卑奢城一败，高句丽王的投降书马上就到了。伴随着投降书的还有一份表示诚意的礼物——叛将斛斯政。

看到高句丽王诚恳认真的投降书，杨广很高兴；看到一年没见的斛斯政，杨广更高兴，他需要的就是一个体面地结束战争的理由，现在看来似乎可以了。于是杨广下令退兵。但是现在的前锋统帅是来护儿，他对皇帝的命令竟然拒不执行。为什么？不是因为来护儿要报一征高句丽时的耻辱，而是因为在他看来这是一个千载难逢的机会，可以一劳永逸地一次性永久解决高句丽问题。这个和大隋朝周旋了两年的国家已经到了面临崩溃的境地，这个时候回去实在是不划算。大隋朝以倾国之力陪它玩了两年，把它快玩死了，把自己也玩出一身毛病，趁着高句丽没有防备，闪电般地直扑平壤，绝对有全胜而归的把握。这是一个看上去很缺德，实际上很高明的大胆军事计划。但是监军崔君肃坚决反对，因为这是抗旨，抗旨的后果一般而言都是很严重的。但是来护儿很生猛，他坚持要打，并且表示宁可抓住高句丽王高元后回去受处分也要打，他宣称将在外君命有所不受，再也不跟崔君肃废话。

崔君肃也不跟来护儿废话了，他去找来护儿的手下们做工作。他告诉大家，皇帝的命令是退兵，你们要是和来护儿一起起哄不要怪我打小报告。到时候受处分，别怪我没提醒你们。这一招很灵，来护儿手下的军官们害怕了，一起来做老领导的工作，不愿意进兵了。这一下，来护儿没招了，战机是稍纵即逝的，万般无奈之下来护儿退兵了。三征高句丽就这样草草收场了，能算是赢了吗？谁也说不清。

大隋朝以倾国之力翻了家底打的这场高句丽之战终于在名义上的胜利中结束了。在杨广的获胜感言中恐怕是要特别感谢他老爹的。杨坚一生勤俭，舍不得吃、舍不得穿，给儿子攒下了一大笔家当，才能支撑着儿子这登基十年来的折腾。杨坚到底给杨广留了多少遗产？别的不算，据说光粮食就可以让全国人民吃五十年，所以杨广才打得起这场战争。问题是，这场战争结束了，杨广又得到了什么？就好像做生意，投了这么大的本钱，最终就是一份投降书。这买卖好像是赔了。

我这个人比较不厚道，看到这段历史的时候总自觉地和美国的伊拉克战争相联系比较，然后就总觉得两者之间有惊人的相似之处。比如开战的理由，都很荒谬。一个是为了面子，一个是为了找到不存在的大规模杀伤性武器。过程也很相似，都把别的国家搞了个稀烂，自己也落了一身毛病。最终的结果也很相像，都是烂了尾，然后不明不白地拍屁股走人了。你看看奥巴马当政这几年,在叙利亚、乌克兰问题上如此软弱,你以为他不想来硬的?不是他不想,是他兜里没钱,他的前任用一场伊战把克林顿留下来的家底都折腾光了,所以奥巴马能做的就是在各种热点问题上嘴硬罢了。

还有一点最相似的地方就是,杨广和美国人一样反正只要我说我们胜利了我们就胜利了。这不是还有一个战利品斛斯政吗?他可以让大家泄泄愤嘛。所以斛斯政就不能还以人来看待了,他就是杨广准备摆布的一个物件了。就好像被活捉之后的萨达姆,文明的美国人想的是怎么把他体面地弄死,而杨广考虑的是怎样把斛斯政尽可能残忍地宰了。最终他将斛斯政绑在车轮上,然后文武大臣、各级官员各带凶器每人在他身上来一下。几百下过去以后,斛斯政就成了支离破碎的尸体。这还没完,最后对斛斯政的尸体是煮熟,然后由各级官员吃掉(酱料自备)。这个让人反胃的命令在有些善于钻营的官员看来成了一条升官的捷径。你想,你这个时候是不是吃得越多,吃得越狠,皇帝看着肯定越满意?说不定一高兴,就给你涨几级工资,或者升个官什么的,所以有些官员居然一口气咬牙切齿地吃了好几碗,直接吃饱,省了一顿饭。

杨广似乎很满意,他相信这样的做法足以让帝国的臣民对自己谦卑恭敬,不敢心怀二心。我觉得杨广是一个极端特别的人,一方面他有文人的浪漫,可以写很美的诗,可以陪着自己所爱的女人们在夜晚的山谷中放萤火虫;另一方面又隐藏着野兽般的残忍,对敌人真的是如冬天般冷酷无情,让人胆战心惊。这也许和他身上胡汉杂糅的血统有关吧。

万里之外的高句丽王高元,知道了斛斯政的下场是相当心惊肉跳的。在处理完料斯政后,杨广就下旨让高句丽王进京谢罪。这一次高句丽王口头允诺,但是时间上推三阻四,反复拖延,死也不来,显然他不想到杨广手里变成包子馅。等了快一年,杨广失去了耐心,叫人给他带话,你小子不用来了,等我收拾你。这大概是杨广现在所能做的最大威胁了。但问题是此言一出满朝震惊,不会吧!还要再来一次征高句丽?杨广一直到死都没有给出一个明确的答案。但是几年以后,他的表哥却利用这个借口,成功集结军队,开始创办另一个帝国——唐。对,他表哥就是李渊。

第6章　雁门被围

现在距离李渊表哥起兵闹事还有两年,杨广是不会放过这两年时间的,他不会让时间白白地溜走。对于一个渴求开创大业的帝王而言,杨广在位的十几年基本上都是在旅行中度过的。回到长安城不过两个月,杨广就又君心思动,这一次他的巡游线路是长安至洛阳,洛阳至太原,然后直接向北出塞巡边,看望常年驻守北部边陲的边防官兵。

对他的这次巡游,很多人有看法。大家觉得这个时候最好是哪儿都不去,安安生生在长安城(当时叫大兴城)里待着,因为国家现在已经是江山不稳,实在不适合再折腾。过个几年,等稍微平静一点儿,老百姓的抗折腾能力提高一些再出去不迟。可杨广不同意,在他看来局面远没有那么糟糕。这就好像一个癌症患者,一般开始的时候只是身体某个地方不太舒服,其他还都挺好。可一旦确定是癌症,癌细胞这个时候往往是以成倍累加的速度扩散,人很快完蛋。现在的大隋朝就好像是癌症患者,但是还没有被确诊。看上去虽然是明显有病,但又好像还能扛住,所以杨广放弃了治疗诊断,信念坚定地开始了新一轮的折腾。后代的史官们对杨广的这种折腾,往往看作是不顾民生脑子进水。他的每一项政治举动都会被人诟病,杨广基本上就是坏皇帝的典型代表。但是有关杨广的历史记录毕竟是经过夺了大隋江山的他表哥一家修饰过了的,如果把道德的因素抛开,理智地来审视杨广这一次北巡,其实还是能够找到说得过去的理由的。

杨广征高句丽之前,他那位立场十分亲隋、名义上的大隋朝女婿启民可汗已经死了,接班的是他的儿子始毕可汗。杨广忙着征高句丽的时候,始毕可汗也忙着整合内部发展部落,突厥正变得越来越强大。对始毕可汗杨广是不太放心的。尽管他与启民可汗一样也娶了义成公主,但是与他老爹不同,启民可汗是大隋一手扶持的,始毕不同,他对隋没有那种感激涕零的感情。他是一个强悍的人物,突厥在他的领导下对隋朝的威胁已经越来越大。现在高句丽的事情好不容易忙活完了,下一步的工作重点当然就会转移到始毕可汗的身上,所以这个时候来北部边疆视察一下是说得通的。但是杨广没有想到的是,始毕可汗的强悍和狡猾超出了自己的设想。他这一次的旅行真的算得上步步惊心。他的几万出巡团队刚到塞外不久,就收到了义成公主的密报,始毕可汗带着十万突厥骑兵就埋伏在你的附近,目标就是你,快跑。杨广团队收到线报后毫不犹豫地逃跑了。但毕竟是皇帝的仪仗车驾,跑路的时候真的比不过正宗的突厥骑兵。刚进雁门关就被围住了。雁门关当时总兵力不到两万人,加上老百姓才够十万人,和突厥的十万铁骑相比实力相当悬殊。最要命的是,城里的粮食还不多,只够吃二十天的。二十天内不来救兵就基本玩完。圈住了杨广的始毕可汗也不浪费时间,直接下令攻城。攻城时射出的狼牙箭居然射到了杨广的銮驾前,足见当时形势的险恶。

等一下,启民可汗当初和隋朝关系那么好,这儿子一上台就是再不亲隋也不至于一出手就这么重吧,这不是要把杨广往死里整吗?这里面是不是漏了什么?

你说得对,这里面是得交代一下。启民可汗是大业五年(609)去世的,儿子始毕可汗是个能人,上台后把突厥治理得不错。大隋朝当时主管对突事务的主要负责人是裴矩,裴大人一看这样很不好。裴大人当时对突厥的主要策略就是分化,不希望哪个部落过于强大。所以裴大人总是要想想办法,去搞一搞的。他先想了一个办法是选宗室女嫁给始毕可汗的弟弟叱吉设,然后把他也册封为可汗,册封为南面可汗,这样就可以分化始毕可汗的实力。主意是不错,问题是叱吉设压根不敢接受,他当然明白大隋朝的女婿不是那么好当的,他不想给人当枪使。这事他还得赶紧给大哥汇报。始毕可汗对裴大人的小九九心里明镜似的,他很不高兴。裴矩这边呢,一计不成又生一计。当时始毕可汗的谋主是足智多谋的史蜀胡悉，他在始毕可汗部落中大概相当于诸葛亮在刘备集团中的地位。裴大人觉得这个人很危险,不能留,就要诈说是要和史蜀胡悉大人商量一下双方的贸易问题,史蜀胡悉也没多想就来了,毕竟双方当时还是友好邻邦,所以史蜀胡悉也就没有防备。结果一到马邑就被裴大人给剁了。然后裴矩在死无对证的情况下给始毕可汗写了一封信说明情况,他说本来我是要和史蜀胡悉商量贸易问题,没想到他一见到我就说要叛逃到我们大隋,我当然很生气,我想你始毕可汗一定更生气,所以就替你把他砍了。

以始毕可汗的智商当然不会被裴矩糊弄过去,始毕可汗很愤怒,但是他绝对是一个强大的对手,他知道马上就和大隋朝开战不是一个最好的选择,他要等待一个能一招制敌的时机,这就是高手的可怕之处。所以当时他只是断绝了和隋朝的外交关系。现在机会来了,杨广自己送上了门,这一次他毫不犹豫,带领十万铁骑以迅雷不及掩耳之势围住了杨广。

一直以来习惯于欺负别人、包围别人的杨广怎么也没想到,一个没小心被别人给围住了。对于这种强烈的反差,他没有任何思想准备,所以开始的时候表现得就相当让人失望。帝王应有的气度荡然无存,唯一做过的事情是抱着儿子痛哭。据说把眼睛都给哭肿了。你不要嘲笑杨广的软弱,他毕竟是人不是神(尽管他一直在努力把自己塑造成神),有点儿人类的正常生理反应是很正常的事情。

当然光哭是不行的,突厥人是哭不死的,还得开会想办法解决问题。

当时提出的解决方案主要是两个。一个方案是杨广的亲家宇文述提出的,就是在目前的军队中精选几千名最优秀的骑兵保护杨广突围南逃。另一个方案是老臣苏威和樊子盖提出的,哪儿都不去,固守。然后派使者突围四面调兵解围。明智的杨广选择了后者,显然在不到两万的隋军中选出几千人跟他跑,最后的结果很可能是,他跑不掉,雁门也守不住。在冷兵器时代,攻城总是最令人头疼的事情。守在这里生存的概率显然比冲出去高。当然干守着也不是事,万一粮食吃完了,救兵还没到,还是会完蛋。这时候,杨广的小舅子、萧皇后的弟弟萧瑀出了个主意(我估计他能想到这个主意大概和他自己的出身有点关系),走夫人路线,请义成公主帮忙。义成公主是始毕可汗的可贺敦,就是大老婆,按照突厥的风俗,国家大事可贺敦都要参与。所以跟义成公主商量一下,叫她喊他老公回家吃饭,兴许能行。义成公主在突厥能够比较牛,有多一半的原因是因为娘家比较牛,现在要是娘家完蛋了,自己的地位怕是要大受影响的。所以估计这件事义成公主能办,就是办不了也没什么损害。想想看当初刘邦那么厉害,在白登山上被匈奴围住,最后也只能用这一招来解围。

给公主送信和向四方征兵的信使都悄悄出发了。现在要做的事情很简单了,就是坚守,在敌人退兵之前、在援军到达之前撑住。

为了让不到两万的隋军扛住十万突厥兵的猛攻,杨广需要提升每一个士兵的战斗力指数,他的主要方法是重赏加提拔。所有参加雁门保卫战的官兵如果能够立功直接官授六品,还有各种丰厚的物质奖励。另外,官兵们当时对于征战高句丽普遍都有畏难情绪,现在杨广下诏以后征高句丽的事情就算没有了,这一仗打完就不会再去打高句丽了。这下军心大振,士兵们人人奋战,个个神勇,昼夜拒战,虽然死伤不少,但愣是让十万突厥人无计可施。

激烈万分的雁门保卫战进行到第二十四天的时候,突厥人突然在一夜之间撤得干干净净。因为始毕可汗的侦察兵已经看到了援军的旌旗,而且义成公主的信也到了,信上说"北方有事"。始毕可汗明白战场的主动权已经易手,全身而退是一个明智而不丢人的选择。所以他悄悄地走了,正如他悄悄地来。

杨广终于可以长出一口气了,危机总算是过去了。现在是要对这件事进行总结和表彰的时候了。这时候,重新坐稳宝座的杨广那自以为是的德行又来了。在他看来,自己这一次能平安脱险完全是上天庇佑,始毕可汗是不能把他怎样的。现在没有事儿了,皇帝当初的狼狈不堪、大丢面子是要想法挽回的。至于对官兵辛苦血战的承诺嘛,研究研究再说。

所以让人非常意外的,杨广回家后居然处理了第一功臣小舅子萧瑀。理由是小舅子看到突厥人吓得腿肚子转筋，跟着一起起哄，吓唬自己，好像能有多大事一样，一点儿都没有大隋皇亲应有的威仪。这样的人不能在中央待着，去艰苦的地方锻炼锻炼是很有必要的。

萧瑀这个人本是后梁贵族出身，又是皇帝近亲，也有能力，但是就是太傲，说话难听。估计在雁门的时候，曾经说过不少杨广的风凉话。他平时嘴上没有把门的，看谁不顺眼都会说，所以人缘不好。但这个人自视甚高，自认为是宰相之才。他在关键时候，往往能起到关键作用，但是你让他具体负责承办事务性的工作，他又往往干得鸡手鸭脚。所以他的这种个性虽然能够在历史中划过痕迹，但是又注定不能成就功名。在以后的唐朝，他还是不那么走运。

处理完萧瑀还得兑现自己当初的承诺呀。这时候老臣苏威建议：对于在雁门时定下的奖励办法是不是要酌情重新考虑一下？要不然封赏太滥，花钱太多。杨广本人也有这个心思。这时樊子盖强烈建议不能这么干，君子重承诺轻生死，何况你是皇帝。天子不能失信于天下。杨广这人有个特点，他认为对的事情，你越说不行他越要干。樊子盖的固执搞得杨广很愤怒，冷森森地给他撂了话，你这么坚持是不是想收买人心？这句话一飘出来，老樊就不敢再说了。收买皇帝身边卫戍部队的人心，你想干吗？

封赏的事情最终重新评定，但是又不能做得太明显，所以就得想办法。什么办法？就是在原有品级之间增加品级。简单说明一下，好比以前连长就是六品，现在把六品定成排长，然后再加上第一副排长、第二副排长等来解决问题。还有以前的物质奖励也都跟着大打折扣。最后参加了雁门保卫战斗的一万几千人，收到缩水封赏的才一千来人。最要命的是，杨广还亲切地对大家说，这一次你们表现不错，好好训练争取在不久的将来在对高句丽征战的战场上再立新功。于是被当猴耍了的士兵们愤怒了，这种愤怒的情绪在军中蔓延，于是总有一天要给杨广好看的念头在不少曾为杨广浴血苦战的士兵心中深深地扎了根。不到两年他们的愿望就实现了。

第 7 章　重用两个掘墓人

杨广总结完这次雁门保卫战不久，他的表哥李渊又被调任了。这已经是李渊一年之内的第三次职位变化了。在陇右干了没多久，李渊先是被调到山西剿匪。职位的名字是山西、河东抚慰大使，可以承制黜陟选补郡县文武官员，手里的权力很大。剿匪的工作挺成功，这次被剿的对象叫毋端儿，李渊在龙门和他打了一仗，这一仗李渊充分表现出了狙击手的能力，射了七十箭，居然箭箭中靶，七十具尸体上都插着李家的箭。面对这样令人恐怖的神箭手，毋端儿大败。这一年年底的时候李渊又被杨广指定接替樊子盖攻击反贼敬盘陀。

樊子盖本来是个很有能力的人物，但是我说过他性格刻薄，对造反的农民极端仇视，所以在清剿过程中对反政府武装的参与人员，抵抗的杀，不抵抗的杀，投降的也杀。对窝藏反政府武装人员或者参与反政府武装人数较多的村庄直接烧掉。樊子盖人杀了不少，但是匪越剿越多，地面是越来越不太平，而且他的身体也不太好，所以杨广临阵换将，让最近表现不错的表哥李渊上阵接替樊子盖。李渊成了实际上的山西地面的最高行政长官——太原留守。

李渊对付反政府武装的手段颇有点儿耐人寻味。尽管从单兵作战能力和军事素养上来说李渊绝对比樊子盖牛，但是李渊却选择了一条以政治斗争为主，军事斗争为辅的路线来解决问题。对反政府武装，除了特别死硬不得不使用武力解决的以外,其他能招安的都尽可能招安。只要放下武器投降一律优待,能打的编进自己的队伍,能干的成为自己的属下,不能打、不能干、不捣蛋的放回老家种地,所以山西地面很快就平静下来。山西这地方不比陇右,人口众多、农业发达,李渊手里又重兵在握,还收编了不少能打能干的人物,方便的时候,不造个反有点儿说不过去了吧。

在正史的记载中，说差不多这个时候杨广对他的这个表哥开始有了疑心,为了让表弟放心李渊就开始纵酒纳贿。对这个说法史书上最主要的证据是李渊有个外甥女在杨广的后宫当妃子，杨广有一次让李渊到他的行宫汇报工作开个例会,碰巧李渊有病就请了个病假,杨广向李渊的这位外甥女询问李渊的病情时说了一句,死不了吧(能死否)。据说李渊因此很害怕,觉得杨广猜忌自己,希望自己早点挂了,然后就开始纵酒纳贿以自污。我个人觉得这个说法是胡扯。当然要是我这话引起了专家们的注意可能是要挨砖头的。我觉得实际上杨广对他的这位表哥是很信任、很够意思的,差不多一年时间三次调职,权力越来越大,好处越来越多就是最好的证明。你表弟对你这么好,你最后在表弟背后捅刀子、造反了,这就显得李渊太不仗义、太缺德。所以就非得找点杨广的错处，造成一种好像自己的造反是被逼无奈一样。刚好有一天自己的外甥女告诉自己这么一件小事,赶紧写进史书当个证据。至于杨广到底说没说过,或者说的时候是在什么语境下,是笑着开玩笑,还是面目狰狞,都不知道。至于纵酒纳贿更是胡扯,没听说过哪个老板喜欢自己的企业高管天天泡酒吧、泡歌厅,每天饭局不断,不干正事还天天收礼的。其实,这一直以来就是李渊的毛病,李渊就是这么个人,喜欢享乐、喜欢收礼。所以在他称帝后的九年里,唐朝的社会风气、官场风气并不好,甚至可以说很坏。这某种程度上是玄武门之变的另一个原因。我这么说,肯定又要挨砖头,你先别着急拍我,等你看到我写到那儿的时候,再拍不迟。

相对于李渊五十一岁成为手握重权的地方大员而言，王世充的进步也不慢。在一年前王世充的表现就再次引人注目了。这一次是因为王世充打了个大胜仗。他的对手是长期混迹于山东，以孟让为首的一股老牌反政府武装。当时农民造反武装的主要生活和经济来源是靠抢,一个地方抢得差不多了，再换一个地方，对于老家的建设不够重视。孟让他们在山东抢的时候，碰到了一个棘手的对头张须陀，打得他们屁滚尿流，实在有点儿待不住也抢不着了。为了躲张须陀，也为了生存，他这次进行战略大转移，带着十多万人向南开进。进军到江苏盱眙的时候碰到了带兵封堵自己的王世充。

王世充和别的指挥官不太一样，别人面对农民武装一般都是来势汹汹、面目凶悍。王世充呢在孟让南下的五条必经之路上分别设立了五座大寨，然后就开始当缩头乌龟装孙子了(羸形示弱)。于是孟让就很高兴，他认为这位入伍不到一年的文员(刀笔吏耳)面对自己，就和自己面对张须陀一样认㞞。所以他觉得要不了几天就能攻下这五座营寨，抓住王世充捆吧捆吧一起带到江都做皇帝去。高兴了几天却发现王世充的营寨很难打，攻不动。我们一直说，冷兵器时代攻坚战是最令人头疼的，谁都不乐意攻坚。正规军都头疼，何况孟让手下这些缺乏训练的乌合之众。

虽说王世充的营寨攻不破，但是王世充也不出来找事，安心当缩头乌龟。时间一久，孟让对他也就不很在意了。自己手下的十来万人是靠抢来维持生计的，老和王世充在这里耗着很耽误抢掠的正经工作，所以孟让决定分兵，一部分人分别包围五座营寨，另外一部分开始四处搜掠忙"正事"。这时候狡猾的王世充知道机会来了，孟让手下抢东西的弟兄们走远了，自己手下准备厮杀的士兵们也吃饱了，恶狠狠地等着王世充一声令下，五座营寨的隋兵突然像饿狼一样凶狠地扑了出来。反政府武装毫无准备，全军大乱，任凭王世充大军恣意砍杀，死伤无算，十万人最后只剩下十来个人跟着孟让逃回了山东。从此王世充声名大振。

紧接着第二年，王世充又一次成功地吸引了杨广的眼球，这一次是杨广雁门被围四处征兵的时候，按理说王世充远在江都，没有多少表现机会，等他到雁门关的时候，杨广估计早饿死了。但是精明的王世充却把这看作一个难得的展示自己的机会。他征集军队向雁门进发，自己表现得痛苦异常，每天睡在草席上，吃得也很差，意思是说和杨广一起同甘共苦。当然没等他到山西，杨广就解围了，但是王世充的作秀让杨广很欣赏。这样的人，要能力有能力，要忠心有忠心，你将来不提拔他，提拔谁？看来哪个时代都一样，要想出名关键是吸引掌握你命运的人物的眼球。

等到王世充再把龙舟水殿送到自己面前的时候，杨广对于王世充的喜爱简直到达了顶点。他可能不会想到，这华丽的龙舟水殿后来载着他驶向了自己生命的终点江都。

龙舟水殿是什么？龙舟水殿是我国隋代著名的全能型建筑师、造船师、车辆设计专家的复合体(人家才是真正的专家)宇文恺先生的杰作。它是一种超级巨大的木制大船。按今天的标准来说，它应该算是一种超豪华游轮。在当年的历史上，它应该是能占据个世界之最的。龙舟水殿是两种船，龙舟到底有多大？它的全长是二百丈。注意是二百丈不是米也不是尺，和美国的尼米兹级核动力航母的长度差不多。这一下你应该能想象它的巨大了，水面以上的高度是四十五尺，相当于标准住宅三层楼的高度，从上到下分为四层，上层有正殿、内殿、东西朝堂。中间两层是相当于商务仓的标准客房，最下边一层是给内侍住的经济舱。全船的内外装修非常豪华，金碧辉煌，龙舟是杨广本人乘坐。还有一种龙舟级大船叫翔螭，规模比龙舟略微小一点儿，是皇后坐的。然后有九艘水殿级大船叫“浮景”——即为游动的风景，三层高，小一些，这是文武大臣们坐的。

龙舟水殿刚造好的时候，杨广带着大家坐过一次。那一次威风八面，气派煊赫。后来龙舟水殿在杨玄感这小子造反的时候被当成反面教材全给毁了。杨广本人一直喜欢江南的风物人情，六朝衣冠的风流倜傥、江南女子的柔美婉约在他心中的吸引力是要超过平定高句丽的。他自己的诗里说：“我梦江都好，征辽亦偶然。”现在好了，王世充居然能按照宇文恺的图纸把龙舟水殿又给造好送来了，这不坐一次简直是有负王大人的一片忠心。可问题是现在的天下已经不是当年的大业初年了，现在已经是天下纷乱国民经济相当困难了，这个时候带着几十万人强行下江南，在任何人看来都是典型的二百五。所以不论是当时还是后来，杨广这一次的送命之旅，都引起了强烈的反对，以死进谏的大臣有好几个，因为大家实在是不理解。理智地说，当时最好的政治策略就是四个字“不再折腾”，老老实实地回到长安城里待着，然后下达一些减租减税、罢兵免役的命令，让老百姓安安生生地好好种几年的地，等局势缓过来了再说。问题是杨广对当时的局面有自己的解读。我个人认为杨广不是看不到，而是他有自己的策略。他之所以在这个时候游江南，并不完全是因为后人所说的为了自己的欲望而进行的二百五一样的弱智行为。实际的情况应该是，杨广觉得当时中原的情况不稳定，很不稳定。而江南好一些，所以他想暂避江南等中原局势稳一些后再回来。当然，我这说法是把杨广当作正常人的理性分析，没有多少证据支持，你要说我胡扯我也不怨你。

中原为什么不稳定？因为当时的反政府武装河北有窦建德集团，山东有王薄集团，河南有瓦岗山义军，山西有历山飞，陕西有孙华，再加上北面那个强大的、围了自己二十四天的突厥，所以我想杨广虽然表面上淡定自若，但是内心怕是有点儿害怕的。这时他想到的办法是躲，刚好王世充送来了龙舟水殿，他就顺水推舟地想进行战略大转移，暂避江南，然后坐等中原形势好转再说，即便中原万一不能平定，他还可以退保江南，占据半壁江山。

第8章 亡命天涯的李密

杨广最终还是乘坐豪华游轮走了，就在他抵达江都不久，当年逃亡的二号人物李密重出江湖了。

李密堪称隋末之乱各路诸侯中首屈一指的人物。他的才干与能力绝对是一流的。但是有时候只有能力是不够的，就好像世界杯的冠军不见得是实力最强的，但差不多一定是运气最好的。能够打下江山社稷的人是非常需要几分运气的，当然还得有几个能力不错的哥们儿来撑场面，而这两点差不多是李密最大的弱项，他的亲朋故旧几乎都被隋炀帝办了，他的好运气也似乎在他亡命天涯的旅途中都用尽了。

李密逃亡之后的第一个投靠目标是郝孝德，一路造反较早的农民武装。可郝孝德居然看不上李密(不礼之)。在老郝家混不下去，李密就又蹿到了另一路土匪武装王薄那里，可王薄也不把他当回事。因为能识文断字的知识分子肯定是地主阶级，不管是大地主还是小地主，地主阶级和农民阶级的矛盾是中国封建社会最主要的矛盾。很多农民武装只要是看到谁“之乎者也”的，立马拿下砍脑袋。所以造了反的农民郝孝德和王薄对待落了魄的地主李密天生就会有一种幸灾乐祸的情绪。而李密又是天生有几分傲骨的人物，在他看来他来投靠谁就是给谁面子，一帮土鳖堆里扎进来一条龙，还这副德行。老子不伺候了，所以李密离开了王薄继续逃亡。但是逃亡是需要钱的，否则就要饿肚子。财富的多少直接决定逃亡的时间长短和旅途是否愉快。李密没钱,他穷困到了曾经削树皮充饥的地步。所以先找一份工作,挣钱混个温饱是大问题。

李密改名换姓,找了个小地方教书,挣点课时费,勉强糊口。按说这种日子倒也能撑下来。可李密是贵族知识分子出身,一旦过上这样的生活就一定会有英雄落寞的心理感受,就一定会用知识分子特有的方式抒发一下,那就是写诗,或者更直接一点叫写反诗,而且写完以后还哭了一鼻子。结果李密的行为让有关人员觉得可疑了,他们觉得这个老师好像有点儿问题,所以就想把他抓来审审。李密运气不错,收到风声跑了。这一次李密跑到了自己的妹夫、当时还在做地方小官的邱君明家。

邱君明不敢窝藏李密,当然也不会用大舅子的脑袋来升官,他把李密安排在了当地的王秀才家。王秀才不是秀才,他就叫王秀才,是当地的一个黑社会头目,正史的说法是游侠。王大侠很把李密当回事,他和李密聊了个天以后,立刻判断出了李密的升值潜力,然后就把女儿嫁给了李密。李密在提心吊胆的逃亡中居然成了新郎,这大概是他本人万万没有想到的,小日子就这么过下去似乎也未尝不可。但李密终归是逃犯,他的脑袋是值几个钱的。邱君明的一个远房侄子邱怀义不知道从哪里知道了李密的事情,立刻很不仗义地向有关部门告发了。好运气再次帮助了李密,当邱怀义带着官兵包围王秀才家的时候,李密刚好不在家,阴差阳错地又躲过了一劫。但是王秀才和邱君明就没那么好运了,他们为李密都丢了脑袋。

李密又一次无家可归,他唯一可以选择的就是再次落草为寇,投奔土匪。这一次的李密已经没有了当初的凛然傲物,他必须收起棱角,用最谦卑的姿态指望人家赏口饭吃。但是李密已决心忍耐,他要在隐忍中寻找机会,通缉犯李密终会在几年后成为名满天下、称霸一方的魏公李密。

这一次他放下了公卿子弟的架子,夹着尾巴混迹于当时动荡的河南北部地区不同的土匪组织中。开始他还是不受人待见,但是李密这一次很淡定,无所谓,你瞧不上我没关系,让我入伙就行。是金子总会发光的,时间一长李密就开始让这些土匪头子感到了不同。大家开始慢慢觉得这个人不简单。再后来大家坐下来一聊,这个人不但气度不凡,而且几次死里逃生显然有神明庇佑,弄不好是个贵人。看来将来不是跟着我们混,而是带着大家混,所以渐渐地李密成了这些不同土匪武装的精神领袖。

在土匪组织中混得久了,李密对河南一带的整个反政府武装的形态渐渐有了全面的了解。当时最大的土匪是翟让领导的瓦岗军,李密觉得靠着目前这些小股土匪不能成事,所以他决定投靠翟让。

翟让这个人落草以前是一个地方的治安官员,级别不高但是权力挺大,能量不小。他在那个位置少不了要和社会上的各种不良分子打交道,时间长了渐渐地也就蛇鼠一窝了,用今天的话说充当了黑社会的保护伞。后来在一场扫黑除恶的运动中落马,翟让本人没有什么很硬的后台,有关方面就准备拿他当个反面典型砍脑袋。在牢里的时候,翟让的朋友把他偷偷给放了。这一下,死里逃生的他落草为寇。当时和他一起开创瓦岗山的有两个人,都是同乡。一个叫单雄信,是一个打仗很猛的人,单兵作战能力很强,使用的兵器叫马槊,大概就是马上的长枪,这小子后来差点儿让李世民成了枪下之鬼。还有一个叫徐世绩,当时只有十七岁,因为有人命官司在身,所以和翟让一起落了草。瓦岗山队伍之所以能发展得这么好,和徐世绩有很大关系。你别看他当时只有十七岁,却表现出了一流军事家、战略家的眼光。

徐世绩是整个唐代历史中打仗时间最长、作战区域最广、迎战对手最多的最牛的将军。现在他是在瓦岗山带着兄弟们和隋朝政府军干,后来代表政府军和反贼宇文化及干,然后又成为唐朝大将打王世充,打窦建德,平定萧铣。天下平定了又被派到北边对抗突厥,在北边一待就是快二十年,搞得北部边疆很平静,被李世民认为性价比超过了修长城。临到八十岁快死的时候,还挂帅出征平定高句丽。所以这个人绝对是一个人物。他的一生有太多的故事和传奇,要是他当年写本回忆录的话,销量不会比克林顿的少多少。

徐世绩给翟让的建议是,瓦岗山附近的乡里乡亲、当地的富户地主咱们别打主意(土匪武装的主要经济来源是抢)。瓦岗山离运河很近,上边跑的官船、私商很多,抢他们。这些人肉肥,而且不得罪乡里,容易壮大队伍。结果运河成了瓦岗军的超级提款机,有事没事抢一票,钱越提越多,队伍自然就越来越壮大。等李密来找翟让的时候,翟当家手下已经有两万人马了。而翟让见到李密的反应却分外奇特。

李密投靠翟让是要奔个前程，可翟让一见李密啥话没说直接让人把李密捆吧捆吧给抓起来,关在了自己的营寨里。翟让为什么要这么做？是因为翟当家实在是没想清楚李密到他这里入伙到底是福还是祸。李密毕竟是全国通缉的要犯,反政府组织头号人物。现在到自己这里来入伙,万一把隋朝政府军给招来那可了不得。自己手下的这些人,抢东西、欺负欺负别的土匪可以,但是正儿八经和正规军作战很菜。所以一时之间,翟让有点儿拿不定主意要不要把李密扭送到有关部门。

翟让这里犹豫不决,但是手下的大小头目们都很兴奋,大家像看天外来客一样纷纷到李密关禁闭的地方看,看看这个人长什么样子。李密呢,对这些送上门来的听众立刻开讲，给大家就当前的国内外形势做了一个全面精彩的报告。李密是什么人？给这样一群人分析当前形势,简直把这些人听神了。这哪是普通人,分明就是诸葛亮下凡。这些听报告的人立刻被李密折服,这其中有一个人叫王伯当,他后来成为李密生死与共、砍头换命的兄弟,他对李密的忠义绝对比得过关二哥。王伯当当时在翟让集团的位置挺高,听了李密的报告,王伯当立刻兴奋地来找翟让,让他一起听。有了王伯当的极力举荐,再关着李密就不合适了。翟让正式接见了李密。

李密见到翟让,给他分析说,现在的形势是这样的:杨广跑到江南去了,两京留下的是杨侗和杨侑两个弱主，大隋的精锐部队在高句丽死得差不多了,现在和突厥的关系又很差,整个中原的态势就是即将崩盘。所以现在得赶紧下手(此刘项奋起之时)、逐鹿中原。你手下兵强马壮,一不留神说不定就把天下得了。

对于李密的抬举,翟让比较清醒,他清楚自己的斤两。对他这个普通农民出身的人来说,当个山大王就足够了,什么逐鹿天下,问鼎中原,他没那个志向。所以尽管手下很多人很把李密当回事,他还是没太把李密的话放在心上,但最后他也让李密在瓦岗山上坐了一把交椅。

入伙归入伙,但是翟让对于李密总归是不感冒,所以就给李密找了个劝降其他反政府组织的工作让他去干。这种差事,有风险,有压力,还不容易看到成果。弄得不好,碰到哪个讨厌读书人的山大王,说不定就直接给拉出去咔嚓了。没想到李密一出山,这方圆附近的大小反政府组织,竟然纷纷投诚和李密一起来瓦岗山入伙。是呀,你别忘了,李密上瓦岗山之前的日子,哪能白混了。结果李密出山拉回来十几股人马。这一下,翟当家对李密有点儿刮目相看了。李密的座次向前挪动了不少,但还远谈不上能在瓦岗山呼风唤雨。直到后来发生的两件事,才让翟让彻底将李密推到了台前。

一个从东都来的叫李玄英的人历尽艰难地找到了瓦岗山,这个人据说已经到过很多土匪组织中了,他每到一地别无所问,只是要找李密,说李密是将来的皇帝。这个人好不容易在瓦岗军中见到李密,直接纳头就拜,磕完了脑袋就说以后我就跟你混了。此种举动让山中的大小头领包括翟让非常愕然。大家都有一个共同的疑问:这是为什么呢?

原来李玄英本人有个爱好,研究谶纬之术,用今天的话说就是搞预测学。他告诉大家,最近民间流行一首歌叫《桃李章》,歌词中有:桃李子,得天下;皇后绕扬州,宛转花园里。莫浪语,谁道许。经过他的认真分析,"桃李子"指的是逃亡的李家的孩子,"皇后绕扬州,宛转花园里"是说皇帝和皇后在扬州回不来了,"莫浪语,谁道许"意思就是保密,那就是这个人的名字是"密"。他根据以上内容认真研判认为,李密就是未来的真命天子。所以他毫不犹豫地将自己的未来押到了目前正当二流土匪的李密身上,希望能在李密未来成就帝业的道路上,贡献力量、获取名利。他的这个说法很能唬人,这一下山上的大小头领对李密的感觉不一样了。翟让也心动了,他也开始考虑要不要像李密说的那样下山打天下去。

这时候,另一个算命先生开始发威了。这个人叫贾雄,是翟让身边的第一谋士。翟让毕竟是农民出身,没有多少文化。兴兵打仗、处理问题靠一个有文化的算命先生不奇怪。翟让找到贾雄问他,要不要像李密说的那样下山打天下去,贾雄煞有介事地掐指一算,对翟让说"吉不可言"。但是这事你自己挑头可能不行,要是让李密挑头干,那就非常吉利。翟让不愧是大当家,不是那么好忽悠的,马上就问了一个很尖锐的问题,要是这样李密找个山头自己拉队伍打天下就行了,干吗非得投靠我?考验贾雄的时候到了,算命的命算得好不好，其实往往不是真的推算得有多么准确，而是嘴里会不会说。好的算命先生擅长的就是把不合理、不可能的事情说得很合理、很可能，还很真切。贾雄开始忽悠了，他说，世间的事情往往是相生相克的，蒲山公(李密以前的爵号)之所以要投靠你，你姓什么？翟。什么意思，是沼泽地的意思。蒲草必须得在沼泽地里才能长得好不是？所以李蒲草必须得到您翟沼泽的扶持那才能生长茂盛。

这个七绕八拐的道理居然说服了翟让，从此后李密和翟让的关系就非比寻常了。李密被翟让推上了台前，差不多成了山寨里的二当家。你可能觉得有点儿怀疑，这两个人会不会是和李密有什么关系？对，你猜得很有道理。第一个人有没有关系，不好下定论，因为正史中没有记载，但是第二个贾雄先生，那可千真万确是被李蒲草收买的。能收买贾雄，难道就不能编一首通俗歌曲教给大家唱吗？这只能让大家去想象了。

第9章　猛虎下山

钦犯李密成了瓦岗山的二当家。坐上这把交椅后，李密提出的第一个建议是下山抢地盘。因为现在的瓦岗山不是之前的瓦岗山了，李密入伙的时候带来了不少人，人马壮大了不少，光靠抢似乎有点儿撑不住了。兄弟们落草的目的是能大块吃肉，大秤分金。要是上了山还得顿顿面糊糊，那肯定是不行的。所以光待在瓦岗山上闹腾已经不成了，新的斗争形势要求山寨大小头目必须转变思想，下山抢占大城市，占领地盘。这一次翟让没有反对，他也知道队伍大了，人马多了，瓦岗山这个小地方确实是容不下了。

下山的攻取目标，李密定在了荥阳。为什么是这里？我分析，这个地方在黄河边上，是来往水路交通要道，西边不远就是洛阳。把这个地方占了，北上南下的船队统统拦下，招兵买马，壮大队伍，等到兵强马壮时机成熟的时候，就可以一举拿下洛阳。拿下洛阳，造反事业就成功了一半。但是李密没有想到的是，因为洛阳实在太重要，他在洛阳附近招兵买马积蓄力量，洛阳城那边也在不断地调兵遣将，增派人手和他对抗。后来他基本成了一块吸铁石，把隋朝的精锐部队都吸引到了自己的周围。李渊得以放手一搏，夺取长安。

不管怎么说，下山之后向荥阳进军的发展过程很顺利，一路上没有费多大劲就占了不少地方。荥阳太守杨庆一看势头不对，他自己肯定是搞不定瓦岗军的，赶紧向杨广求救。杨广很快给他派了一个有本事的能人来。这个人要来荥阳的消息传到了瓦岗军中，翟大当家一听是他，立马㞞了，马上就想跑路，回瓦岗山去。他实在是被这个人打怕了。这个人是谁？

这个人叫张须陀。

张须陀，民族汉，年龄五十二岁（当年），出身官宦人家。个人特点：讲义气，单兵作战能力极强，指挥水平很高，属于智勇兼备型将领。

其实要不是隋末天下大乱，张须陀很可能也就在历史上寂寂无闻了。早年间，张须陀曾经在大将史万岁和越王杨素手底下混过，都不是很知名。老了老了奔五十岁去的时候，这场隋末大乱让他扬名立万成了名人。

张须陀的成名战是对阵大业七年在山东邹平一带逃避高句丽兵役而起事的王薄。王薄当时一起事，就聚了好几万人。山东一带各级政府猝不及防吃了大亏。王薄这股人马基本上是所向披靡。这时候他碰到了张须陀。王薄连战连胜，没把张须陀放在眼里，两军一对阵，自己这边人多，多得多。所以他根本没怎么提防，不紧不慢地整队布阵。张须陀呢，根本没给他把队站齐的机会，直接发动攻击，结果王薄大败。王头领本人逃脱了，但是他很不服气，觉得姓张的不地道，咋能自己队还没站好就下手。为了报仇，他又广撒英雄帖，纠集不同的各路反政府武装，凑了十几万人来找张须陀算账。张须陀手下的兵马不足两万。两军对阵这一次王头领的队伍站好了，但面对张须陀的猛攻根本没有还手的机会，张须陀一个冲锋，王薄就全军大乱，十万多人大溃逃。等跑到路上的一条河边的时候发现坏了，河上的桥被姓张的偷偷派人给烧了。这一下乱上加乱，众人一哄而散，跟着王薄跑掉的大概不到一百人。这么多年抢来的猪、马、牛、羊等家当都成了张须陀的战利品。

张须陀之所以这么厉害，是因为这个人实在太猛。他打仗的特点就一个——不要命。小时候我们打架时常说“横的怕愣的，愣的怕不要命的”。张须陀绝对是不要命级别中的极品。他带着两万人敢直接攻击别人十万人，他带着两个人也敢这么干。有一次张须陀就带了五个骑兵面对突然来袭的上万反政府武装，他的反应不是赶紧进城躲一躲，而是毫不犹豫拍马就上，六个人去打上万人，被人家围了好几十层，身上挨了不少刀枪，但就是拿不住他。这时援兵赶到又是一场大胜。你碰到这样不要命的对手，能成功跑路就是造化了。

张须陀很猛,他手下还有两个猛人。听过单田芳先生播讲的评书《隋唐演义》的人都应该知道,这两个人一个叫罗士信,一个是秦琼秦叔宝。罗士信入伍参加张须陀部队的时候年仅十四岁,属于未成年人。跟着张须陀打第一仗对阵王薄的时候,人家那里正在排队,罗士信一个人突然单枪匹马直接冲阵,一连刺倒了十几个,然后砍下一个人的脑袋扔到空中,再用长枪一插,挑着在人家阵前横行。王薄的农民军哪见过这么凶残的人,正在那里张着嘴巴看的时候,张须陀冲锋了。冲锋的时候,罗士信紧跟张须陀,每砍倒一个人,他就跳下马来割鼻子,然后放在怀里等着回去报数、领功。你想想要是你怀里揣着一堆血淋淋的鼻子你能走得动路不。现在你大概能明白罗士信是什么类型的猛人了。单田芳的评书里说傻小子罗士信可能是有点儿影子的。

秦琼也是猛人,他不同于罗士信有点儿二的生猛,他属于那种单兵作战能力很强,同时又有头脑、讲义气的带头大哥型猛人。他最早是在来护儿手下当差,做个小官,级别不高,最多相当于今天的营长。

有一次秦琼的母亲过世,来护儿司令专门派人吊唁。手下的这帮大将不理解,一个小小的秦琼,哪值您这么大面子?我们家里有事的时候,也没见您这么重视。来司令就说了一段话:秦琼这个人打仗勇敢,而且志节完备,将来肯定有大成就。来护儿是谁?他能放在眼睛里的人,那就一定是个人物。而且你再回头想想评书《隋唐演义》中,秦琼在英雄榜的排名是第十三,位置似乎不太靠前,可在他之前的这十二个人,除了第三条好汉裴元庆有点儿影子外,其他都是虚构的。

当然,秦琼的猛还是要靠事实说话的。

大业十年,张须陀对阵卢明月。卢明月的兵力是十万人,张须陀勉强算一万人。相持十几天后,张须陀粮草不济,长期对阵肯定不行了,所以张须陀就拟订了一个非常冒险的作战计划。全军撤退,后退的时候,卢明月肯定会全军追击,他就等着我们退兵时放手一搏。这时候埋伏一小股部队,在卢明月离营后偷袭卢明月大寨,放火烧营,然后两下夹攻。但是率军埋伏风险很大,就千把号人,人家大寨里不可能不留人,一旦攻击不顺基本上就是白送礼了。所以这个作战计划一提出来满座哑然，大家不是不知道这个计划很妙，而是担心自己摊上偷营的玩命活儿。这时有两个人同时说了句“我去”。对，这两个人就是秦琼与罗士信。

开战那天，张须陀大军一动，卢明月倾巢而出，疯狂追击。躲在草丛里的秦琼和罗士信一看卢明月走远了，立刻发起攻击。人家大寨里当然不会不留兵，不会大门洞开，不会不放箭，不会不抵抗，问题是他们碰到的是两个猛人，这两个人三两下就翻进了卢明月的大寨，他们功夫好，手下的士兵不是都能翻进去，这两个人三下五除二先砍翻了十几个守门的兵，然后打开了卢明月的大寨门。后面的情形就没有什么悬念了。前边正红着眼追击的卢明月突然发现自己的大营火光冲天，他知道坏了，正在混乱的时候，有序撤退的张须陀疯狂反扑，前面是不要命的张须陀，后面是秦琼和罗士信追着屁股猛打，最终卢明月带着不到一百人跑路了。

所以当时张须陀、罗士信和秦叔宝的组合对于这些反政府武装基本上是怎么打怎么有，这些不同的反政府武装组织后来对待张须陀的态度很简单，就是一个字“跑”，你来了我就跑。

张须陀之前已经和翟让不下三十次交手，比赛的结果是三十比零，张须陀完胜。所以当翟当家知道张须陀又来了的时候，那种腿肚子发软、头皮发麻的心态是可以理解的。他立马安排全军准备跑路回瓦岗山。这时候，一个冷静自信的声音阻止了他，“对付张须陀，我来”。

说这话的人正是李密。张须陀很猛，但是李密似乎最善于对付猛人。他对张须陀的态度远不像翟让那么恐惧，而是相当不屑。请听李密的原音重现。

> 须陀勇而无谋，兵又骤胜，既骄且狠，可一战而擒之。公但列阵以待，为公破之。

李密向翟让打了包票。但是翟让很犹豫、很勉强。他不知道李密是不是真的有两把刷子还是吹牛皮。但是翟让最终还是决定打一仗，因为毕竟二当家这么勇敢,做大哥的不能太熊,不然以后在兄弟们面前怎么混?大不了到时候眼睛放亮,风头不对就赶紧跑路。

战斗是在一个叫大海寺的寺庙附近展开的,这地方现在还有,前几年在古大海寺遗址发现了不少佛教造像,后来就又重修了一座大海寺,现在是荥阳当地一处有名的旅游景点。

张须陀确实没有把翟让放在眼里,翟让嘛,能有多大本事?最近皮肉又松了得紧紧。张须陀没有想到现在翟让身边有一个李密,否则他不会那么大意。他对付翟让还是老打法,排好队形直接攻击,翟让的表现也是一如既往的㞞,这边一冲那边马上后退,看上去又是一场毫无悬念重复多次的胜利重演。过于轻敌的张须陀没有注意到大海寺旁边的一片丛林,这片丛林似乎有点儿不寻常。张须陀的队伍经过丛林没多远,丛林中突然杀出一票人马,领头的正是李密。张须陀还在前边领着人冲锋,猝不及防后队人马被这一股凶悍异常的人冲乱了套。冷兵器时代的战争最怕的就是乱,阵形一乱基本上就是败了。前边正准备跑路的翟让一看李密得手了,立刻挥军反扑。三十比零这口气也忍了太久了,终于有报仇的机会了。张须陀,你也有今天。

张须陀全军大乱,基本上是各自为战,不能呼应。瓦岗军本来人数占优,张须陀再一乱,那就基本上是瓦岗军的菜了。张须陀不愧是一条好汉,居然杀破重围冲出去了。可一看身边不少生死兄弟都没有杀出来,就又毫不犹豫地杀了进去,哪里被围住的手下多就杀向哪里,杀进去,带着兄弟们冲出来。这个往复冲杀的过程进行了四次,但大势已去,败局已定,手下的人马越来越少。张须陀仰天长叹:“兵败如此,何面见天子乎?”然后,他赶跑了自己的坐骑,杀回敌阵步战。他是不想再活着回去了,他要为大隋帝国流尽最后一滴血。

张须陀壮烈殉国,瓦岗军在李密的指挥下取得了空前的胜利。一时之间河南、河北、山东的各级隋朝政府为之丧气,而瓦岗军声名大振。翟让彻底服了。

彻底服了的翟让做了一个后来让他身首异处的决定:分兵,给李密兵权。从现有的瓦岗军中分出一部分兵力成立了蒲山公营,由李密当家。李密由此开始有了属于自己的队伍。

李密是关陇军事贵族世家出身，自己原来的工作单位是杨广身边的三军仪仗队，又曾经在大将杨玄感手下混过，对于练兵、对于打仗那是很在行的。拿到兵权的李密没多久就把蒲山公营训练成了一支纪律严明、作战勇猛的铁军。而且李密不爱财，战利品全都先紧着一线的战士们分，所以蒲山公营的战士对李密非常爱戴。与其他造反武装的自由散漫相比，蒲山公营成了一支最像正规军的反政府武装。

分了兵权给李密，又分了抢下来的金银财宝、武器弹药、粮食布匹和骡马牲口，翟让正式和李密提出分手，分道扬镳。翟让说自己还是回瓦岗山当土匪，这一次抢到手的东西够吃几年的，你要是想跟我一起回去干土匪咱就一起走，你要是想留下继续造反，那我也不拦着，反正兵马粮草我也都给你留够了，咱们就此别过。李密当然是选择留下，好不容易有了自己的人马、地盘，不用再看人脸色，不用再担惊受怕，终于有了一展抱负的可能，当然要留下大干一场。

翟让走了，很多人不理解。翟让怎么会这么蠢？其实翟大哥有翟大哥的道理。翟大哥身上有着中国农民原生态的特性，几分憨直几分狡黠。他不小心落到了历史的放大镜下，身上的这些特性被放大后呈现给了后人。

翟让为什么走？你想想张须陀是什么人？是扫荡各地农民军的明星式的头牌人物，是杨广树立的典型和模范，据说杨广的行宫里专门挂着一幅画，画的是张须陀和罗士信打仗时的威猛样子。现在招牌给砸了，人家能善罢甘休吗？能不找你算账吗？我小时候听过一句话，没事别惹事，有事别怕事。现在翟让惹了事，又非常怕事，所以他就很自然地想到了老办法，跑路——回瓦岗山避风头。李密呢，肯定不会走，那就给他分些兵马、粮草，让他替自己背黑锅。反正大家本来就志向不同，现在刚好各遂所愿。所以实际上翟大哥一点儿都不蠢，这么多年的大哥不是白混的。

问题是，翟让严重高估了政府军的实力，严重低估了李密的能力，严重误判了当前的形势。他和李密分手之后的消息是，没有什么政府军来找事，不但如此，李密的蒲山公营每到一地基本上不用打仗，直接报个名号，做做工作,人家就开门投降了。自己走的这段时间李密又连下数城,得了不少金银财宝,占了不少地盘。

这一下翟让后悔了,老后悔了。跟着他一起回山的兄弟们更不平衡,谁愿意老在山沟里待着,谁不知道大城市好?所以大家就一起闹腾。最后大家为了让闹腾的心平静下来,就做了一个听起来很厚脸皮的决定——回军,再找李密大家一起合伙干。

有时候,我会不由自生地想象,当意气风发的李密看到风尘仆仆带着一脸憨直笑容的翟让和他的手下们又回来了的时候,会是什么样的表情。

第10章　李魏公　翟司徒　河东公

翟让回来了,而且依然是大当家。为什么?很简单,因为翟大哥资历老、兄弟多,这没什么好商量的。不过李密想想回来也有回来的好处,毕竟人马更多了,人多势众才能办大事。什么大事?攻取洛阳。

我一直觉得李密是个一流的战役指挥专家,但是在战略上他不行,实在是有点儿急功近利,贪大求快,总有一夜暴富的赌徒心态。这才从瓦岗山下来没几个月,刚刚占了几个县的地盘,按今天的标准来看最多也就是个地区专员而且还是个副的,就想着要拿下洛阳当皇帝,胃口太大。就算是你走了狗屎运攻占了洛阳,周围真的就会听你的?那么大一座城市,就你手底下那点儿土匪级人马,能守得住?你手里得先有一块不小的稳固地盘,有一支听你指挥的、特别能打的、人数众多的队伍,之后再考虑攻打洛阳才对。问题是中国古代农民起义的领袖们似乎都有一个共同的误区,以为只要占了首都,天下就是自己的了。黄巢如此,李自成如此,最后的结果都是怎么来的怎么走,没有一个好下场。

当然李密有这种想法,也有他的道理。在他看来洛阳城里的越王杨侗基本上是个摆设性质的人物(其实这个人不简单),没经过什么大风浪,手下的大臣有本事的不多,兵力也不是很足。所以突然搞一把,说不定能行。等拿下洛阳稳定稳定其他地方,天下就可以传檄而定了。什么意思?就是打进洛阳换了国号后,给全国各地发通知,告诉大家从现在开始你们的大老板换人了,以后给新老板好好打工,不要找事。李密的想法太简单。攻取洛阳听上去很震撼,其实就相当于我趁老板出差霸占了他的办公室,而公司大小员工、各级管理层肯定不会有谁听我的,肯定是找保安或者公安把我提溜出来,可能还有一顿痛扁。除非我能有一帮能打的、听我话的兄弟打得过保安,而我又能保证公司所有员工与大小头目们能涨点工资,并且公司的业绩还会有提高,至少是不亏本。我没有那个本事,李密目前也没有那个能力。但是老总的豪华办公室对李密却有着极大的吸引力,他在以后的几年里一直盯在办公室门口,但直到最后也没能踏入这间老总办公室——洛阳。

翟大哥也不全听李密的,这一次他派了一个兄弟先去洛阳看看。看看老板办公室的保安工作严密不严密,结果这个兄弟不太会办事,没有查到洛阳方面什么情况倒把自己给暴露了,这一下洛阳城立刻加强守备,并且驰告江都。

李密一看立刻调整部署,打洛阳现在肯定是不行了,兵力太少。但是打另一个地方,兵力足够。而且在他看来打下来以后可以很容易就聚集百万雄师,再图后举。这个地方就是洛口仓——隋朝政府最大的粮仓。洛口仓有多大?周长二十里,里面有三千粮窖,每一窖可以放八千石粮食。一石等于一百斤。存多少粮食你应该能算出来了,按照一个人一年吃三百斤粮食来算的话,大概够八百万人吃一年。打下这个地方,开仓放粮,百万之众很容易能凑足。人马多了,到时候再选拔人才,编制队伍,然后直扑洛阳。李密的宏伟计划让翟让很晕乎,他最后说,你说那么多我也不是完全明白,反正按你说的办就是了,你在前边开路,我在后面殿后,咱们出发。

李密奇袭洛口仓这一仗打得确实漂亮,出人意料的大胆,充分展示了他的军事才华。为了说明这一仗我得用一个钟表来描述一下。李密现在所在的位置是荥阳,在钟表两点钟左右的位置,洛口仓在钟表十点钟的位置,六点钟位置是阳城,九点钟位置是罗口。在钟表十二点钟和表心之间画一条直线,在洛口仓和荥阳之间画一条直线,焦点是虎牢关,守将裴仁基。在评书《隋唐演义》里裴仁基是个很一般的角色,他的儿子裴元庆很厉害,好汉排行榜上排第三。裴仁基确实有一个非常非常骁勇的儿子,叫裴行俨不叫裴元庆，裴仁基本人实际上是一个很有能力、很有本事的人物，他手下除了儿子裴行俨之外，还有三个猛人，他们是罗士信、秦叔宝和程知节。程知节就是有名的程咬金。张须陀的残部后来都被调拨给了裴仁基，所以他是一个相当不好惹的人物。

而李密他们袭击洛口仓的路线是这样的。首先南下，直扑阳城。到了阳城以后，又突然向西北行动占了罗口，正让人琢磨不透他到底想去哪里的时候(罗口再往西一百里就是洛阳)，突然向东北方攻击洛口仓，没费什么力就占了仓城。为什么说李密大胆？你看看洛口仓的位置，用钟表来看的话，左下方不远就是洛阳，右上方不远就是虎牢关，很容易被两面夹击，所以这个地方守备不是很严，谁也没想到李密愣是敢黑虎掏心，指南打北、声东击西、中央开花，在这个地方做文章。

李密这一下发了，二十四亿斤粮食呀。马上开仓放粮。隋末那个战乱的年代，老百姓哪有机会和时间安稳地种田，家家都在闹饥荒，一听说有地方白拿大米不要钱，想拿多少拿多少，那还不乐疯了？远近百姓蜂拥而至没费事就组成了几十万人的领米大军，一时间盛况空前。领米的人数虽然众多，但是几十万人真正能打仗的还是有限的，白领几包大米谁都乐意，但是为了几包大米出生入死、刀头舔血这个买卖不划算。所以李密手下尽管从这时开始人数一直众多，但真正能打的只有几万人。

洛口仓的粮食实在是太多，搬又搬不走，所以李密索性就在洛口仓建立了新基地，扩建仓城，以后就打算在这里长期办公了。

洛口仓离洛阳只有一百来里的路程，这里的粮食是保证首都日常生活的，这一下给李密占了，洛阳城里岂不是要饿肚子？所以越王杨侗对于李密非法霸占洛口仓这件事非常重视，立刻调拨人马，制订方案准备进剿。

杨侗的军事计划是这样的，在洛阳组织两万五千人马，由刘长恭率领自西向东向洛口仓进发，虎牢关裴仁基率领所部自东向西攻击洛口仓。十一日这一天两支军队同时发起进攻，两面夹击。应该说这是一个很不错的计划，但问题是这份按理说应该是绝密的军事计划不知什么原因竟然落到了李密的手里。计划怎么泄露的史书上没写，反正是泄露了，李密、翟让针对这一计划开始进行周密的部署。

刘长恭在洛阳城里的征兵工作进行得很顺利，大家都觉得李密手下的这帮人不堪一击，不过是一帮占国家便宜的小偷罢了。他们把这支部队称为“米贼”，和“米老鼠”的意思差不多。所以大家把这次打击“米老鼠”的战斗看作是难得的建功立业的好机会。很多公卿世家的子弟，还有不少大学生、研究生、博士生(国子三馆的学士)都异常积极地报名参军。大学生这样类型的文人对于战争、对于金戈铁马总是有一种不切实际的浪漫情怀。仿佛战场之上的残忍血腥、掉胳膊、掉腿、丢脑袋都和自己无关，自己肯定是一剑纵横，马踏敌营，潇洒异常地建功立业，总是会情不自禁地叫嚣“男儿何不带吴钩，收取关山五十州”，即使和平时期也会腰里挂一把凶器到处逛荡，比如李白一定是仗剑壮游。但在实践效果上，拿惯了笔杆子和握惯了锄头把子的人比拼的时候，还是握锄头的获胜率高一些。

这些公卿子弟和大学生们家里普遍都是中产阶级以上，还是有几个钱的，所以置办的军器铠甲都分外地精美耀眼，颇为唬人也颇为诱人。两万五千人的队伍旌旗招展地出发了，十一日这一天准时赶到了预定战场石子河。这时候裴仁基的部队还没有到，刘长恭的部队到了该吃早饭的时候，但是刘长恭没有等裴仁基，也没有安排大家先吃饭而是直接发起了进攻。大概是刘长恭觉得这是一个机会，可以在裴仁基之前把李密他们给灭了，要不然一会儿等到你也来了，功劳肯定得分你一半，不划算。

现在回过头，再来看李密的部署。李密把全军分为十队，六队在石子河东等待刘长恭，还有四队在横岭设伏等待裴仁基。石子河这边的人马由翟让、李密分别统领一部，翟让居前，李密在一旁隐伏。所以刘长恭看到的其实只是翟让所统领的一部，人马比想象中的要少很多，刘长恭大喜，觉得机会难得，便下令全军进攻。翟大哥的部队还真是不经打，一触即溃，就在刘长恭大喜过望，手下的部队开始撒开队形进行追击的时候，李密率领蒲山公营的骁骑突然横向杀出，将刘长恭的队伍一冲为二，然后翟让那边回军猛扑，刘长恭全军大乱。他实在是没想到李密、翟让这样的土匪居然还能玩点兵法，还有这么一手。你看着是不是有点儿眼熟？对，是跟大海寺打张须陀那一仗差不多。这基本上就是李密打仗的传统套路。刘长恭的部队被冲散了,再加上早上没有吃饭又饿又累，根本没有各自为战的能力，终于无可救药地大败。败得很狼狈,刘长恭自己是脱了铠甲装扮成小兵才跑回洛阳的,那些衣着鲜华、军器闪亮的公卿子弟、大学生们更是丢盔弃甲,扔了手里的家伙,撒丫子地跑。这些精美的军器铠甲、旌旗号角都成了瓦岗军的换代装备,瓦岗军越来越像是正规军了,声势大振。这时候,翟让做出了一个非常让人钦佩的决定。

翟让做出的重要决定是退居二线,正式让出大哥的头把交椅,李密终于成了瓦岗军名副其实的带头大哥。坐上这把交椅后,李密做的第一件事是整编,部队整编,干部整编,走正规化的道路。以前瓦岗军的大小头目、各色人等基本上是依靠江湖义气和资历来维持一种秩序等级，进行基本的工作运转。李密不同,他开始正式分设官职,分拨权力,开始创立造反组织的核心架构。李密自己是魏公、行军元帅,手底下有三司六卫、长史等官署,翟让是司徒,手下也有自己的直属官署,算是二把手。老资格的大哥级人物单雄信和徐世绩分别为左武侯大将军和右武侯大将军,其他人各有官职各有分工。造反集团的领导机构基本上实现了正规化。另外的一个好消息是,由于洛口仓大捷的影响很大,使得周边不同的反政府武装组织纷纷强烈地要求入伙,以后要跟着李大哥混。著名的老牌土匪头子孟让、郝孝德、王君廓等都在各地宣布加入瓦岗军了(也不管你同不同意),从此后听李大哥的了,一夜之间整个河南、山东基本都成了李密的天下。

你看到这可能会有疑问:不对呀,裴仁基哪去了?洛口仓不是原来说好东西对进两面夹击吗?刘长恭虽然败了,不是还有裴仁基吗?这个仗还没打完呀。

你说得对,裴仁基是在东边,在一个叫百花谷的地方猫着呢。裴大人现在很尴尬。刘长恭的大败自己脱不了干系,毕竟自己没有按时赶到。瓦岗军打了个大胜仗,士气高昂。自己手下的人马数量上本来就是劣势,要是现在跟士气正盛的瓦岗军死磕估计没什么好结果。不打了,就这么退回虎牢关,部队的监军少不了要给杨广打小报告,也不会有自己的好果子吃。裴仁基和监军萧怀静的关系很不好。裴仁基是一个很有能力、很能打仗的人物，对部队管理很在行。每次打仗的战利品都会很大方地赏给有功的将士，所以手底下的人对裴大人是衷心爱戴的。但是萧怀静来了以后情况不同了。萧大人坚决反对这种私设小金库、私分小金库的行为，严格要求一切缴获要归公、要上交。这样一来，弟兄们肯定不高兴。老子在前面玩命，有这一次可能就没有下一次了，谁不指望能多捞到一点儿好处，现在你把人家财路断了，谁能高兴。当兵的嘛，不像文人那么有修养，大都比较粗、比较直，不高兴都挂在脸上，这样一来见到萧大人脸上肯定不好看，飞个白眼、骂个人是常事。萧大人很生气，他认为这是裴仁基在背后搞他，所以就不断努力搜集裴仁基的黑材料向有关部门反映。

现在洛口仓一战出了这么大的事，萧怀静当然不会放过这个难得的机会，添油加醋把裴大人参上一本。所以裴大人的日子很不好过。李密就开始做裴大人的策反工作。裴大人很犹豫，军中一个叫贾闰甫的人力劝裴仁基投降李密。贾闰甫是谁？贾闰甫甫的老爹叫贾务本，是张须陀的副将，大海寺一战贾务本受伤突围，张须陀的残兵五千人当时由贾务本管理，后来贾务本伤重不治，手下的这些兵划归给了裴仁基。所以现在贾闰甫甫在裴仁基手下当差。按理说老贾家和李密有杀父之仇，贾闰甫甫不应该劝裴大人投降，我估计肯定是张须陀阵亡、贾务本病故以后，隋政府的抚恤工作做得不好，伤了这些将士家属的心。裴仁基现在基本上想明白了投降是唯一的明道，但是还是有点儿顾忌萧大人。贾闰甫甫说了一句阴森森的话："在明公一刀尔。"

裴仁基最终决定投降。贾闰甫甫被派为谈判代表和李密商量具体的合作事宜。李密大喜，先不说别的，任命贾闰甫甫为司令部参谋和机要秘书，然后谈定了裴仁基投降后的各项待遇。谈判很顺利，萧大人被宰得也很顺利，把人都得罪光了，当然不会有人救他。杀了萧怀静，裴仁基正式参加了反政府武装。李密封裴仁基为上柱国、河东公与翟让平起平坐，裴行俨上柱国、绛郡公。裴仁基部下三员猛将程咬金、罗士信、秦叔宝全部入伙。李密又特别组建了一支八千人的特种部队，叫内军。这支部队隶属于四位骠骑将军，程咬金、秦叔宝是其中两位最能打的骠骑将军。现在的瓦岗军声威浩大、兵强马壮,所以下一步李密将目标指向了洛阳,拿下洛口仓河南、山东基本上就是自己的天下了,拿下洛阳天下不就是自己的了吗?可惜李密集团对洛阳发起的攻击并不顺利。这时候李密身边的柴孝和大胆建议将瓦岗军分为三部分:一部分由裴仁基率领驻守回洛仓,一部分由翟让率领驻守洛口仓,一部分由李密亲自率领甩开洛阳直插关中,以闪电战的方式急攻长安。取得长安就等于有了一个稳固的后方,有了政治上的主动,然后整训人马,积蓄力量,东出潼关扫平天下。

你看看是不是有点儿眼熟?这不就是当年杨玄感造反的时候,李密献上的三条计策当中的中策吗!李密自己怎么会没有想到?现在还像杨玄感当年一样在洛阳城下跟敌人拼消耗。

其实李密有李密的难处。你不要忘了他手下的两个山头,这两股人马现在一起合作的时间才几个月。原本的对手、现在的盟友,之间有很多疙瘩不是一朝一夕之间能消解掉的。现在李大哥在这里好说,咱们听李大哥的。要是李大哥走了,是翟司徒说了算还是裴柱国有分量?到时候很可能是谁也不服气谁,洛阳城大军一到,万一有个差池,很可能就一锅烩了。到时候人家再掉转矛头跟着我屁股后头一起入关, 弄不好又是一个杨玄感的下场。你听听,是不是也很有道理?但是李密忽视了一点,他干的这个事情是造反,是最终只能有一个幸存者的抄家灭族的事业。一件事风险越高,往往回报越大。干这一行,不敢冒险是不行的。这时候,你可能感觉到了李密的弱点,就是不适合做一把手。为什么?因为一把手最重要的就是决策,然后是用人。出主意想办法是参谋长的事情,李密恰恰是一个参谋长类型的人物,才智过人,但在性格上缺乏一把手的魄力和胸襟。他当年能为杨玄感提出精辟见解,但是换成他自己是总司令的时候,却无法做出果断的决断。一把手不好干。但是柴孝和马上提出了第二方案。他认为长安是一定要攻取的,既然现在李大哥有顾虑,那么我自己率领一小部分人马侦察西进,看看虚实。要是长安好打,就马上回报,李密就迅速西进,要是进展困难,那就再做打算。怎么样,柴孝和是个能人吧?不但能出主意,而且还能执行,能干会说,要是活的时间长一点,要是小时候学过游泳,很可能会成为中国历史上和张良比肩的人物。

李密完全同意柴孝和的方案。柴孝和带领几十个人上路了。这几十个人离开洛阳没多久,手下加入的人就越来越多,等到达陕西边境的陕县时,几十人已经发展成了上万人。前边眼看再走几天就到华阴了。柴孝和大喜过望,就在他准备给李大哥通报的时候,却等到了一个自己不得不马上退兵的消息——李大哥中箭了。

李密在隋末的各路英雄人物中有一个独特的特点,特别招箭,动不动就中一箭。原来上次段达败走以后,杨侗觉得不能就让李密在回洛仓这里这么安稳地待着白吃大米,毕竟这个地方离首都太近,所以就不断派兵攻击。李密呢,大概是因为连着打了不少胜仗,比较轻敌,每次打仗都亲自出马,与隋兵开战。结果一不留神,中了一箭。这支冷箭,终结了李密西进的计划,并且将他最终的事业留在了洛阳城下。李密中了箭肯定影响士气,刚好从长安来的一批援军又恰好赶到,主帅叫庞玉。杨侗命令他和段达率兵连夜出兵偷袭回洛仓,这一次李密和裴仁基打了个大败仗,伤亡惨重,只好放弃回洛仓,退回洛口仓。这种情况下,柴孝和只能放弃,回洛口仓与李密会合。

就在李密回到洛口仓不久,另一个人开始了自己紧锣密鼓的造反准备工作。他在造反之初就把进攻目标锁定为长安。这个人就是杨广的表哥李渊。也就是李密在洛口仓将养箭伤的时候,他最难缠的对手出场了。他带着五万江淮劲卒向洛阳开进,这个人就是王世充。在以后的岁月中,这个隋末大乱的历史舞台不再只属于李密一个人,尽管出场最早,但可惜他没能演到最后。

第 11 章　谁是主谋

就在李密心情焦虑地在洛口仓将养箭伤的时候，杨广的表哥李渊开始蠢蠢欲动了。对于李渊的造反，从目前的相关史料来看似乎主谋不是他，而是他那个著名的二小子，中国历史上最成功的皇帝之一——李世民。这位极富传奇色彩的皇帝和中国历史上的其他皇帝一样，出生时都有一些莫名其妙的传说。这是中国历史的一个非常扯淡的特点，再浑蛋的皇帝出生的时候都会有一些人们无法解释的非自然现象出现。李世民的非自然现象是这样的，据说生他的时候，他们家门口有两条龙在地上玩。他出生后不久，李渊有一次出门碰到一个看相的，这个人一看李渊就说他贵不可言，并且还有一个贵不可言的儿子。李渊把这人带回家，这个人一看李世民就说这小孩子将来会“济世安民”。李渊听了这话据说很高兴，但转念一想不对劲，万一别人知道了这事可能会对自己家不利，就派人去追杀那个看相的，结果出门之后怎么也找不着，这个人神秘地失踪了，而李世民的名字就因为这个看相的这番评价被正式定为“李世民”。

这件事不是传说，是正史的明确记载，但是基本上可以判定是胡扯。这个故事本身就是矛盾的，一方面去追杀人家，怕人家散布自己儿子将来要济世安民；另一方面专门给孩子命名为李世民，生怕别人不知道这孩子长大后要济世安民。李世民这个名字解释为一世为民要比济世安民妥帖得多。真要是济世安民，那他的名字应该叫作“李济安”。而且单就名字本身来说，他的大哥李建成,建立成就,似乎比他威猛得多。这个故事多半是李世民身边的智囊团授意李世民的什么保姆老妈子之类的人物瞎编的。然后有关部门经过发掘整理改造成正式文件载入史册,无非是要说明李世民是真命天子,以此来洗脱他身上玄武门之变的血迹。

李渊惦记他表弟家这点家产不是一天两天了。自从杨广去江都旅行后,他就不那么安分了。山中无老虎,猴子称霸王。他和晋阳宫监裴寂是哥们儿,两人经常一起喝酒,后来越来越胆大,竟然喝到了杨广的行宫晋阳宫里面。喝醉了就睡在宫里。这还不算,身边还躺着晋阳宫的宫人。什么意思?就是睡了杨广的女人。杨广的女人很多,但是再多,也是他的,他没说话,你就给睡了,是不是有点胆儿肥了,而且是太肥了?所以说,李渊的不臣之心是早已有之,只不过他的志向没有那么远大,比较满足于称霸一方,逍遥快活。但是他那个不世出的二儿子不是这么想的。现在天下大乱,群雄并起,最终的胜利者只有一个,天无二日、民无二主嘛。割据一方、自立为王是含蓄的造反,揭竿而起、直捣长安是彪悍的起义,差别并不大。所以这个当时还未满十八岁,没有公民资格,受未成年人保护法保护的小孩子,便开始了自己济世安民的创业。

第一步广纳人才。

二十一世纪什么最重要?人才。不论哪个世纪,人才都是最重要的。李世民招揽的第一个人才叫刘文静,一个名字听上去很安静的人。但实际上他是一个性格刚烈、才智过人、胆略超群、能力非凡的人物。他当时是太原地方政府的主要负责人。当初因为他和李密有一点儿八竿子打不着的亲戚关系被有关部门隔离审查,就关在太原的地方监狱。李世民专门去监狱探视刘大人。在监狱这个非常保险的地方,李世民和刘文静有过一场著名的对谈,这场对话与三国刘备和诸葛亮的隆中对非常相似。在这场对谈中刘文静对李世民说,现在天下已然大乱,只有像汉高祖或者汉光武帝那样的人物才能平定天下。年轻的李世民意气风发地对刘文静说,是,怎么知道没有那样的人物呢?只不过人们还没有发现罢了,换句话说,我就是,我就是那个志在四海,有安天下之志的人物。今天我来看你为的就是想知道平定天下的大计。

刘文静听了李公子的话很激动。在刘文静这样的士大夫心中,实现自我价值的最大化是他追求的人生目标。李世民的出现,使他看到了希望。因为李世民不是普通的文艺青年,而是手握重兵、割据一方的李渊的二公子。如果他决计造反,那么最终李渊很可能不得不反,自己就可能在这场轰轰烈烈的造反运动中推波助澜,建功立业,封侯拜相。所以接下来,刘文静对李世民说了自己的大计。

他说杨广去了江都,李密紧逼洛阳,天下纷乱,这个时候要是把握得好的话,取天下易如反掌。现在太原的百姓避乱都躲到城里来了,我这么多年做地方领导对于这些人中哪些比较能打,哪些手底下兄弟多非常了解,他们和我关系很好,咱们要是造反肯定会参与,这样的人加在一起能有十万,你爹手底下还有几万,这样一看就是十几万人,兵力是足够的,然后你老爹出头,咱们一路乘虚入关,得了关中就可以取得稳固的后方和政治上的主动,到时候挟幼主以令诸侯,有个半年的时间皇帝就成了你们老李家的了。刘文静的表述或许显得夸张,但后来事实证明还真是对的。李世民听了刘文静的"狱中对"后很激动,决计造反。年轻人嘛比较容易激动。但是李渊不一样,人家已经五十多岁了,啥世面没见过?日子过得安稳舒坦,哪能那么容易就开始干起这抄家灭族、刀光剑影的造反事业?没有李渊的支持,八个李世民也造不成反,顶多成立一个黑社会组织。为了能让老成的李渊上造反这艘贼船,刘文静给李世民出了个主意:找裴寂。

裴寂既是刘文静的朋友也是李渊的朋友,而且显然裴寂和李渊的关系更近。你想裴寂能让李渊睡了杨广的女人,足以说明两人的亲密。再说,裴寂能让李渊睡了杨广的女人,难道自己就没干过这事儿?这是一个心照不宣的事情。他和李渊的关系基本上属于一起同过窗,一起扛过枪,一起泡过妞儿。他确实能对李渊产生不小的影响。问题是李世民对裴寂印象不佳,而李世民本身是一个很骄傲的人,让他去讨好裴寂,确实有点儿难为他。但是能成就事业的人往往会为大局而舍小利,因为暂时的不得志而隐忍,去做自己根本不愿意做的事情,韩信如此,刘邦如此,李世民也是如此。

李世民专门找了一个自己人给裴大人送钱。当然不是直接送到家里或者办公室,而是陪裴大人玩。玩什么,就是类似于打麻将一类的成人游戏,然后在麻将桌上把钱输给裴大人。裴大人天天玩,天天赢,赢得多了,自己一琢磨,不对呀,你一个小科长怎么会有这么多钱输?这时候人家说实话了,钱是李二公子的,李二公子怕您不收,专门用这种方法孝敬您的。裴寂一听当然不敢怠慢,钱都收了,怎么也得表示表示。所以一来二去,就和李世民走得很近了,慢慢地李世民告诉了裴寂自己的谋反计划,裴寂也最终答应帮忙说服李渊。

就在裴寂准备找机会说服李渊的时候,李世民倒先开口了,原因是这样的。突厥最近进犯山西北边的马邑,作为山西当地最高行政长官的李渊派自己的手下高君雅带着人马会同马邑地方守将王仁恭一起抗击。结果这一仗打败了。李渊因此很紧张,生怕杨广怪罪,把自己撤职或者降职什么的。要是那样的话,好日子当然也就没有了。李世民一看这个时机不错,老爹自己动了心,自己赶紧加把劲,煽煽风。他说老爹,现在天下已经大乱了,晋阳城外到处是战场,您老人家现在是下边要对付土匪,上面要应付皇帝,说不定哪天就挂了,不是被土匪砍了,就是被杨广抓了,现在这个混乱的局面老杨家肯定是没戏唱了,干脆咱们反了吧,这是顺应民心,转祸为福。李渊听了李世民的话据说先是惺惺作态地拿出纸笔要告发李世民,然后又放下笔,说是要好好考虑考虑。

考虑考虑当然要跟铁哥们儿商量,于是裴大人出场了。裴大人说服李渊的办法很简单,你睡了杨广的女人。这事情要是万一被曝了光,会是什么结果你自己心里很清楚。所以你家二小子暗地里招兵买马,就是为了有一天杨广找你麻烦的时候,不至于束手待毙。李渊想了想事已至此也就只能从了。第二天他找来李世民跟他说了一段话:今日破家亡躯亦由汝,化家为国亦由汝矣。你爹我决定反了。

正好这个时候,杨广的信使真的到了。信使叫李渊和王仁恭就抗击突厥失利事件到江都面圣说明有关情况。李渊一下急了,没什么好说的了,只有赶紧造反一条路了。可就在李渊准备动手的时候, 杨广的第二个使者又到了,带来了杨广的最新命令,免除李渊任何处分,继续留任原职。这一下李渊又放松了，看来表弟对自己还是很信任的，所以对于造反这件大事他又开始不上心了。

这一次，刘文静着急了。开弓没有回头箭，风都放出去了，这时候停手，万一有个闪失，不是闹着玩的。所以他亲自出马找到了裴寂——这个现在是他哥们儿，以后是他死敌的人。他对裴寂说，现在什么情况？先下手为强后下手遭殃的时候，你是李渊的哥们儿，怎么能眼看着李渊犯这种错误？你别忘了，李渊睡了杨广的女人这件事可比败给突厥严重得多，这件事李渊兜不住，你更有责任。万一给人知道了，你的下场怎么样，你自己清楚。听出来这话的潜台词没有，你要是不去做李渊的工作，我很难保证不去有关部门举报你。

刘文静够狠吧，到底是在江湖上混的人物，一下子就能捏住裴寂的七寸。裴大人一听，马上转变态度，天天往李渊家里跑，让他赶紧造反。在裴大人的热情鼓动下，犹豫不决的李渊终于下了决心——造反。

李渊决定造反之后干的第一件事是要刘文静伪造了一份文件。伪造文件的内容是杨广的征兵令。说国家准备再次对高句丽用兵，山西当地年龄二十到五十岁之间的男人全部到各地征兵站报到，准备打仗。这一下大家炸了锅，这都什么时候了，天下大乱成这个样子，好容易躲在晋阳城里过两天苟且偷生的日子，你又要组织我们去辽东打仗，还让不让人活了，于是群情激愤，显然这个时候有人登高一呼，反就造成了。李渊这么做的目的就是要聚众，造反的首要条件就是聚众，没有一帮子人和你一起干，那是不行的。要让这么多人放弃能暂时吃饱饭的日子，跟你一起干刀头舔血的冒险事业，你不把他们逼上绝路是不行的。所以李渊就用这道伪造的敕书来把人们逼上绝路，为自己的造反征兵。而这个时候的一个突发事件，让李渊可以堂而皇之、大张旗鼓地调动兵马、征集人手了——王仁恭被杀了。

第12章　万事俱备

王仁恭是太原北边马邑的地方主要负责人(太守)。马邑是边防重地,再往北就是突厥的地盘了,王仁恭的主要任务就是防备突厥。前不久突厥的那次突袭,王仁恭和李渊派来的高君雅一起出战,结果打了一个大败仗。王仁恭的心情很不愉快。原本这个人就不是一个善于拉拢手下,会做人的领导。这心情一不愉快,对手下的官员百姓就没有了好脸色,手底下本来应该涨工资、发奖金的人泡了汤,对于老百姓,应该赈济赈济的也都暂时放到一边了。所以马邑各界群众和王仁恭手下的这帮人也很不高兴。

王仁恭手下最得力、最信任、最能打的弟兄叫刘武周。刘武周是马邑本地人,为人仗义,很得兄弟们的心。王仁恭对别人可能刻薄点,但是对刘武周还是很够意思的,王仁恭的所有亲随武装都是刘武周指挥。刘武周在王家是可以登堂入室的,可意外的是正是因为这种便利条件,刘武周居然跟王仁恭的小妾勾搭上了,也许是一时冲动、情到浓时,问题是事情既然发生了,总得有个解决的办法,毕竟纸里包不住火,王仁恭本来就不大方,没事多给你发几个红包,那都是心里滴血,现在你居然把人家的女人给搞上手了,你小子还想不想活?所以刘武周就开始有了造反的念头,没事的时候就开始散布一些王仁恭刻薄寡恩的言论。

这时候,王仁恭得罪的不少人,当地的土豪和刘武周在政府机关里的朋友都跑到刘武周家里发牢骚。刘武周觉得机会来了,在和兄弟们的酒桌上他故意把王大人说得一文不值，说王大人多么对不起弟兄们，说王大人的仓库里有多少粮食布帛，然后说谁敢跟他一起到王大人的仓库里取东西。于是在酒壮英雄胆的情况下，普遍喝高了的弟兄们决定宰了王仁恭。

等到第二天正常上班，刘武周带着兄弟张万岁一起来到王大人的办公室，没多废话张万岁直接一刀就砍了王大人的脑袋。然后刘武周提着王大人的脑袋在马邑城里宣布他反了。满城的各级官员无人敢动。刘武周反政府武装组织正式成立了。造反之后的刘武周第一时间派人联络突厥表示归顺，始毕可汗给了他一个很响亮的头衔，定杨可汗——平定杨广的可汗。

好了，现在山西地面上出了这么大的一个反贼，作为山西地方最高行政长官当然不能坐视不理，所以李渊有充分的理由可以征调军队。可李渊呢，他表示他现在要做的第一件事是写报告，即将有关情况给表弟杨广汇报，听表弟的指挥。

李渊的举动用 TVB(香港电视广播有限公司)里常用的台词就是演戏演全套。造反这么大的事情当然要尽可能小心谨慎。所以在关于刘武周事件的紧急会议上，李渊就开始演戏了，他说国家是有制度的，军队的征调要严格听从杨广的指挥，现在我们应该赶快给杨广打报告，然后在征得同意的情况下，征集军队，准备平叛。但是这里离江都好几千里，距马邑只有几百里，所以这是一个很让人为难的情况，你们说说怎么办。

李渊的副手王威和高君雅一听就急了。给杨广送信，等信使回来，我们恐怕都被刘武周收拾了，那哪行？两个人强烈建议，李渊先斩后奏，开始征调军队，准备平叛。他们表示对李渊百分之二百五十的信任，您是杨广的表哥，杨广的表哥就是大隋的表哥，怎么能对大隋的表哥不信任呢？您就放手弄吧。李渊呢，做出一副非常为难的样子，说看来只能如此了，那我们就先征集人马吧。

于是李渊开始在太原堂而皇之地大规模征兵。这一征兵，王威、高君雅开始觉得不对劲了。为什么？一个是军队征集的速度很快，十几天就一万人，大家好像一早就准备好了一样，再有一个就是征来参军的人，没有交到我们哥俩手里，而是安排给了两个朝廷钦犯，这两个人一个叫长孙顺德，一个叫刘弘基。

长孙顺德,出身官宦人家。他和李渊有点儿亲戚关系,与李世民的关系更近,李世民的老婆管他叫叔叔,不是亲叔叔而是堂叔叔。他的主要犯罪事实是,在杨广征高句丽时逃避兵役,抗拒征兵,躲到了太原李渊家里藏匿,按律当斩。

刘弘基,民族汉,年龄三十六,无业。一个别人比较菜,他就非常猛,别人非常猛,他就比较菜的人。他在以后的战斗中被活捉两次,结果居然都完好无损地回到了自己的阵营,所以这个人是一个很有喜剧色彩的福将,我老觉得《隋唐演义》里面程咬金的很多事是从他身上获取的素材。他和李渊家没什么亲戚关系。他的主要犯罪事实是,杨广征高句丽的时候,他属于符合征兵条件的人员,但是因为家里实在是太穷,盘缠不足,结果不能按照规定时间赶到指定地点报到。按照当时的隋朝法律这是要砍头的。结果这小子就和同路的几个兄弟把老乡家的牛给杀了吃了肉。杀了以后怕别人破不了案,专门匿名向有关方面举报了自己,然后顺利地被抓了起来。这样一来,辽东就可以顺理成章地不去了,老子蹲监狱了。当地政府关了他一年多,放出来以后,实在是没钱就开始偷马,反正偷东西还是比较在行的,偷着偷着就偷到了山西。一不留神就认识了李家父子,然后呢,就投靠了当时在山西剿匪、搜罗各种人才的李渊,他在老李家混得很不错,很快就成为了老李家的家丁头头。但是混得再好,也是朝廷钦犯,逃避兵役、偷马还是个死罪。现在征集到的一万多人都交给了这两个人,王威、高君雅哪能没有意见?你说你们两个逃犯,平常躲在李大人家里低调地生活,我们哥俩睁一只眼闭一只眼给李大人一个面子也就算了,现在你们居然跳出来大张旗鼓地统领军队,这还了得!于是他们找来一个人商量,要不要把长孙顺德和刘弘基抓起来审一审。这个人叫武士彟。对于李渊是不是要造反的事,武士彟不一定知道,但是对于王副省长和高副省长这样做的后果他很清楚,他是个喜欢息事宁人的人,他对两位副省长说,大敌当前,你们这样一搞肯定捅大娄子,到时候怎么收场。在武大人的劝说下,王威和高君雅决定暂时收手观察观察再说。而武士彟因为这几句话,在李渊看来对革命那是有贡献的,所以后来,武士彟老婆死了以后,李渊亲自做主把前任宰相杨达的女儿嫁给了他,后来这个宰相的女儿给武士彟生了一个更猛的女儿——女皇武则天。

王威、高君雅又耐着性子观察了几天,终于认定李渊是要造反了。现在李渊手下的人马已经足够雄厚了,明刀明枪地干肯定是不行了,只能智取。过两天晋祠有一个求雨活动,作为山西最高地方官,李渊是要来参加的,王威、高君雅决定到时候埋伏杀手,将他擒杀。然后解决刘弘基和长孙顺德。但是这件原本应该是极为机密的事情居然走漏了风声。

想暗算李大人,他当然不高兴。但是当时李大人毕竟还是大隋朝正式任命的官员,作为朝廷命官李大人现在就和王大人、高大人撕破脸显然不行,于是李大人玩阴的。

好了,王威、高君雅那边在紧张地筹备暗算李大人的具体细节,这边李大人已经手脚麻利地给王大人、高大人下好了套。你别看李渊准备造反的时候犹豫不决,一旦决定要干了,那下手是相当老辣麻利的。

这一天,官员们正常上班。刘文静和刘政会突然跑到李渊和王威、高君雅的大联合办公室,说有紧急密报要告诉李大人。李渊一看装模作样地让王威去取刘文静手上的文件。可是刘文静不给,说这份情报所反映的情况牵扯到了两位,所以只能让李大人一个人看。李渊一听故作震惊,有这等事?拿来一看情报是说王大人和高大人暗通突厥,准备在方便的时候效仿刘武周,和突厥里应外合,造大隋朝的反。这还了得,拿下!在办公室外面早等得不耐烦的长孙顺德和刘弘基带着人一拥而入,直接把两个人捆了。当然情报肯定是假的,但是没想到的是突厥很配合,今天刚把他俩关起来,第二天突厥的骑兵就出现在了太原城外,这一下就把两个人的罪名给坐实了,铁证如山。太原各界人民群众、知名人士都非常愤怒,李大人大快人心地砍了王大人和高大人的脑袋。造反之前最大的绊脚石终于被踹开了,李渊却高兴不起来,因为他现在要面对的是更大的麻烦。

李渊虽然可以麻利地砍掉王威、高君雅的脑袋,但是另一个麻烦却是李渊非常头疼的,那就是突厥。没有突厥人的批准,李渊的造反是不可能的。山西地面原本离突厥就比较近,现在马邑那里又多了一个定杨可汗,等于门户洞开,突厥人要是大举南下,他李渊能保住太原就不错了,做皇帝的事情根本别想。他的后院卧着这样一只猛虎,让他什么事都干不成。所以他最得力的谋士刘文静献策,与突厥结盟。李渊不管心里多讨厌这只老虎,现在他必须让它暂时性休眠,为此他得让它吃饱。于是李渊用很谦卑的姿态给始毕可汗写了一封亲笔信,就自己即将开始的造反活动进行说明,同时请求始毕可汗的批准。

这封信李渊是这么说的,他说自己准备起兵的主要目的是到江都迎接杨广回来,重整目前的局面,并愿意重新和亲,和好如初。为此他恳请始毕可汗的帮助。帮助的方案有两种:第一,派兵马相助,一起去江都接杨广。这当然是一个李渊根本不愿意始毕可汗选择的方案,只不过是做做姿态,另外试探一下突厥人对杨广的态度。第二,始毕可汗您老人家啥也不用做,待在草原上别动就行,我会把金银财宝给您送去。怎么样?一般正常人恐怕都会选择第二方案。使者带着李渊谦恭的信出发了,现在在焦急等待始毕可汗批准造反的时候,李渊还有两件事要做。第一,叫自己的另外几个儿女回家造反。李渊的另外三个儿子李建成、李元吉、李智云现在都在河东,女儿在长安。造反之前得把他们喊回来,不然都得成了肉馅。李建成、李元吉和自己的女婿柴绍很快就回来了。不过据说李建成、李元吉从河东逃跑的时候,耍了一个心眼,没把老爹喊他们回家造反的事告诉李智云。为什么?因为李智云他妈姓万,和他俩不是一个娘生的。李渊的正牌夫人窦氏已经过世了,李智云他妈现在比较得宠,所以哥俩玩了一个心眼,干脆借刀杀人,自己跑了,让李智云落到了朝廷手里,被顺利地宰了。虽然史料中对于万夫人的反应没有记载,但我认为在九年以后的玄武门之变中,这位经历了丧子之痛的万夫人用自己的实际行动,为儿子报仇了。这是后话,以后再说。

李渊要做的第二件事就是练兵。自己手下征来的这些人目前还是乌合之众,以后他们将被训练成为大唐帝国横扫天下的班底。

练兵的工作由李世民和后来赶到的李建成一起负责。两个儿子都是身先士卒,与大家同吃同住同训练,一起摸爬滚打,流汗吃苦,所以练兵的成效很好,军队很快成型了。

七天以后，出使突厥的使者回来了，带回的情况相当令人振奋。始毕可汗对李渊的答复是，你要接杨广回来，我不同意，他回来以后肯定要打我。你要自己当皇帝，我很支持，要嘛给嘛。这一下李渊的阵营很雀跃。人家始毕可汗不但批准咱们起兵，而且直接就支持咱们当皇帝，那还有啥说的，这事不就成了吗？赶紧动手吧。所以大家一起纷纷劝说李渊称帝，李渊呢百般推脱，说咱们起义的目的还是要稳定大隋，所以我们可以遥尊杨广为太上皇，然后进兵长安，重新立个新皇帝代王杨侑。

我对使者所说的始毕可汗的表态一直怀疑，始毕可汗又不是傻二哥，怎么会直接就强烈建议李渊称帝。他俩以前除了打过仗以外没什么交集，况且始毕可汗的老婆现在可是大隋的义成公主，你老公支持你们家的管家造反，你能答应？肯定是一哭二闹三上吊。所以我觉得始毕可汗答应的可能只是你造你的反，到时候给我金银财宝，我不打你。至于全力支持李渊当皇帝，我觉得不会，倒有可能给了李渊一个像刘武周那样的什么灭杨可汗、宰羊可汗之类的封号。使者为什么会这么说？肯定是李渊的授意，因为毕竟是抄家灭族掉脑袋的造反事业，你要让你的手下觉得干这事值，让他们全部，关键是全部，毕竟还有很多人不像刘弘基和长孙顺德那样有死罪在身，本来小日子过得挺好的，对于造反可能会犹豫。你得让他们也能跟你走。所以你要让人人都觉得这是一件有一定风险，但是回报很高的工作，这样才行。所以李渊才会导演这样一场戏。李渊的表演是很到位的，效果很好，大家都很振奋。好了，现在就好办了，接下来李渊派出最能干的刘文静出使突厥，就双方合作的细节进行敲定。

搞定了后院的猛虎，李渊可以把目光朝向西南了，他必须赶快下手，李密的箭伤好得恐怕差不多了。现在李渊要做的是试试自己的刀口。

李渊选择试刀的目标是西河郡，离晋阳不算远。准备南下之前肃清晋阳周边的政府军控制地点是很有必要的。

西河郡的守将——郡丞高德儒，一个从名字来看好像挺有文化的武官。高德儒以前在杨广的宫里当差，做禁卫军的小头目。有一天宫里飞进来一只孔雀被他看到了。不知道是有意还是无意或者是动物知识的相对匮乏，他非说自己看到了凤凰。大家都出来看的时候,大尾巴的孔雀已经飞走了,无法求证。但是杨广是一个喜欢祥瑞的人,有人说在宫里看见了凤凰,那不正好说明自己皇帝工作干得不错吗?所以不管别人怎么样,杨广自己很高兴,他相信小高看到的不是一只愤怒的大鸟而是真正的凤凰。所以高德儒自然成了重点培养对象,估计现在外放西河郡锻炼几年,就能再升官。没想到会让他碰上李渊造反这件事,西河郡成了第一个攻击目标,悲摧了。

李渊派来攻打西河郡的是他的大儿子和二儿子, 这是他俩造反之后的第一仗。这一仗对士气的影响很大,所以这一战在军事史上没有什么特别,但是对李渊的造反组织而言,却可以看作是有没有能力取天下的试金石。在打这一仗时,李家军表现出了和别的军阀或土匪完全不同的气度。首先是军纪严明,在老百姓家征集粮食、菜蔬一律给钱。第二是到西河郡的时候,对心存恐惧想跑到城里去的老百姓一律放行,放任他们逃入西河城。

好了,人都进得差不多了,攻城开始。攻城过程很简单,简单到了没有什么可写的程度,没费什么事就拿下了西河郡。城攻下以后,除了隋朝政府军中个别民愤极大的死硬分子和高德儒本人被砍头以外, 其他人一律宽大处理。这样的做法使远近周边各个地方纷纷请降。这次战役从发起到结束不到九天时间, 让李渊看到了自己这支部队的战斗力, 他很有信心地说了一句“以此强兵,虽横行天下可也”。

就在李渊试刀的时候,伤愈复出的李密也重新杀了出来。待在洛口仓的日子里,李密也没有闲着,他在排练新的阵法。现在阵法演练得差不多了,他要报一箭之仇,重新杀回洛阳。

李密的这一仗是在平乐园开打的,阵法是这样的:左边是骑兵,右边是步兵,中间是弩兵方阵。弩兵用的不是一般的弩而是强弩,就是那种力量很大,射得远,我能射到你、你射不到我的弩箭。后边是军乐队。军乐队的乐器很简单,就一种——鼓。数量是一千面。上千面鼓一起敲响的时候,会是个什么动静大家自己想象吧。然后,这样的军阵向隋朝政府军攻击,边走边射箭,没走几步,隋军那边就彻底乱了套,然后李密的骑兵发起攻击,解决战斗。

现在不论是李渊还是李密, 对自己手下的队伍都非常有信心, 覆灭隋朝,打造一个新帝国的人看来只能是这两支军队的主人。

就在李密平乐园大捷后重占回洛仓的第二天，李渊在晋阳城里会见了一位突厥的使者,这个与刘文静一起来的使者叫康鞘利(音译),他是突厥的大官,李渊对这位突厥使者异常恭敬。当然康师傅本人对李渊也很客气。而让晋阳城里准备造反的人们欣喜若狂的不是康鞘利本人所表达的突厥的善意,而是跟在康师傅屁股后面的一千匹上好的突厥骏马。对反政府武装而言无异于送来了坦克,当然军火不是白送的,你得花钱买。没关系,李大哥有的是钱,敢造反兜里没两个钱还行？但是让大家意外的是,李渊只掏钱买了五百匹马。这一下,弟兄们急了,咋能才买五百匹呢？于是纷纷跑到李渊的办公室嚷嚷,说你要是不愿意买,剩下的我们自己掏钱买,咋也不能让这五百匹马回去。李渊一看弟兄们着急上火的样子就乐了。他说你们别冒傻气,咋能让你们掏钱呢？跟我一起上了造反的船那得先有好处,先分银子,哪有先掏银子的道理？为什么我只买五百匹马？我这是做给突厥人看的,表示我现在还不富裕。要是我一口气把一千匹马全买下来,突厥人一看,好呀,你小子挺阔气,明天又送来几千匹让我买,而且还全都涨了价,你说我是买还是不买？到时候是明明知道给人宰了还得咬牙买,因为咱不能得罪突厥人,要不然会坏了大事。所以我只掏钱买五百匹,表示我现在确实不宽裕。但是剩下的那五百匹马，我会跟康师傅商量赊账把它们留下来。等我以后宽裕一些再给钱。康师傅当然不愿意再赶着五百匹马回去,所以一定行。这样做,无形中也给始毕可汗下了个套,等我以后宽裕,我要是没能打下长安,没能当上皇帝,我能宽裕吗？我要是失败了,你上哪儿要你的马钱去？所以为了这五百匹马的钱,你也得支持我不是？

这一下兄弟们服了,还是大哥老谋深算呀。那当然,没两把刷子能当大哥？能镇得住你们这帮不安分的造反派？

留下了一千匹骏马,塞给康师傅不少回扣,李渊又打发刘文静再次回访突厥。除了表达谢意,还有就是请求突厥的直接军事援助。其实李渊不希望突厥派兵,因为突厥兵很难控制。但是突厥兵一来,会使得自己的声势显得很猛。突厥人这个招牌一亮出来,胆小的抵抗者基本就直接投降了。就好像现在世界比较动荡的地区,哪个政治势力一说自己背后有美国人支持,腰杆子就比较硬是一个道理。

所以李渊叮嘱刘文静,对于突厥的军事援助,他有一个具体的指标,就是人少马多。人少到什么程度?几百人足矣。基本就是摆设用来吓唬人的。刘文静上路了,有了突厥人的支持北边的刘武周应该不会怎么样了,大家毕竟都是一个后台老板。现在正式起事之前,还有一件很重要的事要做,那就是搞定李密。

李密现在率领着他那帮不要命的丐帮兄弟,天天蹲在大隋朝这个大宅门的前院大门口洛阳闹腾。李渊如今准备在这个大宅子的后院直接造反,做大宅的主人。万一李密觉得前院不好打,也跟到后门来,那前院的家丁和李密一起来,李渊可吃不消,让李密和前院的家丁在洛阳那里耗着是很重要的。所以李渊给李密写了一封信,表达了要和李密结盟的意愿。

看到这封信的李密给李渊回了一封相当狂傲的信。大意是说兄弟现在被各路反政府武装推为盟主,你现在想入伙当然欢迎,到时候一起把隋朝推翻,不过为了表达诚意你最好带着人到我这里来,咱们定个盟约。这封信其实表达的最重要的意思就是结盟可以,但是我是盟主,你得听我的。

李密当年三十五岁,李渊当年五十二岁。

对于这个年轻人的狂傲,老辣的李渊表现出了难得的隐忍、豁达和谋算。他让他的首席文胆秘书温大雅给李密回了一封信。主要表达的意思是说,我表弟闹腾得太不像话,所以我才起兵,收拾局面,我这还是想尊隋。至于造反自己当皇帝我这人没有那么大的野心,不过天生万物总是要有一个人来主宰的,现在看来那个人应该就是你了,我呢现在先把山西、陕西这两个地方给你收拾干净,到时候等你坐了天下给我封个唐王,我就会很高兴的了。至于说会面的事情,我正准备造反,千头万绪实在太忙,抽不出身,以后有机会一定赴约。

写出这封信的李渊言辞卑恭,但却隐藏着极大的谋略,用几句好话哄着李密在洛阳待着和前院的家丁们厮打,自己这边才好放心地下手。

收到这封信的李密得意非常,手里拿着这封信给手下的兄弟们传阅。意思是，看看人家李渊对我都是这个态度，天下将来不是我李密的还能是谁的呢？可怜的李密身上具备中国知识分子的典型毛病——受不了礼遇。人家几句好听话，就会让你得意非凡，甚至产生士为知己者的冲动。

好了，突厥的马来了，洛阳城下的李密安顿好了，一切准备就绪，可以开始开拓新的最伟大帝国的造反大计了。对了，差点儿忘了，还得说一下李渊的铁哥们儿裴寂。裴大人作为晋阳宫的宫监，为李大哥的造反组织送来了一份大礼：二十万领精装铠甲，还有一群选秀选进晋阳宫的美女。她们肯定会成为李渊犒赏三军最好的礼物。裴大人真是够意思呀，用老杨家的东西做人情，自己得实惠。其实就算裴大人不送这些东西，那也照样是李渊的，但是这一送就显得裴大人革命态度特别积极，所以李大哥对裴寂就更加青睐。

万事俱备，李渊三万装备精良、训练有素的自称为义士的造反人员在晋阳举行了隆重的誓师大会，然后李渊挥军南下向长安进军。他的第一个进攻目标是一个小地方——霍邑。让李渊没有想到的是，就是这么个小地方却几乎断送了他看上去前途光明的造反事业。原因很简单，因为下雨了。

第13章　阳光总在风雨后

李渊南下开始阶段是比较顺利的，很快拿下了小城西河。进城之后，李渊热情接见了刚刚归顺不久的各级官员和地方知名人士，对年龄七十岁以上的老人都授予一些荣誉官职，对当地比较有能力的人物都直接给官当。所以老百姓都很高兴，这样一路走来非常顺利，直到快到霍邑的时候。

霍邑的守将叫宋老生，也算是久经战阵的老将了，守军三万多人，和李渊的军事力量相当。李渊当时驻扎在离霍邑五十里左右的贾胡堡，正准备进攻霍邑。就在这个时候，天气突然变了，开始下雨了。原本李渊没有在意，下雨嘛，很正常，过几天天晴了再打呗。可没想到的是，这雨一直下了十几天还是没有晴的意思。道路泥泞强行进兵肯定不行，而且粮食运输也有了麻烦，粮食不足大家就得饿肚子，李渊只能派人回去加运粮草，然后在这里跟老天爷耗着。李渊每天早上起来第一件事就是看天气，每天都是一个样子，在雨声中开始，在雨声中睡着。秋风秋雨愁煞人，李渊的心情极为抑郁。而这个时候原本应该有消息的刘文静又偏偏一点儿动静都没有。这难免不让李渊心里犯嘀咕，刘文静不会是出事了吧？是不是我用五百匹马给始毕可汗下套的事给人家识破了，始毕可汗一生气，把刘文静给宰了，现在正调集军队准备抄我的老窝呢？李渊这心里一发毛肯定得找铁哥们儿絮叨絮叨。

正好裴寂这两天也比较郁闷，他也被这连阴雨下得心里不是滋味。这还没到霍邑就这么不顺利，要打到长安，还不知道要过多少坎呢。万一晋阳被人抄了,自己那点宅院府邸、金银珠宝恐怕就都没了。到时候自己给李大哥送的铠甲美女可就真打了水漂。所以裴寂早就动了回师晋阳,守住自己老婆孩子热炕头的想法。李渊一来找他,他马上讲出来了一番大道理来说明回师的必要性。刘武周和突厥人不用说了,肯定是威胁,还有李密虽然是盟友,可谁能猜到这小子心里的算盘是怎么打的?万一他动了坏心眼,分兵攻取晋阳,也是麻烦。晋阳是义军家属所在地,守将镇北将军李渊的儿子李元吉当年只有十四岁,万一有事肯定会军心大乱,所以裴大人认为应该立刻回师晋阳。

对裴寂的观点,李世民针锋相对地进行了反驳。刘武周那里兵力有限只有一万来人,他要南下肯定会担心突厥人抄自己的老窝马邑,所以轻易不会动。李密呢守着够全国人民群众吃一年的大粮仓哪会轻易乱跑,他也怕洛阳的政府军打他的洛口仓,所以他会攻打晋阳的风险很低,而且现在是秋天,正是田里的粮食收割的时候,咱们粮食一时运不上来不要紧,直接在田里收割就是了,现吃现收,干净卫生还新鲜,给老百姓钱就是了。

李渊采纳的不是亲儿子的意见而是裴老弟的建议, 他做出的决定是回师晋阳。李渊做出这个决定不奇怪,李渊当年五十多岁,李世民十八岁,五十多岁的人,持重是一种本能,不像青春年少、狂野不羁的李世民,带着天生的野性和天不怕地不怕的奋斗欲望。

李世民明白,当着裴寂的面他是说服不了自己的老爹的,尽管比他大九岁的大哥李建成也同样认为回师晋阳是一着臭棋, 但是他们哥俩加一块说话的分量也不如裴寂。李渊决心已定,下令回师。李建成统领的左路军已经开始组织回撤了。但是李世民知道,说服自己的老爹也许现在才是机会,没人会来干扰自己和老爹的对谈了,人人都以为事情就这么定了。所以李世民密令自己的右路军原地待命, 然后在天色已晚李渊已经就寝的时候跑到李渊的大帐外面,号陶大哭。关键时刻,伟人也得会作秀呀!

睡梦中被哭醒的李渊莫名其妙,我不过是睡觉,又不是死了,你小子号丧啥呢?在大帐里,李世民终于有机会和李渊进行无人干扰的单独面谈,他谈话的主要内容是让他老爹明白要是现在退兵会有多么严重的后果。

首先从政治上，打进长安立代王为帝，重振大隋是咱们这次出兵的口号。现在回晋阳就等于割据一方，就等于和李密他们一样都是大隋的敌人，是反贼了，不再是高举义旗的王者之师，政治上的号召力就没有了，那么一批跟着咱们想匡扶大隋的有识之士肯定会弃我们而去。

另外从军事上，一个小小的霍邑你都拿不下来，还谈什么长安？谈什么天下？那些跟着咱们一起造反的不安定分子会怎么看您？还能服气您吗？还能瞧得起您吗？这心理一变难免不少会去投靠李密，这又散掉不少人。

再有从天时上来看，一场连阴雨居然让李渊退兵了。老百姓的嘴里肯定说什么的都有，大家这一议论，那肯定是老天爷不待见你。到时候让人人都觉得，咱们这一路人马是老天爷专门不照顾的那一路，谁还愿意跟咱们一起干？咱们撤兵的时候，宋老生再不怀好意的来个武装送行，咱们的人边走边散，这不就等着完蛋吗？

没有了裴寂在旁边的瞎搅和，李渊经过儿子这么一说头脑清醒多了。其实当时的形势，基本上是几个比较大的军事集团互相绞着纠缠，互相牵制。洛口仓的李密和洛阳城的隋军互相吸引，北边的窦建德集团还得防着更北边的罗艺集团，刘武周和突厥人面和心不和，所以谁想动一动都得冒风险。不敢冒险，虽然眼下看着稳妥最终还是得被人收拾掉。李密当初不敢冒险进兵长安，现在李渊终于没有犯同样的错误，他难得地做出了明智的选择，停止退兵，继续等待，等雨停以后和宋老生决战。

现在领导者的思想问题解决了，可是当兵的还有自己的心思，这个问题也得解决。晋阳毕竟是义军的家属区，万一老家有事，这些人心里肯定不安定，淋着连阴雨，心情又不好，再一想家，难免心里打退堂鼓，这怎么办呢？

这时候，李渊的大营外冒雨来了一位身穿白衣的怪异老人。到了李渊的营寨门口，跟门口站岗的几个人说，让他们给李渊带个话。说自己是山神的使者，山神打发自己来告诉李渊一声，山里有一条小路可以神不知鬼不觉地直插霍邑，另外这场雨到八月的时候自然就停了，让李渊耐心等等，到时候进兵山神会暗中相助。几句怪异的话说完以后，这个白衣服老头就走了，站岗的士兵听得目瞪口呆，醒过神来赶紧给李渊报告。李渊呢，顺理成章地把山神的旨意通告全军，这一下军心大振，都不慌了，有山神老爷给咱们撑腰，那还能有错？这件事是记载在正式历史文件中的。山神肯定是不会有的，山神的使者肯定是装扮的，至于这个创意是谁的，文件上没有记录。这种鸡鸣狗盗的把戏怎么能是中国最伟大王朝的开国之君的所为呢？所以只能是让传说中的山神来领这份功劳。

谢天谢地，八月到了，天真的像山神说的那样——天晴了。咋回事？很简单，不是山神说得准，而是中国北方连阴雨的天气超过一个月基本也就是极限了。李渊终于盼到了晴朗的一天。他立刻下令全军晒衣服。什么？为什么不是马上开拔直扑霍邑城下？一个月的连阴雨，全军的铠甲基本上都潮得透透的，而且关键是弓箭也受到了影响。弓一受潮拉力降低，射程力度都相当有限。所以现在得先把衣服晒干，弓箭弄干整修好，才能起步，天已经晴了，不差这一两天。

等收拾得差不多了，李渊下令三军立刻从山神说的山中小路直插霍邑。

等一下，你前面说没有什么山神，那李渊怎么会知道山里的小路？你别忘了李渊前两年干什么来着——剿匪。山西地面上收了多少土匪山贼入伙，这帮人天天在山里猫着，还能不知道几条小路，哪犯得着惊动山神爷来领道？

等了一个多月，李渊终于来了。对宋老生来说，最好的策略是固守，待在城里不出来。对李渊来说，最担心的也正是宋老生会固守不出。为此他的两个儿子李建成和李世民给他出了一个挺不厚道的主意，到霍邑以后，要是宋老生不出战，咱们就当着宋老生手下人的面污蔑宋老生跟咱们是一伙的，所以不出战，眼看着咱们通过霍邑去打长安。这样一来为了证明自己的清白，宋老生大概就只能出战了。李渊一听这个主意好，就这么办。

到霍邑城的时候，李渊和几百个骑兵先到，后边的大部队在不远的地方有序行进。李世民和大哥李建成先带领几个人跑到霍邑城边上用马鞭这里指一指那里划一划，好像是在安排围城事宜，一点儿也没有把城上的隋朝政府军放在心上。比画得差不多了，就让手下的人拉开嗓门喊宋老生，说好了我们一来你就开城门，怎么让我们等这么久？快点开门。遭到诬陷的宋老生非常愤怒,为了自己的清白,他率领霍邑城的三万兵马出城了。宋老生太冲动了,冲动是魔鬼,会要了你的命。宋老生的出城让李渊乐疯了,他赶紧命令藏在后面的大部队全速开进,列阵迎敌。这时候李渊和李建成在城东,李世民在城南。两军都拉好了架势。只不过李渊拉开的架势不是准备开打而是准备开路。对,是准备后撤。原因是宋老生虽然出来了,但是就在城边列阵,要是他突然觉得不对劲,还是可以马上跑回去,所以把他往城外多调动几步是非常有必要的。为了让宋老生上当,在宋老生发起试探性进攻的时候,李渊的部队立刻后撤,跑得相当狼狈,李建成为了效果的逼真甚至从马上掉了下来,所以宋老生确认李渊的部队不堪一击,马上放开胆子催动全军向李渊的军阵猛扑。这一猛扑阵形就乱了,这时候待在南城外高地上的李世民动手了,李世民已经等了一段时间了,他要的就是宋老生阵形变乱,并且离城门再远一点儿的时机。和李世民一起从城南肩并肩冲下来的是猛人段志玄,他是李世民手下数一数二的猛人。两个猛人的猛冲直接把宋老生的军阵给冲透了,然后两个人打个转掉个头接着再冲,来来回回地蹂躏宋老生的部队。这场冲杀对李世民个人而言可能是他离死亡最近的一次,基本上全都是短兵相接的肉搏,而不是李世民最擅长的弓箭这样的远程打击。没关系,砍刀李世民用得也是很好的。史书上描述这一战时说李世民砍倒了几十个人,砍坏了两把刀,两个衣袖都被敌人的鲜血浸透了,可见当时打斗的惨烈与危险。这一下宋老生的后军彻底乱了套。那边的李渊一看儿子这边得手了,马上命令全军停止后撤立刻反击,而且反击的时候大家还喊统一的口号,内容是宋老生已经被活捉了。宋老生的部队彻底没戏唱了。宋老生个人的反应比较快,发现不对劲马上掉头往回跑。可没想到的是李世民的人马已经先把城门给封锁了。霍邑城上的守军大概是因为害怕,还非常配合地把吊桥也给拉起来了,真是坑爹呀。还好有几个反应快的兵从城头上扔下来了一条绳索。宋老生没办法只能脱了铠甲,扔了兵器跳进护城壕里面准备爬城墙。但是宋老生没想到的是,就在两军对阵的时候,有一个人一直盯着他这颗能换来财富和美女的脑袋,自己往回跑的时候,这个人一直追着自己跑,他就是刘弘基。自己刚丢了马,扔了刀,跳进壕沟,刘弘基和他的大片刀就一起赶到了。

接下来霍邑城上的守军看到的场面是刘弘基的大片刀砍飞了宋老生的脑袋。宋老生的政府军彻底败了,李渊马上命令自己的部队攻城。当时因为是从山里的小路直接插过来的,所以根本没有攻城用的大型机械。没关系,直接搭人梯。城上的守军早就吓破了胆,眼看着李渊的人马像玩杂技一样爬上来。霍邑拿下了。尽管不过是一座小城,但它几乎是李渊的部队打得最艰苦的一仗。在以后几个月的时间里,李渊再没有碰到这样的挑战。在中国历史上的开国之君中,李渊大概是运气最好的一个了。就在李渊顺利进兵又拿下了临汾和绛郡的时候,李密也取得了新的辉煌胜利。

第14章　王司令是怎样炼成的

七八月的这场连阴雨对李渊来说算得上是一次造反意志上的考验,对洛阳城外的李密而言却变成了一次跨越式发展的机会。大业十三年(617)黄河中游地区的这场大范围的连续降水过程直接导致下游河南、山东境内多处泛滥,闹了水灾,受灾人数在几十万上下。这些灾民流离失所,衣食无着。远在南方的杨广专门下旨要黎阳仓守备官员开仓放粮赈济老百姓。从这一点来看杨广还真可能不算是一个特别浑蛋的皇帝,他心里多少还是有老百姓的。黎阳仓原本是杨广打高句丽时候的一个粮草物资转运中心,南方的东西送到这里,这里的东西运到涿郡,涿郡再送往辽东前线。黎阳仓的粮食还是很充足的。只不过在这天下大乱的时候,杨广的话没有以前好使了,黎阳仓的守备官员对杨广的圣旨很不当一回事。开仓是开仓,但是每天什么时候开,开多长时间都没有准谱,相当随意,估计是守粮仓的官员想趁火打劫,趁着现在粮价飞涨搞点投机倒把、倒买倒卖活动。这样一来,灾民们肯定遭殃,饿倒了一大片。这个消息传到李密这里的时候,徐世绩大胆向李密建议,分兵奇袭黎阳仓。天下大乱说白了就是因为老百姓日子没法过了,饿肚子了。现在咱们占了黎阳仓,开仓放粮,这一夜之间会有多少为了吃饱肚子的人加入到造反的行列?李密也觉得这是一个机会,于是暗中分兵,让徐世绩带领五千人马直扑黎阳仓。走的时候,李密给黎阳仓附近的几股反政府武装发出了英雄帖,让他们和徐世绩一起会攻黎阳仓。李大哥发话了,谁敢不给面子?

周围的几股反政府武装纷纷派人与徐世绩一起攻打黎阳仓。黎阳仓的守军大概是没想到,已经有了洛口仓的李密还会再打黎阳仓的主意,所以没什么防备,正在放心大胆地从事哄抬粮价的缺德活动,所以徐世绩他们根本没费什么事就拿下了黎阳仓。

拿下仓城二话不说,马上开仓放粮。仓城大门二十四小时营业,只要你拿得动,吃得下,随便拿,随便吃。这一下老百姓乐疯了。灾民一群一群争先恐后往这里赶,不到二十天时间,徐世绩手下符合征兵条件的预备役人员就达到了二十万。李密的势力更加不可动摇了,河北、山东、湖北等各个地方的反政府武装组织争先恐后地要求入伙。这时候,李密又开始面对一个已经困扰他很久的老问题,下一步往哪里走?毕竟现在人马众多有了干大事的本钱,可是下一步到底该去哪儿呢?这时候有一个叫徐洪客的泰山道士给李密写了一封信,这个世外高人给李密提了一条大胆的建议,以黎阳仓为根据地,组织人马沿运河南下直扑江都,擒拿杨广,抓住杨广革命就成功了一半,就可以名正言顺地号令天下。徐洪客告诉李密,别看你现在人马众多,粮草丰足,但是二十多万人能聚起来是因为有不要钱的米吃,二十多万人一天得吃不少米,万一哪天不要钱的米吃完了,这二十万人散的比聚的快得多,所以趁热打铁,趁着现在兵强马壮,赶紧南下。

李密对徐洪客的意见深以为然,他甚至写信请他到自己的集团里当高管。但是徐洪客的意见他却无法采纳,原因和他当初不能西进长安差不多。

队伍不好带。家业是大了不少,可大有大的难处。家里面自己以下有点实力的人分成了好几拨,谁都不服谁。自己的阵营看着庞大,但组织结构不健全,一直没有形成以李密为核心的有序领导结构。翟让身边总是有一帮江湖兄弟,裴仁基家里也总会聚着一帮前政府官员,两个人都是上柱国,一个是司徒一个是河东公,谁也管不着谁,只能是自己在两边搞平衡。自己又没有什么兄弟、叔父、小舅子之类的亲戚能帮着看个摊子,和自己有点亲密关系的亲戚朋友都给杨广收拾得差不多了。不像李渊,好家伙,一造反,儿子、女儿、女婿、表哥、表叔、族兄、族弟、大姑子、小舅子呼啦啦一下子上百号人,随便拉出一个都能独当一面,还值得信赖,所以李渊那头留下小儿子和一帮亲戚朋友守着晋阳,自己放心大胆地打长安。自己这里,独当一面的大概就是徐世绩和裴仁基,可这两个人跟自己混的时间才一年不到,哪能放心?想来想去还是攻打很难攻打的洛阳稳妥些。所以不幸的李密又再一次放弃了战略转移的机会,安心地在洛阳城边上待着,有力地吸引着隋朝最精锐的正规军。没过多久,他就吸引来了自他造反以来最难缠的对手——王世充。这个鬼一样的王世充曾将李密的造反事业推向了辉煌的顶点,同时又将最辉煌的李密打入了人生的低谷。现在王世充来了,李密从此再没有机会去争夺天下,他哪里也去不了了,洛阳城下是他华丽的舞台也是他凄婉的墓园。

大业十三年九月,王世充率领数万江淮劲卒和其他几股增援洛阳的政府军赶到了洛阳城,现在他们要准备开始对李密的战略反攻。王世充参军这几年一直表现不错,基本上是常胜将军,没打过什么败仗,而且每次胜仗都打得很漂亮,战果辉煌,基本都是以少胜多。尤其是杨广到江都以后,王世充表现得更加优异,收拾掉了反贼格谦余党十几万人,扫平了卢明月几十万人的反政府武装,得胜回来的时候,杨广亲自迎接,并且用金樽敬酒给他。再加上王世充这个人非常会来事,杨广一到江都,他就送上了早就准备好的美女和珍宝,这样的人,杨广怎么能不喜欢、不器重?所以这次洛阳告急杨广就专门选派王世充征集数万江淮劲卒,开赴洛阳。不过虽说王世充很受重用,但是这一次的三军联合司令最开始却不是他,而是另外一个资格更老的将军薛世雄。

薛世雄的资历比王世充老多了,这个人差不多是从能说话走路开始,就迷恋上了打仗和打架。小时候除了爱打架就是喜欢玩打仗的游戏。长大以后一直在军界混,混得相当不错,绝对是身经百战。杨广打高句丽的时候,薛世雄已经是方面军司令了。那一次萨水边上的惨败,隋朝军队基本上被杀了一个片甲不留,唯独薛世雄的人马表现英勇。薛世雄当时和手下被高句丽人里三层外三层围了一个水泄不通,然后高句丽人万箭齐发、矢下如雨,危急时刻,薛世雄没有慌乱,他命令军中战斗力不强的老弱兵拿着盾牌站在军阵最外层,用盾牌和自己给大家挡箭,然后偷偷组织了两百人的敢死队,在高句丽人的箭雨中突然杀出。高句丽人没想到薛世雄还能还手,正盘算着一会儿箭射得差不多了去薛世雄阵地上捡战利品呢，这一下猝不及防被薛世雄的敢死队把阵形给冲乱了，后而躲在老兵身后的步兵跟着一起冲出来，居然把高句丽人给打跑了，这成了萨水之战中唯一值得夸耀的一点。不过因为薛世雄这一仗伤亡太大，死的人和他们杀死的人不成比例，所以薛世雄没能得到表彰和提拔，但是就凭这就足以傲视全军了。另外薛世雄还有四个特别猛的儿子，一般人生儿子，往往有一两个比较猛。薛世雄不一样，四个儿子薛万淑、薛万均、薛万彻、薛万备都很猛，都是猛人中的猛人、好勇斗狠万夫不当的极品，在以后的唐史中这四个儿子在战场上都有大功。所以这一次杨广原本是让薛世雄担任三军联合司令。薛世雄当时在河北，杨广让他征集了三万人的部队南下洛阳，王世充他们都统一受薛世雄调度。同时命令薛世雄对于南下途中碰到的各种反政府武装一律剿灭、收拾掉。然后与王世充会师洛阳后，再去收拾李密。但是让人没有想到的是，身经百战的薛世雄还没有出河北地面就被盘踞在河北的反政府武装给收拾了，领着残兵败将回到家后不久薛世雄就挂了。怎么回事？因为这一仗输得实在太窝囊，实在丢不起这个人。于是王世充就成了这只从全国各地征集增援洛阳的联合军队的最高司令官。替他收拾掉薛世雄的就是在河北地面鼎鼎大名的窦建德。

河北人窦建德是一个讲义气够朋友、典型的江湖大哥级的人物。有一回窦建德他们村子里有一家死了老人，这家人实在是太穷连丧葬费都掏不出来。窦建德当时正在田里犁地，听见大伙议论这件事，叹息了一声，直接把犁地的牛解下来送给了这户穷人。窦建德讲义气是有名的，但是光靠讲义气那是成不了男一号的，窦大哥还有一个特点就是特别能打，自由搏击水平很高。一次，几个流窜作案的抢劫犯误打误撞闯进了窦大哥家实施犯罪。闯进屋里的三个人刚刚喊出打劫，就被窦大哥三下五除二给收拾了。门外的同伙一看害怕了不敢进来，在外面给窦大哥赔不是，说冒犯了大哥请大哥原谅，能不能让我们把同伙的尸首带走，我们再也不敢来了。窦建德让外面的人扔绳子进来，拽尸体。外面的人把绳子一扔进来，窦建德把绳子绑在了自己身上，等外面的人好不容易把窦建德拽出来，窦建德突然一跃而起，又砍翻了好几个。窦建德这种讲义气够朋友又能打的人在当地是很有名的，再加上他还在做着隋朝政府的基层小官——里长，所以窦建德在当地混得很好，黑白两道都很吃得开。大业七年窦建德应征入伍，参加高句丽之战。因为他比较能打，当过里长，在部队直接提干做了队长，手下管着两百来人。要是按这个轨迹发展下去，窦建德应该会慢慢在政府军里混出来，断无造反的必要。

窦建德的造反其实和他的一个好朋友有关。他的好朋友叫孙安祖，也是一个能打能拼的狠角色，在江湖上有点儿名气，孙安祖那年已被征召入伍，参加高句丽之战。但不幸的是孙安祖家里闹水灾，老婆孩子都死了。孙安祖就和县太爷商量，因为家里实在太困难能不能这一次先不参军。没想到县太爷是个比较浑蛋的人，不但根本不听孙安祖的解释，还直接把他捆起来抽了一顿鞭子。这一下把孙安祖惹毛了，找了个机会直接把县太爷给宰了。谋杀朝廷命官当然是灭九族的死罪，孙安祖犯事以后，就跑到了窦建德家里。窦建德一看这是一个大麻烦，弄不好自己也得跟着掉脑袋。但是作为大哥他不能不管，要不然以后在江湖上怎么混？怎么办？想了想干脆让孙安祖落草吧。窦建德家乡附近有一个叫高鸡泊的地方，地势险要、易守难攻，里面有一股土匪，老大叫张金称，和窦建德有点儿交情。窦建德在当地又找了一百来号想当土匪的人都交给孙安祖，让他带着去了高鸡泊。当时窦建德家乡地面上的各路土匪，张金称、高士达等他们对窦建德都相当给面子。这帮人下山抢东西，往往是一个村家家遭殃，但是对窦建德家那是从来不动的。这样一来就引起了有关部门的注意，觉得这里面好像有点儿问题。有关部门剿匪可能不行，但是制造几个冤假错案还是很在行的。窦建德被塑造成了反政府武装的卧底，一门老小都给收拾了。家里出事的时候，窦建德和他的两百多人正在赶往辽东的路上，一听说家没了，窦建德立刻怒火中烧，带着两百多人逃了回来，直接找高士达入了伙。高士达的势力一大，肯定会有人来管，来的人叫郭绚。高士达抢东西，欺负欺负地主的家丁行，但是对付正规军，很菜。还好有窦建德，窦建德现在在高士达阵营中专门负责军事事宜。这一次窦建德给高士达出了个主意——诈降。窦建德带了七千人，诈降投奔郭绚，说是自己跟高士达翻脸了，所以弃暗投明，来投靠政府军。高士达那边也很配合，找了两个倒霉蛋，冒充窦建德的老婆孩子给剁了。这样一来，郭绚对窦建德就比较信任了,也就不防备了。窦建德一看机会来了,突然发动奇袭直接把郭绚给宰了,这一下高士达的武装声名大振。窦建德的威望在军中如日中天,难免让高士达有点儿心里不舒服。没过多久,隋朝名将杨义臣讨伐高士达。窦建德说杨义臣在隋朝将领中绝对是一顶一的高手,老辣之极,绝不像郭绚那么容易对付,咱们还是躲躲吧。高士达不服气,心想上次郭绚来被你给剁了,现在杨义臣来,你让我躲起来,这让我以后在兄弟们面前怎么混?好不容易盼到一个可以让自己也出名一把的机会咱们能放掉?所以高士达非要打,这一次他留下窦建德看家,自己带着几乎所有人马跟杨义臣决战。对于高士达的这种英勇行为,只能用两个字来形容——作死。杨义臣是谁?绝对的身经百战、老辣多谋的战将,对付高士达这样的角色,杨义臣连个计谋都懒得设计直接命令部队冲锋。一个冲锋下来,高士达的脑袋就给杨义臣剁下来了。剩下的人一哄而散。杨义臣跟着在屁股后头撵,一直追到了高士达的老窝。窦建德一看势头不对马上带着人跑路。杨义臣看高士达已经挂了,老窝也被自己抄了,这股势力也没什么气候了,就没再对窦建德赶尽杀绝。这给了窦建德喘口气的机会。还有张金称最近也比较倒霉,他也碰上了杨义臣,被杨义臣给剿了,自己后来也丢了性命。这样原来河北地面上最大的两股土匪都没有了,就剩下了窦建德,而这两股人马的散兵游勇后来都渐渐聚到了窦建德的旗下,窦建德的势力慢慢就做大了。

窦建德这个人和别的土匪不太一样。别的土匪比如张金称这一帮,每到一地就像蝗虫过境,能吃的吃完,能抢得抢光,能杀的杀光,老百姓都很害怕,也很愤怒。窦建德不一样,到底是当过里长的人,讲道理,明是非,对老百姓相当不错。本人的生活还相当朴素,做了老大,但衣着饮食和以前没什么分别。尤其比较可贵的是,对于俘虏的隋朝政府官员,一般都比较优待,往往是让他们继续原来的本职工作,所以窦建德的势力在河北挺受老百姓拥护,窦建德本人在兄弟们心中威信也很高。他的势力发展很快,大业十三年一月的时候窦建德手下的武装力量已经有十几万人了。窦建德已经不愿意再当土匪,他给了自己一个官方称谓——长乐王。

长乐王虽然手下有十几万人,但是对拥兵三万的薛世雄还是相当敬畏。

薛世雄的威名窦建德是知道的,还有他那四个特别能打的儿子。对付薛世雄这样的猛将,拼狠,自己肯定不行。自己虽然人多,但是战斗力不行。所以他想了一个办法,诈败。就是从已经占领的地盘中撤退,向自己最早的老家后撤。所有的地盘营垒都不要了。薛世雄原来对窦建德还是比较重视的,但是一看姓窦的这个屎样,慢慢地也就不把他放在心上了。想着看来河北地面上敢和我叫板的人大概还没有出生呢。当薛世雄的部队开进一个叫七里井的地方时,窦建德决定反击了,但是窦建德对于自己能不能打赢实在心里没有底。窦建德定了一个原则,他的驻地离七里井有一百多里,他的预案是,自己天黑以后突袭七里井,如果在天亮以前赶到了七里井就开打,如果赶到七里井的时候天亮了,自己就投降。结果这伙人紧赶慢赶赶到的时候,天还真就亮了,窦建德一看天意呀,咱们投降吧。正在这个时候,突然起雾了,而且是那种能见度不到五米的浓雾。天助我也,窦建德一看机不可失,带着手下一千来人直接冲进了薛世雄的大营。薛世雄根本没想到一百多里外的窦建德居然有这个胆子来偷袭,再加上浓雾弥漫,根本看不清人家有多少人,所以顷刻之间乱了套,全军崩溃,四散奔逃,给窦建德趁乱砍掉了不少脑袋。等到后来一打听,窦建德才带了一千人,而且原本还是准备投降的,你想想薛世雄能不撮火吗？回去没多久,急怒攻心,一病不起给气死了。在这样的情况下,王世充就成为了隋朝政府各地增援洛阳的联合部队总司令的不二人选。

从现在开始,他将和李密展开精彩万分、情节跌宕的缠斗,两个够分量的选手终于站在了一起,比赛开始了。

第15章 黑石 河东

王世充与李密第一次正式的交手,史书上叫“黑石之战”。不过双方的主要战场并不在黑石这个地方。这场战役战场有好几处,发展过程跌宕起伏,相当精彩。不论是王世充还是李密在这一次的战役中都表现得相当优异。

在黑石之战前,王世充对李密发起过多次试探性的进攻,双方你来我往,打了不少照面,互有胜败,但是比分相差不大。经过试探性的进攻王世充觉得自己对李密的战术战法已经基本上了解了,然后他开始了自己精心准备的第一次正式的攻击。为了方便说明这一次战役的情况,你可以在脑袋里面想一个火爆的“火”字。“火”字里面的“人”就是洛河及其支流,两个点左边的叫月城,右边的叫洛口,都是李密的地盘。在“火”的下边“人”字当中你再点一个点,这个点就是黑石。王世充决定攻击李密的时候是先从西边渡过洛河在黑石安营扎寨,安顿好以后,王世充带领精锐人马再次渡过洛河,在洛河西岸靠近洛口的高地上安营布阵,这个地方可以直接俯瞰李密的大营。李密一看这还了得,一个没注意,让你小子占这么大的便宜。我这大营里面人马调动、粮草调拨、组织大家唱歌跳舞什么的你那里都看得清清楚楚,这不行。我得把这个钉子拔了。所以李密带齐精锐人马,由月城直接渡过洛河奔袭王世充阵营。

王世充前一段时间与李密的试探性交手真不是白练的,他显然琢磨出了一些实用性很强的战术战法。他发现李密麾下最精锐的是骑兵,李密专门训练过的八千内军都是骑兵,领头的是大名鼎鼎的秦叔宝和程咬金。交战时长枪大马,猛烈冲击、锐不可当。所以这一次他专门把自己的军阵布在了一个高地上,而且正面的宽度有限,坡度较陡,自己的人呢这一次带的都是盾牌和单手可以拿的短兵器。结果李密的骑兵一冲上来果然有了麻烦,大队人马挤在一起,不但没有了冲击的速度和力道,而且自己回个身子都困难,手里的长枪根本扎不着别人只能挡着自己人。王世充一看机会来了,立刻开始攻击,盾牌短刀的手下一拥而下,在李密的军阵中一通乱砍乱刺,李密的骑兵根本没有还手的机会,兵器太长不得劲,想跑都跑不利索。结果全军大乱。自己的人马被王世充生生地冲成两段,首尾不能呼应乱了套。大部分的步兵朝月城方向跑,王世充在后面紧追不舍,把逃进月城的李密的人马围了一个水泄不通。要是别人这场战役写到这里基本就结束了,也不会叫黑石之战,大概会叫月城大捷。王世充自己也觉得这一把赢定了,研究李密这么长时间终于有了回报。但是王世充错了,因为他的对手不是一般人,而是李密。虽然王世充围住了月城,但是他忘了问一句李密在没?李密的人马被冲为两段,但是李密没有慌乱,因为他身边还有几千精锐的骑兵,有这几千人翻本足够了。李密没有退回月城,也没有去洛口,而是率领人马直接南下做了一个让人意想不到的举动,奇袭黑石。

现在,形成了一个有趣的局面。王世充包围了李密的月城,李密在攻击王世充的黑石。黑石与月城相距并不远,黑石的守将显然没有李密的手下给力,当他们看到李密的精骑的时候,二话不说立刻点起狼烟给王世充报警求援。王世充那边原本正在做着围歼李密的美梦,突然一抬眼看到了黑石的狼烟。王世充有点儿不自信了,他想横下一条心在李密端了自己的老窝之前拿下月城。就在他想咬牙坚持不退兵的时候,黑石大营又点燃了第二个狼烟,紧接着第三、第四个,当王世充看到第六处狼烟的时候,他终于崩溃了,下令全军放弃进攻,急速回撤,救援黑石。李密等的就是王世充的这个崩溃的决定,在王世充回军黑石的路上,他碰到了早已选好地势埋伏已久的李密精骑的伏击。这一次李密没有给王世充机会,手下彪悍的骑兵在王世充的队伍中横行无忌,这场战役的最终结果据有关方面的统计,王世充手下两千人被砍掉了脑袋。王世充大败。

郁闷啊,郁闷。王世充作为一个东都洛阳的外来户,想在洛阳城中站住脚、抬起头实在是太需要一场胜利了。可是李密不是卢明月,不是格谦,不是他从前碰到的那些乌合之众。李密是这个时代最出色的战役指挥家,他的水平绝对不在自己之下。王世充惨了。他知道自己来错地方了,要想在李密那里占到便宜实在是很渺茫。

李密呢,虽然反败为胜,但是同样意识到了王世充的阴狠。这个人绝对不是一个好对付的角色。他要比自己之前碰到的对手狡猾凶狠得多难缠得多,他不能有任何懈怠,得打起十二分的精力来对付这个家伙。从现在开始,他必须先搞定王世充,搞不定他,自己哪里都别想去。现在自己的战略方向只有一个,灭了王世充打进东都坐天下。在这场黑石之战中,李密同样也遭到了重大损失,这个重大损失不是指死了多少兵,而是李密最为倚重的人物——才智过人、能力出众的柴孝和阵亡了。他是在全军败退的时候不小心掉到洛河里淹死了。可惜,人有时候是得有点儿运气的,要是柴孝和小时候能像今天一样上过游泳班的话,说不定唐代的历史得改写。

好了,现在的李渊可以专心致志地攻取关中了,没有人能腾出手来阻止他了,他可以在最好的赛道中勇往直前了。

李渊一路高歌猛进,进展得非常顺利。唯一让他费了一点儿精神的就是在河东。河东在黄河以东,就是今天的山西运城,这个地方和陕西交接,再往西过了黄河就到了潼关,然后沿着渭河谷地一路向西,华阴、渭南直到首都长安,隋朝的时候叫大兴。今天的陇海铁路走的就是这条线。

河东的守将是屈突通,老江湖了,用兵持重,为人端方,绝对是一个够分量的选手。守军兵力不弱,有三万人左右。对于屈突通,李渊多少是有些顾忌的。好在这个时候刘文静回来了,可能是因为大雨耽搁了行程,不过也好,已经到了关中的边上了刘文静才回来,正好不用再麻烦突厥人了。刘文静带回来的突厥的武力支持是骑兵五百人,骏马两千匹。李渊的实力得到了有力的加强,底气足多了。就在李渊积极准备围攻河东的时候,有人给他建议,放弃河东绕过去,直插龙门过黄河,入关中。这个主意让李渊不由得心头一亮,是个好主意。但是李渊手下的弟兄们不同意，放着河东不打留下屈突通这么大一个隐患在身后，谁知道以后会有什么情况？李渊想想也对，就准备使用老套路，攻下河东再说。这时候另一个叫任瑰的人又给李渊出了一个主意。咱们拿下河东是为了扫清入关的障碍，然后一路西进。可问题是，入关难道只有潼关这一条路吗？黄河那么长，从哪儿不能过？咱们干吗不沿河北上，从梁山过河，接着韩城、蒲城、大荔这一路从首都的东北斜上方杀过来？这一路的守备本来就比较弱，再加上韩城的地方官本身就是个文人，写文章行，打仗不行，大军一到肯定投降。还有一点，关中地区的各路反政府武装我任瑰都比较熟悉，只要咱们大军进入陕西境内，这些人凭我的三寸不烂之舌都得投到咱们旗下。那时候真是兵不血刃，直取长安。李渊一听这个主意好，马上挥军北上，任瑰先期过河联络各路反政府武装，对于李渊大军的动向屈突通没有做任何反应。任瑰一过河，河那边的反政府武装纷纷投诚。当时最大的一股是孙华集团，老孙为了表达自己投诚的诚意，单人匹马和任瑰来见李渊。李渊当然很高兴，握着孙华的手问长问短，立马授予了孙华大荔县县长的官职。榜样的作用是很大的，有了孙华的例子，各路反政府武装投诚的脚步更快了，每天来入伙的关中人有上千，生怕来晚了李渊手里的乌纱帽分完了。这就是李渊厉害的一手，空手套白狼。就一个目前无效的委任状搞定了十几万人马的反政府武装。当然对于李渊的这种收买方式也不是没有反对意见，有人觉得封赏得太滥，给李渊提了意见，李渊就说了一句很实在的话，用收买总比用刀枪强吧！这是李渊的长处，毕竟是五十岁的人了，世事洞明，人情练达，不像读书太多的书呆子，就知道抱着一些圣人教诲不放。

李渊派王长谐、史大奈率军六千和孙华一起先期过河，在那边打前站。自己的大军暂时不动，观察屈突通的动静。李渊的想法是如果屈突通率军攻打王长谐他们，自己就直扑河东，如果屈突通不出来自己再放心西进。

屈突通是不会不来的，作为用兵持重、经验丰富的老将他当然明白李渊过河之后的后果，同样他也清楚河东的重要性。所以他命令手下桑显和率军偷偷过河，突袭李渊的河西阵地，结果被有准备的王长谐、史大奈和孙华给打败了。桑显和退回河东，过河的时候还把桥给烧了。这下李渊放心了，看来屈突通没有太大的本事了。面对大好形势，李世民建议事不宜迟迅速入关，直扑首都。但是裴寂不同意，裴大人总是觉得有屈突通在屁股后面不保险。这家伙毕竟是个老江湖，万一攻城不顺，屈突通再追过来，实在不保险，安全第一。但造反这种事情从来都是富贵险中求的买卖，不敢冒险是不行的。好在李渊现在手里有牌，兵强马壮，一路走来实力壮大了不少，有本钱了。所以李渊做出了一个两全的决定，一方面派人率部分兵马围困河东，一方面自己率军直接过河入关。李渊是幸运的，总能在关键时候做出正确的选择。要是他真的顿兵河东城下，那就真的悲剧了，因为这个地方直到他当上皇帝，都没有打下来。而就在他拿下首都后的两个月，西北方另外一股反政府武装组织薛举的大军就已经进入了关中平原。

第 16 章　占长安　杀翟让

李渊率大军迅速渡河，过韩城直插朝邑。朝邑在今天陕西大荔县境内，原来是一个县，后来并入大荔县，成为一个镇。这里有一座隋朝的行宫长春宫，李渊把它作为自己的前线指挥所。另外离朝邑不远就是永丰仓，关中地区非常重要的粮仓。大荔县这个地方经常被设定为粮食储备基地，清朝的时候，这里还有一个官方的粮仓，现在这个粮仓是当地的著名旅游景点。

李渊的部队马上夺取永丰仓，然后就是老套路了，开仓放粮，收买人心，征集部队。接下来李渊分兵，一路由大儿子李建成和刘文静、王长谐率领驻守永丰仓，并向东进兵，朝长安城相反的方向潼关进发，在潼关后面把守，防备屈突通的河东兵马。另一路由老二李世民率领，从朝邑出发，一路向西，沿着关中平原北缘一直走，从长安城北部开始夺取长安周边所有区县。我在这里用的是走，而不是打，因为李世民的这一路西行，确确实实是走，没打过什么仗。这一路基本就是接收，各区县的地方官员和黑社会组织、土匪组织头目对李世民大军的态度惊人的一致——投降，争先恐后地投降。对于这些身份各异、地位不同、背景悬殊的选手，李世民的态度一致——考察。有能力有本事的，留下来做官，其他的一律遣散。在这些人物中，有一位后来成了李世民最为倚重的肱股之臣，李世民甚至把自己最喜爱的女儿嫁给了他最喜欢的小儿子，和他成为儿女亲家，这个人叫房玄龄。他和李世民一见如故，很快就成为了李世民帐中的第一谋主。

李世民之所以会这么顺利，还有一个原因，在他来之前，长安附近的不少地盘已经是李家的了。怎么回事？你别忘了李渊他们家的身份，世代公卿，那可是大宅门。长安城里住着不少亲族。李渊的叔伯兄弟李神通一听说李渊那边造反了，自己立马钻到户县山里拉队伍，一下子就整了一万来人。还有李渊的女儿，这个女儿是李渊和夫人窦氏所生，李渊和窦夫人生了四个儿子一个女儿。李渊准备造反的时候，紧急通知儿子女儿和女婿回太原。通知下发到女儿女婿一家的时候，女婿犯难了。女婿的名字叫柴绍，唐代初年最能打仗的将军之一。他和老婆商量，说咱俩要是一起走肯定很快被人发现，跑不掉，不走迟早也得挨刀子。结果李渊与窦夫人的这位千金说，你走你的，不用管我，我这儿不用你操心，不会有事。在这种情况之下，柴绍悄悄溜出长安，在路上和李建成、李元吉会合一起赶回太原。柴太太让老公走，自己可不是留在家里让有关部门抓。柴太回到户县自家的别墅，先把家里的动产不动产全都拿出来变卖，手里有钱之后就开始招兵买马，然后没用多长时间就把户县周边的不同反政府组织全都收编到了旗下，和李神通一起统一指挥。长安城里的大人们对柴太太这种无法无天的行为当然不会坐视不理，马上派人带兵清剿，结果每次都被柴太太一通暴揍给收拾了。这下柴太太军威大振，其他地区的人也都纷纷投到了柴太太的旗下，户县和周至那时候都已经是李家的地盘了。

你看看人家窦夫人生的这些儿女一个比一个能干，个顶个的都能独当一面。小儿子李元吉十四岁留守太原，大儿子李建成不到三十岁镇守永丰，二儿子李世民十八岁巡兵渭北，一个女儿才二十六七岁，不声不响地把长安所辖的一半土地都给占了，能生养出这样的儿女那才真叫虎妈。

李世民的大军没费什么力气就围着长安城转了一圈，手下人马十三万，现在在长安城西南的阿城驻守，长安城周边已经被肃清，该是要攻城的时候了。这时候李渊也已命令大儿子李建成率军一路西进，与李世民会师长安城下，剩下的事情就很简单了，攻城。

长安城的留守官员是卫文升、阴世师和骨仪。卫文升在李渊的大军已过黄河的时候就吓病了。怎么回事？因为卫文升平叛有个习惯就是刨人家的祖坟,上一次杨玄感造反他是这么干的,这一次李渊造反,卫文升别的不说,先把李家的祖坟给挖了。结果没想到今时不同往日,李渊的大军一路西进势如破竹。自己挖了人家的祖坟,李大叔一定很生气,李大叔很生气,后果很严重。所以卫大人吓病了,后来干脆病死了。剩下的阴世师和骨仪也算是尽心据守,但无奈大势已去,长安城基本上没有费什么工夫就给拿下了。当然李渊也付出了一定的代价,孙华阵亡了,攻城的时候中了箭,不过也好,大荔县县长的官职正好可以再犒赏别人。

大业十三年十一月,长安城破,李渊仅仅用了不到半年的时间就造反成功,这个事件在今天应该可以进入 MBA(工商管理硕士)的经典案例教程吧。现在王朝的权柄终于可以操控在自己的手中了,扫平天下似乎是指日可待。与此同时,那位洛阳城下的李密现在也终于成了瓦岗军唯一的老大。

翟让不做大哥已经很久了,这使得翟大哥身边的小弟们心里很是不爽。大哥不做大哥,小弟们当然也不能上位成为二哥。所以翟让的小弟之一,亲信王儒信就力劝翟让夺回大哥的位子,当初李密是你扶上去的,现在他威风了这么久了,也该换换了,该你自己坐几庄了。翟让对王儒信的分裂言论一笑置之,没往心里放,翟让知道自己的斤两,他做大哥在瓦岗山行,在这里洛阳城下他不行,压不住阵。对翟让的无动于衷,翟让的大哥翟弘很恼火,当初和弟弟一起落草为寇原本是为了讨生活,没想到现在打下这么大一份家业,可老弟却硬是和谁都没商量就把当家的位置给了李密,凭什么?翟弘不服气,他总是在翟让耳朵旁边发牢骚,皇帝就应该自己做,哪有直接送人的道理?要送也应该送给你大哥我,就这么便宜了外人,傻不傻?虽然翟让对大哥的话根本没动心,也不生气,但是他并没有制止大哥的反动言论,所以这些话就传到了李密的耳朵里,李密当然很不爽。这使他很自然地回想起当初刚到瓦岗山入伙时在翟大哥手下忍辱含垢的日子。那时候没少拍翟让的马屁,才能在瓦岗军里站住脚,自己希望被忘却的日子,大概也正是翟让时常回想的岁月,别看你小子现在跳得高,当初刚到瓦岗山的时候,啊,我就不说了。李密能有今天,翟让自己老是自觉不自觉地以李密的贵人自居,他老是对当初贾雄说的李密是蒲草,自己是沼泽,李蒲草离开翟沼泽是不行的话念念不忘。

大概是因为原本就无心作乱，再加上翟让本身就是一个彪悍的农民出身，没什么文化，所以做事情总是带着一种大老粗的鲁莽和直接。总管崔式枢刚入伙的时候，就被翟让找了个碴儿给抓了，关在自己家里。干啥？要钱。他想着这帮人以前都是隋朝政府的官员，来投靠瓦岗军都是为了活命，哪个手里没有几个钱？所以就得敲打一下。崔式枢家里准备拿钱赎人，动作稍微慢了一点儿，翟让就要对崔式枢用刑，吓得崔式枢够呛。还有一个叫邢义期的，在李密那里做文书，翟让有一天打麻将三缺一，就让邢义期过来凑腿子。邢义期不太想去，在翟让家打麻将从来都是只能输不能赢，自己又不富裕，所以就比较磨蹭。这一下翟让火了：叫你个小小的文书打牌是看得起你，你还这么不知好歹，没啥好说的，先赏你八十棍子再说。这些受了委屈的人肯定要找地方说理，所以李密知道这些后确实在心里积累了一些想要火并翟让的不良情绪。

最终的爆发是因为房彦藻——李密的首席秘书、第一文胆。房彦藻是个文化人，出身于官宦世家，这种背景的人一般都看不起没有文化的人。房彦藻对翟让，一直采取一种敬而远之的态度，可翟让这次是自己打上了门。也怪自己这次做得有点儿过分，打了个胜仗，得了不少战利品，全送到李密那里去了，没给翟让也备上一份，翟让的面子上是有点儿不好看。所以翟让找上了门来讨说法。翟让对房彦藻说，你小子可以呀，会看人下菜，眼里只有魏公，你别忘了李密可是我扶上去的，以后的事情会怎么样，还真是很难说，你小子以后走路看着点。房彦藻很恐惧，他知道翟让的脾气。所以他赶紧把翟让的牢骚话添油加醋地报告给李密，并且和别人一起游说李密下决心火并翟让。

火并的过程很像中国传统旧小说的路数，是在饭桌上解决的，中国人喜欢在饭桌上办事，办好事是如此，办坏事也是如此。

李密最近刚好又和王世充打了一个胜仗，所以安排了庆功宴，请翟让、郝孝德、裴仁基等一起吃饭。大家在欢乐的氛围中济济一堂。李密说，今天咱们哥几个喝酒，不要那么多人陪，叫自己的随从都下去了。这时候房彦藻说，翟司徒的左右是不是也下去喝点酒，暖和一下？李密说听翟司徒的吧，翟让一看哪好意思让自己的人留着？没啥好说的人都撤下去了。大帐里只留下了一个叫蔡建德的带刀侍卫监酒。这时候有点儿心眼的人应该已经觉得有点儿不对劲了，徐世绩就是那个有心眼的人，他开始活动踝关节，做跑路的准备。

此时菜还没有上(李密不厚道，咋的也应该让翟让吃饱再上路)，李密拿出了一张弓请翟让欣赏，说是一把难得的好弓，让翟让试试。翟让是个实心眼的人，没想着李密会怎样，傻乎乎地接过弓，站起来铆足劲两膀叫力把弓给拉开了。翟让全身肌肉紧绷，造型在那里等着大家的掌声。此时应该有掌声。就在这时，身后站的那位姓蔡的仁兄双眼圆睁，突然双手举刀一挥而下，翟让身首异处。可能是翟大哥实在没想到李密会在自己背后要刀子，所以在挨刀的一刹那心中无比愤怒，身体倒地的时候，他喊出了最后的一声怒号，史书上说声若牛吼。

翟让的大哥翟弘、翟弘的儿子翟摩侯还有王儒信都在同一时间被剁了。早看出苗头不对的徐世绩拔腿向帐外冲，结果在大帐门口迎面挨了一刀。好在小徐毕竟年轻，反应快，闪了一下，这一刀砍到了脖子和肩膀的连接处，虽然凶险但并不致命。第二刀正要来的时候，一个声音高叫着“住手”，这个人是王伯当。徐世绩得救了。在翟大哥被剁了以后，大帐内的单雄信立刻下跪表示与翟让划清界限，单雄信的命保住了。单雄信今天所受到的屈辱，他会让李密以后付出代价。

接下来，李密要为这个大事件擦屁股了。李密先是看望了徐世绩，并且亲自为徐世绩敷药，然后又单人独骑跑到翟让的大营中宣布翟让的不法行为和处理结果。同时宣布翟让的人马由王伯当、徐世绩和单雄信分别统领。翟让是个不太懂人缘的人，所以对他的突然被砍，手下的兄弟居然没有什么不良情绪，连哭的人都没有。

现在李密终于成了瓦岗军说一不二的领袖了。但是李密手下的兄弟们也明白了一个道理，看似温厚的李大哥也是会吃人的，甚至是自己曾经的恩人。

李密有无数种干掉翟让的方式，最好的方式应该是嫁祸于人，或者是交通事故，或者像孙华一样被敌人射中，但可惜李密用了最笨的方法——鸿门宴，自己直接承担了忘恩负义的骂名。大概是因为李密太没有把翟让放在心上，但是这样的火并却为他以后的败亡留下了隐患。

第 17 章　破军杀将　破军得将

对于李密火并翟让的结果，最为失望的应该是王世充了。王世充自打和李密交上手以后，就没打过一场像样的胜仗。这个面子上实在是不好看，李密就好像是他天生的克星一样。虽说越王杨侗倒是没说过什么，但是洛阳城里那些留守京官们的脸色实在是不好看。好在王世充和李密交手这么长时间倒也不是一无所获，他从俘虏那里对李密集团的构成有了详细的了解，狡猾的王世充立刻意识到李密和翟让之间有火并的可能，所以王世充大人每天在家里烧香拜佛地盼着他们火并，盼着翟让把李密给做了。可是没想到，火并是火并了，结果是李密成了瓦岗军货真价实的唯一大老板。而且李密在火并后的工作安排周密细致，原来翟让手下的三个兄弟、瓦岗军资格最老的骨干——徐世绩、单雄信、王伯当都得到了提拔和重用，所以李密集团现在给人的感觉是更加统一和强大了。王世充没法了，看来救世主是没有的，还得靠自己，明的不行来暗的，他准备跟李密玩阴的了。

李密火并翟让以后的各项工作安排得不错，集团内部没有什么太大的波动。尽管可能有人心里会有点儿小嘀咕，但是大面上还是不错的。这没办法，毕竟是这么大的事情，让人一点儿不议论是不可能的。总体上过得去就行了，时间会让一切归于平静的。最近洛阳城里有不少政府军士兵过来投诚，因为洛阳城里的粮食开始缺乏了，有限的粮食储备得优先保证皇亲国戚、达官显贵，当兵的难免会挨饿，而且现在是冬天，本来肚子里面就没食儿，又得顶着冷风站岗，那滋味肯定不好受。李密这边守着大粮仓，顿顿吃得肚圆。每次一开饭，锅碗瓢盆敲得叮当响，王世充那边的兵能好受吗？所以不少人就偷偷跑过来了。李密刚好这两天没事，看着王世充最近一直很安静不知道在搞什么，就找来几个今天投诚的政府军士兵问问，看看能不能得到什么有价值的情报。结果这一问，还真就问出东西了。

王世充在干什么？王世充最近一直在重新整合军队，他把队伍中最能打、最玩命的人重新组合、整训，而且就在几个政府军士兵投降的这一天，洛阳城里鸡飞狗跳，不知道在搞什么。绝顶聪明的李密一听就知道有问题，他立刻意识到王世充要玩阴的了，目标很可能就是自己的仓城。

他找来裴仁基一起分析。裴大人你看，王世充平静了好一阵子，现在在城里组织敢死队，今天洛阳城里鸡飞狗跳，肯定是他现在让人杀鸡宰狗，要给敢死队员吃顿好的，吃饱了好干活。我分析，洛阳城里现在缺粮，所以王世充组织敢死队的目标很可能是偷袭我们的仓城抢粮食。这小子现在跟咱们玩阴的，要不是我今天刚好问到这几个兵，咱们险些给王世充这小子算计了。咱们得赶紧准备准备，争取这次一次性把王世充的这帮敢死队给解决了。

深夜，王世充率领敢死队真的来了。夜晚很安静，对手似乎没有任何戒备。不对，仓城重地怎么会没有戒备？刚有点儿犯嘀咕，就看见了正在巡逻的一哨人马，人数不多，这样看来李密大概是真的没有提防。王世充下令冲击，这哨人马是王伯当率领的，王伯当一看到王世充的敢死队稍做抵抗立刻败逃。王世充大喜，挥动军马冲向仓城，一到城下立刻拿出攻城器具攻城。就在他的敢死队员眼看就要爬上城墙的时候，城上突然亮起了灯火，火光之下可以看到墙头上密密麻麻站着手里拿着冷森森的弓箭刀枪微笑着看着自己的瓦岗军。不好，中计了，快跑！想跑，没那么容易，仓城左右杀出两彪人马，是郝孝德和曾经的手下败将孟让。仇人相见分外眼红，两股人马，根本不和王世充搭话直接冲击王世充敢死队，刚才在前边跑的王伯当现在换了一个人一样，重新组织部队嗷嗷叫着也冲了回来。王世充现在能做的事情只有一件，逃跑。这一仗王世充又是大败，光是跑的时候在洛河里淹死的就有上千人，而且自己敢死队的队长、麾下第一悍将费青奴也挂了。玩阴的也不行，王世充彻底没辙了。逃回洛阳直接泡病号,不上班了,没办法,太丢人了,实在是打不过。干脆不弄了,在家里等着受处分。可王世充没想到的是,他不但没有等到任何处分,而且越王杨侗还亲切地慰问了他。上哪儿找这么好的老板?王世充很感动,当即表态一定不辜负领导的希望和嘱托,但同时他也诉了诉苦,说自己的兵实在太少,所以打不过李密。越王杨侗听到这个投诉,估计是能被气乐的,你以为本王缺心眼,十来万人交到你手上,现在都给我造得差不多了,又跟我这瞎扯淡。不过生气归生气,人还是要给的。因为没办法,现在自己手里能打仗的人真不多,就一个王世充还能和李密走几个照面,别人更不行。所以没过多久新征集到的七万多人的部队就又交到了王世充的手里。这一下没啥说的了吧?赶紧准备准备,出城打仗去吧。

李密在城外等待着王世充的下一个回合,李渊呢?此刻在长安忙活着自己做皇帝的准备工作。

李渊最近一直很忙,长安到手以后得赶紧调拨兵力,一方面继续讨平目前政府军的控制范围,一方面警戒长安城可能方向的来犯之敌。当然还有进城之后的大量社会治安工作要做。要说李渊的运气是真的好,他一离开河东进入陕西,屈突通那里就有了动作。屈突通把河东的防务交给了手下大将尧君素,自己带着人马过黄河直扑潼关,结果一过关城他就看到了等了他很久的刘文静。李渊也害怕屈突通会抄自己的后路,所以专门派得力的刘文静在这里守着。屈突通和刘文静交手的结果不顺利,不但没有冲过去,还丢了潼关的都尉南城。屈突通一看这个阵势,马上停止攻击,原地驻守和刘文静僵持。李渊呢一看屈突通好像没什么威胁了,这才放心大胆地攻打长安去了。屈突通怎么了?屈突通是久经沙场的老将,这个时候和刘文静死磕,肯定是拼消耗,刘文静对自己已经高度戒备,而且人数也并不占优,所以胜算不大。他先驻扎下来,他有他的算盘,等到过几天,刘文静那边有点儿懈怠的时候发动突袭,争取一战成功,然后带着胜利之师挥戈猛进攻击李渊,让他两面受敌,最后彻底解决。但是刘文静不是一般人,和屈突通在潼关愣是相持了一个月,也没有让屈突通发现什么机会。不能再等了,前边长安城根本撑不住,长安城破自己就算是拿下刘文静也没有任何意思,所以屈突通破釜沉舟,不管行不行都得搏一搏了。他命令自己的部下桑显和率领精锐人马夜袭刘文静大营,希望趁着夜色撞个好运,能击败刘文静。

屈突通的人马也明白这一仗事关全局,只能赢不能输。所以在夜色中这帮人突然嗷嗷叫着发起了进攻,人人奋勇、个个争先,杀进刘文静大营。刘文静那边可能是相持了一个月真的有点儿懈怠,再加上前边李渊他们非常顺利,所以想着屈突通大概不一定会再找自己麻烦了,没想到屈突通一发起进攻就是如此猛烈。刘文静的人有点儿被打蒙了,虽然殊死抵抗一直打到天亮,但是还是被桑显和攻破了两座大寨,刘文静的本寨这个时候寨墙也被突破了一个缺口,桑显和的人和刘文静的兵在缺口处短兵相接,白刃格斗激烈异常。关键时候,刘文静大概是因为局势过于紧张所以亲临一线现场指挥,可没想到一个没注意居然中了一箭。这正是两边都铆足劲就剩一口气的时候主将中箭,基本上就相当于这一口气没了。眼看着刘文静要败了,桑显和却突然退了。咋回事呢?桑显和脑子进水了吗?桑显和脑子没进水,但表现出的结果真像是脑子进水了。原来桑显和的人不是一直从晚上打到天亮吗?现在到了早饭时间了,桑显和不知道前边的情况,他的指挥位置比较远,估计在饭锅附近,他觉得已经攻破了两座大寨,兄弟们也饿了,赶紧先吃点东西,吃饱了一鼓作气拿下刘文静的最后一座大寨,反正大家吃快点,也就不到十分钟的事。

刘文静那边本来眼看撑不住了,桑显和突然停手,这不是天上掉馅饼的事吗?中了箭的刘文静缓过神来,马上重新部署兵力,派兵把之前桑显和攻破的两座大寨重新占了并修好寨墙准备作战,然后又派了一百多人偷偷往桑显和大军的侧后方向绕,也就是几分钟的工夫,这边刚刚布置妥当,桑显和的大军就又攻了上来。几分钟对刘文静来讲已经够了。

桑显和的人一上来就觉得不对劲,刚才眼看着不行了的对手这时好像打了鸡血一样,刚才好不容易攻破的两座大寨又被人家给占了,这不是白费功夫了吗?桑显和的人有点儿气馁了。这个时候刘文静的大寨突然杀出一彪人马。停停停,现在是我们进攻,你们防守,你们怎么不守规矩,还敢杀出来?不错,刘文静的人杀出来了,领头的是李渊集团挂得上号的猛将段志玄,打仗凶狠、为人刚烈,他是不愿意躲在寨墙后面挨打的,所以这小子居然带了几十个骑兵就冲向桑显和的大军。桑显和的人赶紧放箭,一箭正好射在段志玄的脚上,射得挺深,但是段志玄咬着牙愣是一声没吭,带着人马就冲进了桑显和的军阵。桑显和的进攻立刻转为了防守。就在这个时候绕道桑显和阵后的一百多骑兵也杀了出来,后军乱了,机不可失,刘文静大军倾巢而出,桑显和全军溃败。桑显和的人一晚上没睡觉,干了打仗这种重体力活儿,这会儿一看败了,实在是打不动也跑不动了,干脆就直接原地投降了。等屈突通见到桑显和的时候,他基本上就是一个光杆司令。屈突通明白大势已去,最关键的是他知道了一个消息,长安城已经被李渊拿下了。给他带来这个消息的是自己的家童,同时他还带来了李渊的亲笔信,劝屈突通投降。当然李渊不单是要劝屈突通投降,也想借这个家童的嘴巴让屈突通军中的大小头目们知道,长安已破,投降是大家最好的选择,你们的家人财产都完好无损。屈突通呢,绝对的老辣,话都没让家童说完,直接拉出去给砍了。什么意思?要是这个消息给家童散出去,那手下还能有人愿意跟他打仗吗?三国时的关羽让人家抄了荆州的老窝时,人家也是派人来说和,关羽和手下大小官员不但详细听了荆州城的情况介绍,还把来的人放到大营里让他随便溜达。结果不但大小将领知道家里老婆孩子还有房子票子都安然无恙、完好无损,当兵的也都知道家里没事,怎么样?几万大军没回到荆州就全都跑散了,军心乱了,你关羽再能,在手下人心目中的地位总超不过老婆孩子和爹妈吧。所以关羽最后被人剁掉了脑袋。有几百年前关羽的教训,屈突通怎么会让家童把话说完呢?人是砍了,但是屈突通明白再打下去已经没有意义了,只能是走了,往哪儿去呢?

山西是李渊的地盘,只有河东一座孤城,看来只有一个方向——洛阳,自己手里的万把人到了洛阳好歹还能派上用场。所以屈突通安排桑显和把守潼关,自己带着人马向洛阳方向开拔。

桑显和估计是实在不想再打了,都这样了还折腾啥?所以屈突通一走,没过多久桑显和就开城门向刘文静大军投降了。刘文静、段志玄接手了潼关防务,一看屈突通跑了,二话不说,追。

屈突通的手下大多是关中陕西人，现在要和屈突通一起去河南发展心里是很不情愿的，但是屈突通这个人很有人缘，对手下一直不错，而且每次做战斗动员的时候都是慷慨激昂甚至痛哭流涕，经常摸着自己的脖子说生逢乱世作为一个忠臣这里是应该为国家挨上一刀的。所以他手下的兵不情愿归不情愿，但还是会跟着他走，只不过走得比较磨蹭，速度很慢，很快就被刘文静的追兵追上了。屈突通马上下令组成战斗队形准备作战。

追兵这边呢，看到屈突通的人倒好像没有打的意思，只是送过来一个人。谁？屈突通的儿子。不用问，当然是来劝降的。屈突通没等儿子靠近直接命令放箭。弓箭手立刻放箭示警，屈突通的儿子马上乖巧地回去了。这时候桑显和出马了。桑显和是武将，嗓门比较大，在屈突通弓箭射程之外就开始喊了：弟兄们，咱们都是关中人，去河南干啥？赶紧回家吧，家里一切都好。这一下，屈突通的军阵乱了。你这一去河南家里的人在李渊手里就是人质了，能有好日子过？到了洛阳以后还是得打仗，以后在沙场上搏命还是个九死一生，这一去那就是家破人亡了。屈突通大人愿意在脖子上为国家受一刀，可我们没那么高的觉悟呀。所以不知道是谁带的头，屈突通的人纷纷把手里的兵器扔到地上，接受刘文静的和平整编。屈突通知道大势已去，回天无力了。他下了马仰天长叹，然后被刘文静的人捆了。

李渊对这位与自己顽强抗争的前政府官员的处理决定是：升官，升大官。怎么样，李渊有点手段吧？毕竟以前是为同一个老板打工的老同事嘛。而且这就是个表率，以后你们要是能投降，照样不会亏待的。李渊对于大隋的官员和贵族一直比较优待，只要投降一般结果都不错；但对农民起义的领袖就比较差了，如果对抗最终被抓一定砍脑袋。李渊现在已经比较牛了，在长安把十三岁的代王杨侑扶上皇位，江南的表弟杨广给了一个太上皇的工作，李渊自己是大丞相、唐王，总揽一切军国大小事务。杨侑干啥？十三岁的小孩能干啥？也就是没事在太庙烧烧香磕磕头，负责祭祀业务吧。

跟着自己一起造反的大小头目那肯定是加官晋爵，分房子。在这里我得说明一下，唐王李渊在这一年封李建成为世子，李世民为秦公，李元吉为齐公。也就是说，在起义不到半年取得阶段性成功的时候，李渊心中的接班人人选是李建成。在以后的唐代正史中都有李渊在起义之前曾经向李世民许诺,取得天下后让李世民做太子的记载,其实是不可信的。这种话基本上肯定是出自李世民本人之口，不足为凭。要知道李世民起义的时候不到十八岁,李建成二十八岁,如果是你当爹你会更信任谁？李渊起义的时候一定要等到李建成、李元吉兄弟回到太原才动手也颇能说明问题。而李世民本人至少在这个时候也根本没有夺嫡之心。要不然老爹说好了革命成功以后你当接班人,结果一拿下长安就让你哥上,那你至少会不痛快,工作中难免会撂挑子闹意见吧。可从李世民以后作战的玩命和勇敢来看肯定是没有这种情绪的,李世民真正有了夺嫡之心在我看来应该是在武德四年(621)震惊天下的虎牢关大捷之后。

现在再看看李密,有了王世充李密哪儿也去不了,也不用去了,马上王世充就要将自己的事业与威名推上顶峰了。

第18章　李密的辉煌

王世充现在有点儿底气了，七万多人补充进来，腰杆子立刻硬了起来。没啥好说的，姓李的，我王世充回来了，这一次咱们新账老账一起算。这一次什么偷渡、奇袭通通的不要，直接强攻，目标——李密的大本营，决战。

李密的大营和王世充的地盘之间隔着一条洛河，所以王世充的部队作为攻方得先解决过河的问题。王世充到底是政府军，兵种配备比较齐全，工兵比较给力，几座浮桥很快就搭到了对岸，还有其他的继续施工。王世充一看有能过河的桥了.也就不等剩下的那几座了，直接命令发起攻击。

李密那边对王世充是连战连捷，现在多少有点儿开始不把王大人放在眼里了，所以对王世充不是很防备。你想刚刚在偷袭仓城的时候丢盔弃甲、损兵折将，这才几天能有多大作为？所以对王世充的过河行为比较放任，可一交上手就发现不对头，这帮人明显是目露凶光，一副玩命的样子。为什么这样？要知道洛阳城里现在缺粮，朝廷已经开始大范围征集粮食，要是你能参加守卫洛阳城的战斗并且自备伙食不吃朝廷的饭，直接就给一个散官当。而且家里能捐出粮食的富户一律给官，按粮食的多少，官职从科级到部级不等，一下子现在洛阳满大街都是部长级的干部。所以当兵的也明白，再这样下去要不了多久，不被李密收拾掉，也得饿死。而李密手里有的是粮食，干掉李密就有饭吃，这样的与自身利益的直接联系比什么战前动员都有用。而且这一次攻击冲在前头的是虎贲郎将王辩，有当官的做榜样，手下的小兵就更不用说了。所以当这帮人嗷嗷叫着一冲上来,李密的人就撑不住了,全都退到了大寨之中。

这帮人继续往前上,李密的人凭借寨墙的木栅栏和外边的拒马拼死抵抗。但是这帮人实在太猛,太不要命,这边刚捅翻一个那边踩着尸体就上来了,愣是一副不把脑袋当回事的样子,李密的人越打越发毛,而且这个时候李密还不见了。眼看着寨墙外的拒马已经被搬开好几处了,王世充的人已经攻上了寨墙,眼瞅要支持不住的时候,王世充收兵的锣声响了。咋回事,王世充脑子也进水了?

王世充的脑子没进水、他犯了和桑显和一样的错误,指挥位置过远,根本不了解前边的状况。这估计也是前几次和李密交手被打得实在是狼狈,所以王世充这一次学乖了,让王辩冲在前边自己在后边督战,顺带给前边的人准备午餐。王大人眼看着打了好几个时辰,好像没有什么结果,那按照惯例得把人收回来,歇口气,吃点喝点,再打。这毕竟是冷兵器时代,打仗就是个力气活,就好像拳击比赛,打三分钟,咱得歇一分钟。可王世充没想到的是,对手已经支持不住了,再有一拳就彻底解决战斗拿金腰带了,就在这个时候王世充偏偏替裁判摇响了铃声,也替自己敲响了丧钟。

三军之气可鼓而不可泄,这本来杀红了眼的时候,突然锣声一响,收兵。这人的精气神一下子就松下来了,这一放松就立马觉得累了,疲惫了,就想赶紧回营好好休息休息。就在大军回撤到河边的时候,才发现刚才光顾打仗,竟然忘了把剩下的浮桥造好。刚才过河的时候是一拨一拨的,现在同时回来一下子都挤在有限的几座桥头,大军马上就乱了套,谁都想早点回去吃饭,你争我抢的。就在这个时候,更恐怖的事情发生了,李密出现。当然李密不是一个人,而是和一群人,他最精锐的数百内军精骑横冲而来。刚才李密本来是在大寨里面,他越打越觉得不对劲,这么打不是办法,所以悄悄带着几百人绕出来,准备在对手的侧翼横击。没想到王世充自己先退了,而且在桥头乱成了一锅粥,这样的攻击机会李密哪会放弃!虽然人少,但是都是百战余生,习惯了刀头舔血的主,而且对手现在建制被打乱,胜败在此一举。李密毫不犹豫地发起了进攻,这帮敢死队如虎入羊群一般杀进了王世充的大军，弓箭乱射，刀枪并举，铁蹄之下逢者立死。这一下王世充大军彻底崩溃了，像被赶散的羊群，到处乱跑，各自争相逃命，结果在洛河里淹死了一万多人。这边大营里一看前边李密得手了便倾巢而出，现在浮桥成了李密的进攻通道了。王世充到底是王世充，对于失败的嗅觉还是很灵敏的，发现不对立刻逃跑。李密在后边穷追不舍，杀得王世充大军真的是尸横遍野。

王世充很有心眼，虽然是逃跑，但是也很有创意。别人是往西洛阳方向跑，他呢是往北跑，李密想着王世充肯定是往洛阳败退，所以对北边这一路人没有太在意，让王世充钻了空子，跑掉了。结果往洛阳跑的人基本上都被李密收拾掉了，包括大将王辩。王世充呢，马不停蹄北渡黄河，跑了一晚上，一直跑到了河阳。这一晚上正好西伯利亚寒流南下，寒风加上冻雨，一路上居然冻死了一万多人，退到河阳的时候，王世充手下就千把号人。这一下脸丢大了，七万多人刚交到你手里，一顿饭的工夫就给造干净了，王世充实在是没脸回洛阳了。可想想不对，自己不回去算怎么回事？带着几千人待在这不成了武装叛逃了吗？还是得回去。怎么回？让手下人把我自己一捆，向杨侗请罪。越王杨侗真是会办事，虽然恨得牙根痒痒的，但眼下还是只能依靠王世充，所以不但没有责怪还专门把他接回洛阳，并且送来不少财宝和美女压惊，王世充手下被打散的人不少也都陆陆续续回来了，勉强凑够了一万来人。这一下王世充是死活不出战了，他终于明白了一个道理，他和对手李密就好像是灰太狼与喜羊羊，导演压根就没给他安排能吃到羊肉的戏份，所以他能做的最好选择就是老老实实龟缩着。

当王世充和他的残兵败将躲在洛阳城外的含嘉城做缩头乌龟死活不出来了的时候，李密这边倒来了劲头：怎么的？让你们洛阳方面围着我的仓城打了好几拳，现在也该我还还手了吧。李密率领手下进逼洛阳，在洛阳北边的北邙山上布阵。北邙山海拔只有三百多米，是秦岭的余脉，但是据说这里风水很好，从刘秀开始就在这里进行阴宅开发业务直到现在，所以当地的殡葬业和看风水的行业据说一直挺繁荣。

李密这次倾巢而出，除了仓城的守备人员能带来的人都带来了，什么机关干部、后勤杂务、卫生员、炊事兵全都拿着家伙一起和李大哥来洛阳砍人。

这一下北邙山上密密麻麻站了三十万人。三十万人也许不都是很能打的，不要紧，吓也能把洛阳城里的人吓尿裤子。结果真的有人尿裤子了。

洛阳城那边，王世充死活不出来。越王杨侗也觉得该换个人试试手气，也许换人如换刀，说不定就能挽回局面。凡事总是指望王大人也不是个办法，要不然王大人一歇菜，自己实在是太被动。所以这一次他派出的将领是出场过多次、虽然战绩不佳但好歹是个武将的段达和洛阳留守政府的财政部长韦津，兵力三万人。三万人是少点，但这是杨侗翻箱底弄出来的了，已经不容易了。

决战的地点是上春门。当年杨玄感造反的时候，就是在这里搞了隆重的誓师大会，可惜最后他没能够踏进上春门。所以这个地方对于政府军来说未尝不是一个福地。不过这一次，运气在李密那边。当段达和韦津在上春门外看到对面北邙山上密密麻麻的李密军队时，段达立刻㞞包了，疑似尿裤子了，他老人家啥话不说掉转马头直接往洛阳城里跑。你跑也行，好歹讲讲秩序，怎么也得跟韦部长说一声，一起跑。可段大人不是，老子先捡一条命再说。得了，这一下，韦部长还在那边硬着头皮排兵布阵准备和李密决一死战，突然自己的队伍全乱了，大家都开始往回跑。韦部长到底是个读过孔子书的文官，受儒家教育多年有点舍生取义的本能。这会儿就有点犹豫是要跟着大伙一起跑，还是在这里舍生取义地坚持战斗。北邙山上的李密居高临下，对面的情况一目了然，这边一乱马上下令总攻。三十万人蝗虫一样涌过了过来，韦部长还在考虑生存还是死亡这个问题，就在乱军中被人砍了。他手下的这三万人，除了腿长个子大、反应灵、跑得快的少数人跑进了洛阳城外，其他人都被李密给收拾了。李密顺便又占领了洛阳城外的另一座小城——金镛城。

金镛城的作用有点像是大机关外面的传达室。现在洛阳的传达室被李密占领了，洛阳城就更没有还手之力了。破城似乎只是一个时间的问题。但是不知道什么原因，李密没有乘胜一鼓作气攻拔洛阳城，而是在金墉城搞起了装修，修城墙、修城门什么的。我猜李密之所以没有攻城大概是因为洛阳城实在是非常高大雄伟，坚固耐用，攻坚战李密没有信心。但是洛阳城现在缺粮,这座人口庞大的城市粮食的消耗量是惊人的。所以李密的想法很可能是围困洛阳一段时间,等到守城的兵再多饿死几个再攻城。但是历史大变动的时候,各种机会稍纵即逝。李密对洛阳的手软,让他失去了走到最后的机会。尽管这一战之后他在全国各路反政府武装组织中的声威达到了顶点,各地有头有脸的大小组织纷纷劝李密称帝,并表示臣服。但几天后,李建成、李世民哥俩率领的十万唐兵就从关中出发了。目标洛阳,目的解围。

李渊跟李密不是盟友吗?他不是也跟李密干着同样的事情造反,这会子怎么会来救援洛阳?对,没错。李渊和李密是盟友,但不是铁哥们儿。盟友这种为了各自利益暂时走到一起的组合是很不可靠的,它是最大作用其实就是被出卖。当然,李渊不会真正救援东都,但是李渊更不想让李密占领洛阳,那样的话,李密完全可以像他一样拥立越王杨侗即位,然后自己当魏王大丞相,与李渊分庭抗礼。以李密的才干,这样的结果还是很让李渊忌讳的。所以这一次,他一次性派出两个儿子来救援洛阳,主要的目的是拖住李密让他不能放手攻城。反正李渊现在是自封的大隋朝的唐王,救援洛阳是他义不容辞的责任。至于说李建成哥俩到底带了多少人,司马光的《资治通鉴》说有十万,我看不太可信。李渊拿下长安的时候,自己的嫡系加上一路收编的各类杂牌武装不过二十多万人。二十多万人要布防长安关中这片广大的区域,勉强可以。现在拿出一半人给李建成李世民,肯定不行。所以十万这个数,应该是李渊拿来吓唬李密的。

李密呢,还真就停下了攻取洛阳的计划,全军戒备耐着性子等着李渊人马的到来。他倒要看看这个前几天还和自己称兄道弟的唐公想干什么。

对于李渊的救援洛阳城里的杨侗更撮火。这边正焦头烂额地应付李密,后边李渊的人又来了。说是来救援洛阳,谁信呀!不就是来趁火打劫,捞一票吗?本来自己人手就紧,这一下还得分出一部分对付唐兵。李渊,算你狠。

杨侗这边很愤怒,他手下的这帮大小官员不少人心里开始活泛了。人家是冲着你老杨家的家产来的,又不是冲我,我就是一个打工的,给谁干都是干,现在老杨家快垮了,我干吗在这儿等死?所以不少人开始准备跳槽,去李渊的大唐公司干。可是去归去,空着手多难看,总得有点见面礼不是?好歹能混个长期饭票。有些胆子比较肥、位置比较关键、地位比较高的官员就偷偷摸摸地跑到了李家哥俩的大营商量着要献城。就是约好，在某一个月黑风高的夜晚偷偷打开城门，放唐兵入城，占领洛阳。这个看上去不错的建议，没想到被李世民给拒了。为什么呢？很简单，因为根本守不住。你带着的几万人一进城得和杨侗的人干一架，肯定要损失一部分，就算是控制住了局面，可马上面对的就是城外三十万李密的大军。洛阳城粮草又不多，你在这里外防李密，内防杨侗，内外交困，不留神就可能被暗算，所以还是待在城外比较保险。

李世民他们待了一个多月，等杨侗缓过劲来以后退兵了。这一下，城里这帮忙着跳槽的人急了，李老板说走就走了，这不是忽悠我们吗？还好城东还有另一个李老板，虽说瓦岗公司没有大唐公司正规但难说不是潜力股，所以这帮人又悄悄摸摸地来到李密的大营，商量着要在一个月黑风高的夜晚，偷偷打开城门，献城。李密当然很高兴，一口答应，马上签协议定时间，调度人马准备进城。结果数着日子到那一天，等了一晚上一点儿动静没有，一打听才知道献城的人暴露了，给王世充宰了。

没了内应，李密攻打洛阳的计划又得重新修改。就在李密开始重新考虑洛阳的攻城计划时，一个突发事件打乱了他的所有部署，使他最后没能再攻击洛阳，这个事件就是江都兵变。

第19章　江都兵变

江都兵变这场血案当然不是一个馒头引发的，但也多少和馒头有点儿关系。事情的起因颇为复杂。

杨广这次到江都带着几十万大军和整个中央政府机构的各级官员，这些人到江南虽然多少能起到一点儿刺激当地消费的作用，但是这几十万人可是要吃要喝的，这是一笔大开销。江南这块地方供应这几十万人的粮草本来就比较勉强，再加上现在又有了好几股反政府武装，势力还越来越大，这些武装组织那是要分老杨家的土地财产、地盘粮食的，所以能供应杨广中央军粮草的地方就更少了。开始的时候多少有些存粮能吃饱，等到后来地主家也没有余粮的时候，这几十万人的吃饭就真成了一个问题，开始有人饿肚子了，人饿着肚子自然不会有什么好性情。

事实上这几十万人对于杨广的怨气积累不是一天两天了，雁门被围的时候被忽悠了一把已经是怨声载道，现在又开始挨饿。和皇帝一起来江南本来是来旅游，可来了一年多杨广还是没有回家的意思。你是天子，四海为家。我们可不行，一年多没回家谁不想家？家里的老婆孩子、老爹老妈都咋样，能不挂心吗？这样对杨广能不怨气冲天吗？

对于当兵的这些想法，有一个人看得很清楚，这个人是裴矩。裴矩属于那种很有能力，同时也很善于揣摩别人的想法，尤其是皇帝的心思的人。这种人往往在群众、领导中很有人缘，谁都把他当朋友。现在这个时候裴矩看得很清楚,杨广和他的大臣们包括自己其实都在一口大锅里,现在水温已经很高了,随时有沸腾的可能,在这种情况下想活命那需要手腕、需要周旋、需要不得罪人、需要收买尽可能多的人。所以裴矩在去年九月就给杨广建议,说现在人心不安定都是因为没有家,人嘛有了家自然就安定了,所以他献策让这几十万人在江都重新组织家庭,找老婆。原来偷偷摸摸包了二奶养了小三的,现在都可以明媒正娶地娶回家。这样一个二奶升级、小三转正的好政策确实让裴大人收买到了人心,大家对他有着非同一般的好感。同样杨广能接受这个建议恰恰说明,裴大人敏锐地感觉出杨广其实不想回长安,他要在江都长住了。这从一个侧面也可以说明杨广当初为什么会派王世充带领江淮劲卒北上平叛,而不是将手里的禁军交给王大人,因为准备常住南方的杨广不希望这里有另一个地方实力派。只不过杨广没有想到,最终这些他从北方带来的军队竟成了结果他性命的真正凶手。

各级军官尽管对裴大人有好感,但对杨广的愤怒却越来越强烈。杨广这一年五十岁了,闹腾了十几年把好端端的一个大隋朝搞得七零八落,现在他早没有了当年宏图大业的雄心和强横。他很清楚,长安也好,洛阳也好,现在他都不可能再杀回去了,天下已经不是他老杨家说了算了。对他而言将来能投降给一个过得去的皇帝,然后像陈后主那样醉生梦死大概就是最好的结果了。所以杨广打算不回去了,就在南方扎根,北方的地盘不要了。孙子们能守住洛阳、长安那是造化,守不住就守不住吧。

杨广要迁都的消息一放出来就好像在热油锅撒了一把盐,一下子炸锅了。好家伙,原来跟你一起来江都说好是旅游,怎么着现在你不但不回去,还把我的西京户口给弄到这个待开发区来了。这谁能乐意?我们家一大家子人都在北方,我一个单帮在江南落脚,这算怎么回事?几个大臣据理力争,结果直接被善于揣测皇帝心思的监察部门找个理由给抓了。这一下大家老实了,没人再敢吭气了,不说话了,不反对了。但是也更直接了,怎么了?直接开溜,跑路了。虽然有不走运的给杨广追回来斩了,但是开小差的人还是络绎不绝。而偏偏这个时候李渊占领长安的消息又传到了江都,这一下大家更坐不住了。家里遭逢兵乱会怎么样,家里人好不好,房子财产有没有损失,谁能不担心,谁不想赶紧回去看看,现在几乎是人人想跑路。这一下这些当将官的罩不住了。手下的人都要跑路,你要是来硬的肯定没有好果子吃,你要是睁一只眼闭一只眼,人跑光了,杨广肯定要拿掉你的脑袋。怎么办?杨广手下的几个高级将领和官员司马德戡、元礼、裴虔通坐在一起商量。商量的结果是——一起跑路。这里面还有一个原因，这些高级将领的不少亲族都在长安,这个时候很难说这些亲戚在李渊那边会干什么,万一有几个积极加入了李渊的造反大军,过两天消息传来,说司马大人的姐夫的三外甥是李渊的人了,你司马大人还能吃得消吗?所以看来跑路是风险最小的选择。这一决定跑路,就各自开始纷纷集结自己的好哥们儿、好朋友。最好多几个人,人多胆大,万一有个差池还有个法不责众一说呢。这一下就招引出了十几个人,分别有:内史舍人元敏、虎牙郎将赵行枢、鹰扬郎将孟秉、符玺郎牛方裕、直长许弘仁、城门郎唐奉义、医正张恺、勋侍杨士览等,而且越联系大家胆子越大,以前对于跑路这件事大家还都是背后议论,现在这一互相联络结果发现人人都想跑路,这还有什么好怕的?大庭广众之下,一帮一帮的人坐在一起商议逃跑还是造反。造反杀杨广的呼声越来越高,终于给人听到了。

萧皇后的一个宫女无意中看到了这种人人商量怎么反叛的壮观场面，赶紧给皇后报告。萧皇后是个聪明人,她知道宫女说的是实话,但同时她也非常了解自己的老公,那个眼中无物、自负的杨广,现在他是不愿听到任何让他烦恼的消息的。所以她决定让宫女自己把她所听到的一切告诉杨广。杨广听了以后大怒,下令把带来坏消息的宫女拉出去砍了。是的,他砍的不是要叛逃的那些兵,而是为他带来消息的女人。对于杨广的这种病态心理,我非常喜欢的王小波先生有一篇叫《花剌子模信使》的文章曾经做了精辟的说明,很有意思,有兴趣的朋友可以找来看看。

现在不会再有人带来坏消息了，杨广每天的工作就是和那些他喜欢的女人一起饮酒,作诗看风景,他心里很清楚这美好的时光不多了。坦白讲,杨广现在的迁都想法大概是对的，很可惜杨广没能让手下的臣工相信他的判断,从他当初刚坐上皇位开始就已经让手下的群臣一次次地失望了,直到今天这一步其实都是在为他大兴土木和三征高句丽埋单。他意气风发地搞这些大型活动时,雄辩自信地让群臣们闭嘴、接受。现在他已经失去了别人的信任,所以他没有勇气再和群臣鼓吹迁都。一个不可一世的帝国,被你用十三年的时间搞得要偏安一隅,这说得过去吗?这位英俊的曾经以开创雄图霸业为理想的皇帝现在每天揽镜自照,经常伤感地说一句话:这么好看的一个脑袋不知道将来会被谁砍掉。

没过几天答案揭晓了。

他们是杨广万万没有想到的铁哥们、亲家公、死党宇文述的两个儿子宇文化及和宇文智及。第一主犯是老二宇文智及。

好久没有说过宇文述了,因为一年前宇文述已经病故了。对于这位帮助自己夺嫡成功的死党级铁哥们儿, 在他临死前杨广专门派自己的宫廷女管家魏氏去做临别探视,询问宇文老先生还有没有什么遗愿和要求,能满足的尽量满足。弥留之际的宇文述给杨广提了唯一的要求就是希望杨广能给目前待业在家的大儿子宇文化及和老二宇文智及解决就业问题。宇文述一共有三个儿子,老大宇文化及老二宇文智及,这哥俩基本是一个路数,纨绔子弟,目无法纪,招猫逗狗,什么坏事都干过,尤其是宇文智及更是一肚子的鬼点子。哥俩仗着老爹得宠什么事都敢干,那时候突厥对隋朝来说属于贸易禁运国家,但是这哥俩愣是敢打破禁运和突厥人搞走私交易,结果被人告发。按照规定没啥好说的, 砍脑袋。哥俩已经被扒光衣服五花大绑押到法场上了,就等时辰一到开刀问斩。两人基本上都尿了裤子,就在这个时候,杨广的敕书到了,不用砍头了,把哥俩赐给宇文述他们家当奴隶。是不是有点儿喜剧效果?杨广这个人有时其实是个挺好玩的人,当然宇文哥俩经过这一次吓得够呛,工作也没有了,只能在家当奴隶,人自然也就安分多了。宇文述的三儿子宇文士及是个人物,有风度有能力,大概属于高富帅类型。杨坚还在的时候, 有一次宇文士及给杨坚汇报工作和学习情况, 和杨坚聊了一次天以后,这位皇帝赞不绝口,觉得这小子不错,一高兴直接就把自己的孙女杨广的长女南阳公主许配给了他,那时候南阳公主才刚十四岁,可见老杨坚是多想赶紧把宇文士及套牢。所以在宇文述家里,别看宇文士及最小但是身份却最为贵重,人家是驸马。

宇文士及与宇文智及据说不是一个妈生的，所以宇文士及和二哥关系不好，和大哥关系不错。正史上是这么说的，我估计是扯淡。因为宇文士及后来投靠了大唐，并且做到了副总理级别的高官，而宇文智及是江都血案的第一被告，和这样的人是哥俩很难说没有参与江都血案之中，很难撇清关系。宇文士及肯定会想方设法找到隋书修撰的有关人士（隋书是唐人所写），让他们在史书中给自己加上这么一笔，好撇清自己和江都血案的关系。其实这一笔不加也罢，因为宇文士及毕竟是杨广的女婿，自己的大哥二哥要干掉自己的老丈人，背着自己也很正常。

对宇文述的遗愿杨广都满足了，宇文化及给了个军长，宇文智及在建设部做副部长，工作待遇都很不错。按说这哥俩对杨广应该是感激涕零才对，可宇文智及不这么想。因为现在的大隋朝有限公司有限的时间基本上到了，它已经不再是十几年前那个不可一世的大集团了。这个庞然大物现在只有一个空架子，随时都有倒下去的可能。它垮掉的时候，对在这个公司打工吃饭的人来说，有两种可能。最大的可能是饭碗丢了，卷包走人，重新写简历重新再就业。还有一种可能，就是在这个风雨飘摇的时候索性推波助澜，兴风作浪，本着富贵险中求的精神赶走董事长，重组公司。一肚子鬼点子的宇文智及一直想做的就是这样的选择。而现在机会终于来了。

怎么回事？原来上次我们提到的那一大堆人名里面有一个叫赵行枢的，他和宇文智及是哥们儿，还有一个叫杨世览的是宇文智及的外甥。这两个人把大家准备一起跑路的事情告诉了宇文智及。宇文智及一听大喜，他知道机会来了。他对这两个人说，现在同心协力要跑路的人已经不下数万人了，那咱们干吗还要跑呢？干脆造反，把他老杨家的江山夺了有什么不可以的呢？这两个人和司马德戡一商量，对呀，这么多人都对现实不满，干吗还要跑路？该跑路的是杨广才对，杀了杨广，夺了老杨家的江山，然后升官发财有什么不好。

好了，现在一个以宇文智及为核心的造反领导小组正式成立了。造反这么大的事情背着自己的弟弟宇文士及很重要，同样把自己的哥哥宇文化及拉下水也很重要。因为宇文化及是右屯卫将军，是宇文家族的老大，是有军方背景的知名人物,宇文智及和他相比还是差点儿。但是宇文化及这种公子哥干一般性违法乱纪的事情很在行, 对于造反这种翻天覆地的大动作还是相当纠结,盘算了好几天才最终答应入伙。而这帮原来打算逃跑的中下级军官也都纷纷表示事成之后就推举宇文兄弟当老大。为什么？很简单,因为宇文化及官位高,宇文家族名望高、地位高。就好比武昌起义成功以后,一定要把和起义没有一毛钱关系的黎元洪拉出来主事一样, 这个人得能镇得住台面,得是个大人物。宇文兄弟目前显然是最合适的人选。直接在前边负责组织砍人的是司马德戡和他那帮相好的同事和哥们儿。现在江都血案的所有凶手都已准备就绪,血案帷幕即将拉开。

司马德戡干的第一件事是在军中散布流言,说皇帝现在是不打算再回长安,就在江都定居了。他知道禁军中的不少人都想开小差回老家,不愿意在南方待,军心不稳,所以现在杨广准备一不做二不休,干脆把北方来的士兵都杀掉,然后自己和南方人待在这里。具体做法是过几天要会餐,到时候会在酒菜里面下毒,把北方来的士兵全部毒杀。这个谣言一散出去,军队里立刻炸了锅。什么！毒死我们。我们这几年跟着你杨广就没落下什么好。当初在雁门关时我们舍生忘死挡住了突厥人的兵马, 你说得好好的回来升官涨工资,结果一样也没兑现,那时候就已经是一肚子火了,现在跟你一起来江都,你又把长安搞丢了,害得我们有家回不去,现在想开个小差回家看看,你不但不放我们回去,还想把我们都给干掉,那没啥好说的了,原来是给你面子,我们只想逃跑,现在既然你不仁,就不要怪我们不义了,没啥好说的,砍你丫的。你可能有点儿奇怪,这个流言为什么这么容易让人相信？因为谁都知道身上有胡人血统的杨广对南方汉文化的酷爱,他的老婆就是南方人,留在老婆家里也说得过去。而在历史大变乱的时代,没有多少人会理性地思考,险恶的环境往往使人们处于一种半癫狂的心理状态,任何一个火星就足以点燃疯狂的烈火。

好了, 一切条件都具备了, 宇文兄弟和司马德戡终于亮出了自己的钢刀。对于这场血案他们是这样安排的:司马大人在江都城中统率造反的数万军队,这些人是造反的主力,天黑的时候放火为号,杀进杨广的行宫。宫里面当天是造反参与者元礼和裴虔通值班，他们负责打开宫门，接应外面的叛军，江都城外是宇文兄弟率领的几千人，城里面火光一起他们就杀进江都城。负责城门的城门郎唐奉义保证当天江都城内的所有城门全部都不上门闩，等着接应宇文兄弟。天黑以后，司马德戡就会放火杀人了。

而这一天，杨广像往常一样，吃完晚饭，一个人穿着短衫葛衣，拄着手杖在后宫里面遛弯。这是他来到江南以后养成的一个习惯，他知道这种消闲的日子没有多久了，富于文人气质的他总想再多看看这些亭台楼阁的雅致风景，回味自己和喜欢的女人们一起在这里饮酒赋诗的美好岁月。就在这个时候，他的耳朵听到了人喊马嘶的混乱声音，声音虽然挺远但是却非常不同寻常。值班的裴虔通马上汇报说是江都城里的草料场着火了，军民正在扑救，所以比较混乱。杨广听了，也就没上心，继续自己的遛弯活动，没有做任何防卫动作。此刻，司马大人的数万兵马正乱哄哄地杀向玄武门，乱兵前锋已经逼近宫门了。杨广终于明白是怎么回事了，赶紧化装潜藏起来。其实杨广身边原来有专门经过特殊训练的几百个贴身侍卫，这帮人全部都是按照特种兵的标准来培养的，战斗力极强。这几百个人要是当时在玄武门，至少能把乱兵暂时挡一挡，然后杨广要是能再出来讲个话，澄清一些误会，承认一下错误，这场兵变说不定还能有转机。可偏偏这几百个特种兵一个都没在。怎么回事？原来杨广的宫内女管家魏氏已经被宇文兄弟收买了，起事这一天魏氏假传圣旨给这几百个人放假一天，特种兵们全部没上班。而宫里面的守卫让裴虔通差不多都给赶散了，司马大人的乱军一拥而入，杀进了宫城。

数万乱兵在杨广的行宫里一通乱翻，在一个想活命的宫女的暗示下把藏在子西阁的杨广翻了出来。而从现在开始的生命倒计时的几个小时中，杨广的表现相当不错，可以说很男人，很爷们儿，没有吓得屁滚尿流，也没有哀号求饶，帝王的派头依然故我。

当杨广看到叛军的头头竟然有裴虔通的时候，相当吃惊。裴虔通是他在当太子的时候就跟着他的老人，这时候居然会造反，杨广有点儿接受不了。杨广很有感情地问裴虔通，你是我的老部下了，有什么不满意的？居然会走上造反这条路。面对杨广，背后站满手握刀枪的士兵的裴大人竟有点儿心虚，他说，我们不是想造反，是将士们想家想得厉害，所以想让您老人家带着大家一起回长安。杨广一听马上接口说，我也想回去了，回家这件事其实早就安排好了，现在就等江南的军粮大米运过来就出发，既然你们都等不及了，那咱们这就出发就是了。杨广这么一说，居然让紧张的气氛一时缓和了下来。裴虔通专门安排兵士守卫杨广。

闹腾了一个晚上，天亮的时候，城里面基本上被反政府武装全部控制了。裴虔通要求杨广到朝堂之上去跟大家见个面，表示一下慰劳起义官兵的态度。毕竟造反的人有不少杨广多年的亲信，他们对杨广还是挺有感情的，截至目前来看他们似乎并不想干掉杨广，毕竟他们造反的目的是回家，现在皇帝也说要回家，那似乎也就没有必要再流血了。杨广呢，别看现在是阶下囚，但是皇帝的威仪那是依然一丝不苟。去朝堂的时候，裴虔通给他牵过来一匹马，杨广一看，什么小兵骑的马，马鞍子破成什么样了，根本不上马，裴大人赶紧又给换了一个新马鞍子杨广才上马，直到此刻杨广都没忘记自己是皇上。当杨广骑着马跟着裴大人一起走出宫门的时候，他碰到了一个人，这个人的出现彻底改变了看上去似乎缓和的局面，这个人是宇文化及。宇文化及已经在朝堂之上就任了临时政府首相的职位。他想着估计杨广应该已经死在乱兵刀下了。他没想到杨广居然还活着。宇文化及当场发飙，声色俱厉地喊道，你们怎么把他给牵出来了？赶紧带回去，带回去。杨广呢，镇定自若还向乱兵打听了一下虞世基——他后期最信任的官员的下落。直到现在他的皇帝气场依然强大到让宇文化及胆战心惊。要是一会儿杨广在朝堂之上澄清误会，解释情况，然后再来一个振臂一呼，谁知道这几万乱军还会不会跟着自己走？裴虔通他们这时候也醒过闷儿来了，自己干的这可是灭九族的造反事业，怎么还可能再留活口呢？杨广杨广，不要怪我们心狠手辣了。

杨广被带回了自己的寝殿。这一次裴虔通他们要不客气了，杨广明白这一点，所以他长叹了一句“我何罪至此”。裴大人他们要杀人一般按照惯例总要把你为什么该死的理由摆一摆，所以裴大人的手下开始数落杨广了，基本意思是说杨广当皇帝这十几年，对于旅游活动过于热爱（巡游不息），喜欢没事找事地打仗，又铺张浪费，让全国人民很愤怒，所以该死。杨广呢那是皇帝出身,一天到晚没事干没少在朝堂之上数落不听话的、没少念书的大臣们,早就练就了一副好口才,还能被裴大人的手下数落?他马上还嘴:我是对不起老百姓(实负百姓),但是对你们这帮人不错吧,你们现在都是成功人士,有权、有钱、有名。这还不都是我给你们的?你们怎么能干出造反这种伤天害理的事情(何乃如是)?就是我该死大概也轮不到你们吧,今天的事情谁是主谋?看看杨广的派头,死到临头了,还没有忘记追查幕后黑手。司马大人赶紧接口说这是全国人民的意思(普天同怨,何止一人),我们都是主谋。这个时候外面又进来一个人,这个人叫封德彝,可以算得上是隋唐两代最为滑头的人物，八面玲珑。杨广当政后期主要任用的大臣是虞世基，作为大隋朝的CEO(首席执行官)虞世基保住自己位置的主要方法就是拣杨广爱听的说,一切按照杨广的意思办，绝对不惹他不高兴。虞大人虽然能讨得杨广的欢心,但是处理政务的能力有限,写个文件派个差事总弄得不成体统。这个时候封德彝就主动贴了上来,为虞世基出谋划策,成了虞大人的办公室主任,在幕后帮助虞世基处理日常政务,按说应该划入虞世基死党的范围。但是在虞大人被宇文化及剁了脑袋的时候，封德彝又毫不犹豫地开始为新政府打工,加入到了宇文化及的新政府中。后来在李世民和李建成的兄弟相争中,封德彝两面押宝,两头买好,而且还做得滴水不漏,在紧张的矛盾中游刃有余地左右周旋,在唐朝他一直位居高位,直到死后一些事情才最终被揭发。现在呢，宇文化及大概是估计到了裴虔通和司马德戡这帮人肯定说不过杨广,所以专门派封德彝来助阵,参加到杨广该不该被砍头的辩论中。封大人一上场刚一开口,杨广马上就打断了他的发言。杨广就说了一句:你可是个知识分子呀(卿乃士人),怎么也会干这种事?知识分子的最大特点就是要面子,脸皮薄。杨广就这么一句话,就把封德彝的脸给要了。封德彝满面羞惭,鞠了个躬走了。

看来只能来硬的了,说不过别人的时候,拳头就成了最好的武器。裴大人拽过来在旁边不停抽泣的杨广的小儿子、十二岁的赵王杨杲,一刀砍了下去。颈动脉喷出的血液,溅了杨广一身。但是杨广似乎依然没有被吓到,很淡定地说了一句:帝王有帝王的死法,给我一杯毒酒。杨广原来准备着要面对这么一天,所以已经备好了毒药放在自己几个爱妾的身边,可是乱兵一起,仓促之间几个拿着毒药的爱妾都找不着了,裴大人现在当然也没心情出宫去给杨广买药,那就勒死吧,好歹宾主一场,给留个全尸吧。一个叫令狐行达的人把杨广摺倒,杨广呢,坐起身子解下了自己的衣带从容地交给了令狐校尉……

在江南莺飞草长的美好时光中,杨广结束了自己五十岁的生命。后杨广时代又会是一个怎样的乱局呢?

第20章 瓦岗军对垒御林军

杨广死了。这位中国历史上有名的坏皇帝,对他的个人评价似乎不会有太大的争议。亡国之君的操行评语从来都没有多少好听的话。但是对他的评价,如果你把道德这个标尺拿掉的话,似乎又应该是很能够说一说的。只不过中国文化中道德评判向来都是放在第一位的。

史料记载中的杨广身上为人诟病的不道德的事情实在是太多、太严重。阴险狡诈,为夺取皇位弄死老爹、兄弟,还喜欢玩女人,这样的人在老百姓眼睛里实在不是个好东西。但是对一个帝王而言,你屁股底下的那把椅子,眼红的人实在是太多,为了这把椅子,杀死父兄的中国皇帝不在少数。至于玩女人,大概没有哪个皇帝没干过这个事情,没有哪个皇帝不喜欢这件事情。后来的李世民也是如此。而后来的皇帝为了证明自己政权的合法性,给前朝帝王身上泼脏水是一定要的,所以杨广所有不道德的事情就会被专门收集整理,汇编成册。如果把道德因素撇在一边来看杨广的话,其实我觉得他是一个想有作为的人,是一个有理想、有抱负的人。可惜的是高傲的他目中无人,以为天下是自己的了就可以为所欲为。在他接班的时候,天下大治、国泰民安、国力雄厚,所以他也确实有资本。但可惜杨广到底是个文艺范儿的人,他没想过,或者说不善于去测算如何有序、舒缓地使用民力,使用老爹给他留下来的这一大笔遗产;或者直接说白了吧,杨广不善经营,不是一个好老板。结果当上皇帝以后大型工程开展得过多、过大、过频。凿运河、修宫殿、征高句丽,最终导致国家的财政破产,一败涂地。对一个国家而言,财政的崩盘是最可怕的。杨广自己大概也没有想到,导致自己国家财政崩盘的种种弊政,却为后来的李唐王朝的财政做出了贡献,李唐王朝正好可以省下钱来和北方游牧民族交手。还有那条大运河,要知道安史之乱以后,李唐王朝还能再延续一百多年,很大的原因就是因为有这条运河,它能源源不断地把南方的稻米、税赋运抵长安,在河北、山东几乎都已经被军阀控制的情况下,仍能维持住国家的局面。杨广的雄心壮志毁掉了一个短暂的大隋朝,却为开创中国历史上最为辉煌的盛唐立下了功劳。

现在宇文兄弟杀掉了杨广和他的儿孙们,杨广的血脉是要被斩草除根的,当然还有那些忠于杨广的大臣们比如著名的来护儿一家。只有一个人例外,这个人是杨广的侄子杨浩。杨广活着的时候他不太受待见,所以和另外一个同样不受待见的人走得很近,这个人是宇文智及,他们是哥们儿。现在杨广倒下了,总还得再找一个姓杨的人来当一下名义上的皇帝,毕竟大隋朝这个名号还是要的,还是能唬人的。所以杨浩就成了傀儡新皇帝。

放下屠刀,擦干血迹以后宇文兄弟却发现自己其实陷入了一个跟杨广一样的困境。

怎么回事?杨广当初不想回长安是因为沿途已经盗贼蜂起,凭他手里的人马,打回长安胜算不大,因此才会想到偏安一隅,仔细想想其实这是一个无奈之下的理智选择。问题是这些当兵的不安心,普通人嘛思念家乡是人之常情,所以才会最终激起兵变。现在好了,杨广不让你们回家被你们给剁了,那没啥好说的,宇文大人上任之后宣布的第一件事情就是回师长安。

而这个时候宇文兄弟才明白回家的路有多难。几十万人一动弹,那得多少钱粮车马?粮食肯定是不够的。而且一路上从江南是要打回长安的,要经过无数反政府武装组织的防区,最令人头疼的就是窦建德和李密,尤其是李密,绕都绕不开。就算能过李密这一关,还有洛阳的王世充,就算王世充不找麻烦,能回到长安,长安现在是李渊当家,咱们剁了人家表弟,人家能让咱们进门吗?能打得过李渊吗?肯定是不行,所以回家其实是不可能的。但是如果你不想成为第二个杨广,北上又成了宇文化及无奈之下唯一的选择。

杨广的被杀让另一个人也陷入了困局之中，这个人就是李密。他没有想到江都血案的发生会如此迅雷不及掩耳，自己不过是在金镛城忙活了几天装修，杨广在江都就把小命给丢了。早知道这样自己无论如何不管多大代价也应该先把洛阳城拿下再说。现在好了，宇文化及几十万人从屁股后面拱过来，肯定要从自己的防区经过，这是绕不开的。目前来说他们打的旗号还是大隋朝(尽管他们杀了杨广)，所以宇文化及和自己属于敌我性质的矛盾。而宇文兄弟弑杀杨广的名声又很坏，自己也很难和这样的人渣级人物合作结盟，看来打一架是不可避免的了。况且自己手里还有三个大粮仓，就算自己不招惹宇文化及，但这三个大粮仓已经足以让宇文大人来招惹自己。所以目前来看两线作战似乎成了必然，这可是兵家大忌。但是李密没有别的好办法，只能先顾着宇文化及这一头，毕竟洛阳那边被自己打得差不多了，应该不会主动出击。而就在李密为宇文化及的到来头疼的时候，洛阳的使者却意外地出现了。他带来的是在洛阳称帝的越王杨侗的招降书。什么意思？招安。李密一看，大喜，正发愁有人在后面捅刀子呢，这一下刚好可以专心对付宇文化及了，赶紧就坡下驴上表请罪。杨侗呢，立马册封李密为太尉、尚书令、魏国公、东南道大行台行军元帅，手下的人马全部归入政府军建制，平定宇文化及后入朝辅政。

洛阳城里的这份招安计划谁都能看明白是一个坐山观虎斗的阴招。因为江都血案的发生同样让杨侗很头疼，自己这里李密守在洛阳城门口已经快招架不住了，宇文化及那边几十万人又牛烘烘地过来了，要是他和李密一起攻打洛阳，自己肯定小命不保了。所以有人给杨侗出主意，干脆和李密和解、结盟。这样正好让李密去抗击宇文化及，几十万人互砍，两下不管谁赢了，都会损失惨重，然后不论是李密还是宇文化及应该都不难对付了。

对杨侗这个一眼就可以看穿的策略，聪明过人的李密却一口答应了，后来李密的败亡似乎也真是按照这个路数来的。所以我曾经一直不明自为什么我这么笨的人都能看明白的事情李密会看不穿。后来我想通了，这种低级错误李密是不会犯的，李密其实是将计就计。

怎么说？

现在李密是在两大集团之间,日子很不舒服。自己和宇文化及这边交手如果杨侗在后边捅刀子,那是很要命的,现在既然洛阳方面主动求和正好可以先稳住后方,让他专心对付宇文化及。打仗当然会有伤亡,自己肯定会有损失,但是不要忘了,打仗同样也是发展壮大的机会,你的损失可以从俘虏那里补充回来。而且宇文化及还带着杨广搜刮来的金银财宝,所以未必一定就是两败俱伤,很大可能是自己又补充进来一批禁军精锐和金银财宝,让自己如虎添翼。再说对付宇文化及这种级别的选手跟他玩几个花招就可以有效地降低伤亡。等收拾了宇文化及,然后带着他的脑袋和从宇文化及那里接收来的前政府机构全套人马回到洛阳,你还能再不让我进城?一旦我的几十万人马一进城,那以后的洛阳还不就是我说了算?到时候挟杨侗以令诸侯,要不了多久即便不能扫平天下,至少也可以混成一个曹操似的人物。所以李密会马上受招安专心对付宇文化及。

杨侗他们大概是没有想到李密会答应得这么痛快,所以都非常兴奋,总算是能缓过来一口气了,姓李的你也有上当的一天。杨侗和这帮主和派大臣大概是没有想过李密还有后手。但是有一个人看出了李密的用心,这个人就是王世充。要不了多久王大人就会在洛阳导演另外一出血案,这场血案使李密彻底失去了兵不血刃进入洛阳的机会。

后杨广时代的到来有一个人最兴奋,这个人就是李渊,当表弟一家一门老小被杀得干干净净的消息传到长安以后,李渊很兴奋。当然,假惺惺地先哭一鼻子还是很必要的,擦干眼泪以后杨侑就在有关部门的关照下禅让帝位给了李渊,时间是杨广被杀后的两个月。李渊实在是等不及了,毕竟这个时候他已经是五十开外的人了。第二年十五岁的杨侑莫名其妙地死了,死因不详,应该和李渊有关。李渊忙活着当皇帝的时候,李密和宇文化及的紧张对抗开始了。

李密在焦灼地等待着宇文化及,宇文大人同样在焦灼地北上。他这一路走得实在是不顺利。杀了杨广一门老小,让杨浩当傀儡自己总揽大权,可是总揽大权这种工作实在是需要一些能力的,不是谁想干就能干的。每天一大堆事情要处理,宇文大人呢?啥也处理不了。只能把文件带回家然后找自己的几个有文化的哥们儿商量着来办。这一来二去就露怯了,难免让人嘀嘀咕咕,背后对自己指指点点,让他挺不舒服。再一个,你说杨广再不好,人家当了十几年皇帝,还能没拢住几个忠心耿耿的人?比如沈光,沈光在历史上没有多大名气,但是他在隋朝实际战斗中的表现绝对可以和金庸先生笔下的人物相媲美。沈光的成名是在杨广二征高句丽的时候,当时他的身份是负责冲锋的战士。攻城的时候沈光从云梯上冲上了高句丽人的城墙,短兵相接砍翻了十几个高句丽兵,但是寡不敌众被高句丽人围住给推下了城墙。一般人到这里也就交待了,落地以后肯定非死即伤。但沈光不是,在下落的过程中仍能保持清醒的头脑,攻城的云梯顶端有绳子刚好垂下来,沈光一把抓住然后一借力,噌噌噌几下翻上了城墙,接着又砍翻了好几个高句丽兵。恰好这一幕被正在观战的杨广看见了,这样的猛人杨广当然是喜欢得不得了,仗一打完直接被调到杨广的身边成了他的贴身侍卫。杨广对沈光很好,沈光对杨广也很忠心。江都血案发生的时候沈光不在杨广的身边,侥幸逃过一劫。还有一个名叫麦孟才的,他爹就是大名鼎鼎的麦铁杖,杨广一征高句丽时英勇阵亡的麦大将军。他是杨广御前的第一猛人。杨广对麦铁杖这样的粗猛人物是很喜欢的,大概皇帝们都喜欢这个类型的人物。麦铁杖阵亡以后,麦孟才直接被调进了卫戍军区,成为杨广身边的军官。麦孟才对杨广同样很忠心。而且沈光和小麦关系还不错,现在老板杨广给人杀了,作为杨广一手提拔起来的人,不给老首长报仇是说不过去的。所以这哥俩早就商量好,要找机会带着自己手下的几千人袭杀宇文化及。可惜消息走漏,让宇文化及给溜了,自己的几百人反而被司马德戡给围了,结果这几百人没人投降,拼死恶斗,全部战死,包括沈光和麦孟才。这次宇文大人着实出了一身的冷汗。让他更没有想到的是,没过多久,司马大人居然也反了。

司马德戡对宇文化及越来越看不惯,同样宇文化及对司马德戡也心里发怵。这个人眼都不眨一下就把自己的老板一门老小给剁了,要是哪天不高兴会不会也拿自己的脑袋磨刀?实在是很难说。本来司马大人是这支军队的总领队,后来宇文化及把他提升为礼部尚书,但是兵权没有了,这司马大人哪干呢。现在是乱世,有兵权才有分量,其他都是扯淡。所以司马大人翻箱倒柜把家里能找到的金银财宝都拢到一块送给了宇文智及让宇文小弟说说话。后来宇文化及才最终让司马大人统领后军的几万人。部队到彭城的时候,强行征用了两千辆民车,结果这两千辆车不是用来装粮食、装辎重,而是全用来装杨广宫里的那些美女、珍宝和内廷生活用品。所有军需兵甲粮食全都由士兵扛着走,搞得全军上下怨气冲天。司马大人实在是看不下去了,找来赵行枢商量。说你看看你弄的这是什么事,怎么找了这么个东西当老板,这样下去迟早一败涂地。赵行枢呢,也是一肚子不满,当即说了一句很有分量的话:让谁当老大还不是我们说了算(在我等尔)。所以司马大人和赵行枢就又纠合了一票人准备干掉宇文化及,然后让司马德戡做老大。结果消息又走漏了,现在看来造反这种事情保密是最最最重要的。收到风声的宇文化及派出了自己最能干的弟弟宇文士及来处理这个棘手的问题。宇文士及就以打猎为名到后军串门,司马德戡不知道事情已经败露,出门迎接。一出军门就被宇文上及给捆了。结果又是十几个人跟着掉了脑袋。虽说两次兵变最后都让宇文化及搞定了,但是几十万人的军心状态可想而知。带着这样的团队,领着这样的人马,杀向长安,宇文化及的心情可想而知。现在他即将碰到他真正的对手——李密,这个人可不会像杨广、司马德戡那么好对付。这个人真正是身经百战、勇略过人,和这样的对手过招,自己行吗?

李密对付宇文化及的战法很简单,就两个字:避战。宇文大人的队伍一进入李密的管片就发现没人主动找他们打架,因为基本上就没有什么人。李密坚壁清野,弄得宇文大人想抢点东西都不容易。重点关隘重兵布防,但是就是不出战,弄得宇文大人没脾气。这不行,长期这么耗着自己那点儿粮食根本不够这几十万人造的。好歹得先搞到粮食再说。所以宇文化及就安排全军的辎重和杨广宫里的美女们再加上随军家属全都驻扎在滑台,由王轨大人负责看护,然后自己率领作战部队向北直扑黎阳。看来不在李密的管片里折腾折腾拔几个钉子是不行的。黎阳是杨广当年打高句丽时候的军需粮草存放地,夺下黎阳,手里有了粮食,心里就不慌了。

黎阳的守将是李密身边最能独当一面的老资格造反组织头目徐世绩,评书《隋唐演义》中那位足智多谋的徐茂公的原型。徐世绩一看宇文化及奔自己来了,二话不说立马走人。不是逃跑而是主动退出黎阳县城,把全军西撤进了黎阳仓城,就是粮食和军需的存放地。这地方是杨广按照抗百年一遇洪水和其他自然灾害的标准建造的,结实着呢。自己的人马全部退进仓城,兵力集中,有吃有喝,正好和宇文化及对抗。

李密这边一看宇文化及奔着黎阳去了,立刻指挥自己的两万人马尾随。宇文化及一拿下黎阳县城,李密马上在黎阳不远的清淇扎营,深沟高垒。

不对呀,上次李密用了三十万人攻打洛阳,这次对阵宇文化及怎么才带来两万人,这也太不把宇文大人当干部了吧。确实李密的人马是多,但是不要忘了,李密的地盘也很大,这三十万人要布防各地,尤其是洛阳方向,李密实在是不敢掉以轻心,所以重兵防御,自己就带了两万人过来。清淇这个地方离黎阳仓城不远,烽火可以相望,宇文化及拿下黎阳县城之后马上对仓城发起攻击。徐世绩那边只要宇文化及一攻城马上点狼烟烽火,李密这边一看见,立刻出兵在宇文化及屁股后边踢腿。宇文大人前边一收队回防,李密立马回营避战。宇文大人看着这种阵势,看来只能一鼓作气拿下仓城再说。要想迅速拿下仓城就得多造攻城的器械如撞车、云梯什么的,到时候一拥而上,也许就能成功。宇文化及这边开始造车,徐世绩那边也不歇着开始忙着挖坑,给宇文大人挖坑。徐世绩的人绕着仓城挖了一道壕沟。宇文大人的攻城器械造好了,徐大人那边的坑也完工了。宇文化及的人马推着撞车走到城下才发现这边已经有了一道深沟,车子根本过不去。心里丧气只能回去,就在这个时候徐世绩的人马突然从地底下冒了出来对着自己的人一通猛砍,宇文大人的队伍被打了一个措手不及,大败而回。这帮人顺手还把宇文大人好不容易造好的攻城器械一把火烧了个精光。这帮人哪来的?原来徐世绩在挖壕沟的时候顺便又在沟里面向城里边挖了几条地道,暗藏兵马在地道里。

宇文大人攻击不顺很撮火,让他更为撮火的是李密又数落了自己一顿。李密那边好不容易出阵和自己隔河相对,在河那边对自己一顿讽刺挖苦,翻了自己家的老底, 还找了很多历史上的正面人物来跟自己对照。宇文化及呢,除了听出来李密揭了自己家的老底外,其他的基本上没有听懂,没办法,文化水平太低,不知道李密说的那些正面人物都是干啥的。但是人家在河那边引经据典地把你损了半天,你要是一句都还不回去,那也太菜了吧。所以宇文化及低着脑袋沉默了好一会儿,吭哧了半天终于说出了一句还算带种的话:我来就是砍人的(与尔论相杀事),其他的少废话,少扯那些文辞(何须作书语邪)。李密一听也乐了,没啥好说的,回营。李密实在是没有想到宇文化及文化水平这么有限,等着吧,再过几天看我怎么收拾你。可是第二天李密这边照旧还是避战。怎么回事?不是李密怕宇文化及,宇文化及虽然很窝囊,但是宇文大人手下的这帮兵可是不弱。这帮人是杨广手下的御林军,嫡系中的嫡系,王牌中的王牌,武器精良、装备齐全、训练有素。自己的人马虽然也是身经百战,但是和这样的对手硬拼,实在是不划算,所以李密的想法是磨,磨得对手筋疲力尽再下手。

李密和宇文化及这么耗着,洛阳杨侗那边很高兴。他们看着李密和宇文化及真的动了手,乐得每天都搞饭局庆祝。同时又担心李密打着打着会后悔,所以不断地派人到李密那里慰问嘉奖。最后杨侗还让人很有诚意地给李密带话,说以前的事情一笔勾销了,这次你平定了宇文化及后就入朝辅政。李密一看正中下怀,看来收拾宇文化及不能再拖了,免得夜长梦多。李密开始悄悄地集结兵力,把洛阳周边的瓦岗军调动到自己的驻地,要对付宇文化及没有十万以上的兵力是不行的。同时现在还得给宇文化及下个套。李密开始使诈了,他派人联络宇文化及表示自己和宇文家远日无怨近日无仇,这么耗着对谁都没有好处,干脆和宇文大人结盟。现在在这里和宇文大人假装对抗,给洛阳方面做做样子,宇文大人不要担心,过几天就让你们全军通过。而且为表达诚意,过几天我们还会送上宇文大人急需的粮草。宇文化及一看大喜,这真是想什么有什么。自己正在为粮食发愁,天上就掉下来馅饼了。现在自己的人马实行的是粮食配给制,半饥半饱的已经好几天了,这下好了,传令三军敞开了吃吧。哎,宇文大人,你好歹再多等几天,等李密的粮食送到了,再敞开了吃也不晚呀。这就能看出宇文化及的智商了。

宇文老兄的饱饭刚吃了没多少口子,眼看着粮食袋子见底了,但是李密表达诚意的粮食却一直没有影子。宇文化及正准备派人去催,正好这个时候从李密那边跑过来一个小兵，这个小兵因为犯了错正要被处理，估计错误比较严重，所以这小子逃跑了，跑到了宇文化及这边。他告诉了一个让宇文化及五雷轰顶的消息，就是你上当了。他把李密瓦岗军那边的计谋原原本本地告诉了宇文化及。宇文大人一听彻底怒了，没啥好说的。姓李的，你敢和我玩阴的，看我怎么收拾你，传令三军渡过永济渠强攻李密。

李密这一次没有避战，部队集结得差不多了，他觉得是时候解决宇文化及了。他估计宇文化及的部队粮食吃得差不多了，也让自己磨得没有什么战斗力了，应该可以一鼓作气灭了他。但是李密严重低估了御林军的作战能力，这帮杨广手底下的兵还真是挺能打，这场在李密看来应该是手掐把拿的胜仗，几乎让他阴沟翻船。他自己都差点儿挂了。战斗从早上一直打到晚上，打了整整一天，双方的部队反复冲杀，最后是两边全都乱了套，你中有我，我中有你，后来基本上是以小组为单位各自为战，全看谁能先砍翻眼前的对手，两边全都杀红了眼。李密这个人有个习惯，喜欢带队冲锋，人家属于那种拿起笔来能写字，提起刀来能砍人的文武全能型选手，一看这个阵势就知道现在大家拼的就是一个气势，就是一口气，这口气谁先泄了，谁就会崩溃。所以李密在战阵中带队冲锋，一马当先。可是没有想到李密实在是不走运，这一次又中了冷箭。自己中箭不算，战马也中了箭，结果人仰马翻，不仅如此，那匹在空中空翻一周半转体的战马落地的时候正好压在李密身上，一下子李密就晕了过去。那边一看倒了一个当官的马上往上冲，李密左右的人心里一慌居然跑散了。眼看着李密就要被宇文化及的人活捉，关键时刻一个猛人出场了。这个人算得上是李密手下最猛的猛人秦琼秦叔宝。我个人觉得在初唐的英雄人物中秦琼应该是单兵作战能力最强的。秦琼一个人先把李密从马肚子下边弄出来，然后挺长枪直取上来的宇文化及的兵，几秒钟的工夫就戳翻了几个，其他人一看这个主不好惹，还是去砍别人吧，刚才被吓跑的李密的左右随从缓过神来重新集结，整理队伍保护着李密继续冲杀。最后先泄气的是宇文化及。宇文大人的人马在晚上八点钟左右的时候终于崩溃了，全军奔散。宇文大人带着残兵败将退出了战场。

打了败仗的宇文化及噩梦还没有结束。仗打完了，粮食还是没有的，所以还得搞粮食,宇文化及疯了一样开始派人在周围州县搜罗粮食,搞不到粮食就会挨揍、受罚。这样做的结果就是王轨直接带着杨广宫中的美女和随军家属投降了李密。宇文大人手下的不少大将也率领部队直接投降李密了。看这样子河南地面是混不下去了,好在烂船还有三斤钉。宇文化及手下还有两万来人,现在唯一的出路只能是向北进军窦建德的地盘,只能在那里碰运气了。

李密呢一看宇文化及走了,那咱就不追了。现在的关键是赶紧回洛阳辅政去,小心夜长梦多。可惜就在李密回师洛阳的时候,他收到了一个让他大失所望的消息——洛阳回不去了。

第21章　洛阳兵变

洛阳出事了，出了大事了。王世充大人杀了元文都大人。怎么回事？说来话长啊。江都血案之后，洛阳的留守官员自然拥立杨侗为帝，年号皇泰，所以历史上称呼杨侗为皇泰主。留守的官员们也要加官进爵，原来是地方干部，现在都成了国家级官员。在这个过程中，形成了以杨侗为董事长，王世充、段达、元文都、卢楚、皇甫无逸、郭文懿、赵文长为董事会成员（排名不分先后）的新的领导班子。

在这里边，王世充是实力派，兵权在握，但是王世充是个外来户，从江都被杨广派到这里。元文都呢，那就不一样了，洛阳本地的坐地炮，而且你一看这个姓，就能明白这个人的出身不一般。元这个姓是南北朝的时候北朝北魏拓跋氏为了汉化给自己起的汉姓，所以这个姓是皇族专用，也就是说元文都的出身从几百年前开始就是贵族，元文都的爷爷是安昌平王，爸爸是安昌郡公，这样出身的人眼睛里面肯定是瞧不上被后爹养大的王世充的，让你进董事会，就是给杨侗面子，要不然就凭你的出身，也想跟我们坐到一起办公？现在杨侗的董事会实际上是由王世充领衔的实力派和洛阳元文都为首的留守官员两派组合而成。王世充兵权在握有实力但是在董事会里面是少数，除了一个段达两面卖好以外，其他四个人都和元文都是一伙的，都一个毛病——瞧不上他王世充。宇文化及大军杀来的时候，这两派对待李密就变成了主战派和主和派。元文都是主和派。元文都怂恿杨侗招安李密，李密呢也确实给力,前边不断有捷报送回来,有时候捉到了重量级的俘虏,还会专门押送回洛阳让杨侗折磨。所以元文都很高兴,也很得意,觉得自己的策略很成功,照这样下去,下一步应该就是李密帮助杨侗扫平天下了。看看你王世充打了一年多损兵折将,怎么样,还是我元文都厉害吧,一条妙计就把李密给降服了。

元文都很高兴,王世充很不爽。因为李密和元文都没有什么过节,李密将来到洛阳来,要是有了不臣之心,元文都照样有饭吃,给李密打工就是了。但是王世充不行,大家打了一年多的仗。姓李的杀了我多少弟兄,我又砍了他多少兵马?大家彼此之间是有血海深仇的。李密一旦入城,肯定会挟天子以令诸侯,到时候第一件事恐怕就是拿我开刀。我手下的这点人马还不够李大人练兵用的。所以王世充很撮火,天天跟手下的人发牢骚,捎带着阴损元文都,说他就是一个能写写材料的干部(刀笔吏尔),没什么见识,所以才会弄出这么一个馊主意,要把李密这只猛虎弄进洛阳,李密要是真的进了城,那我们这帮曾经砍过李密小弟的弟兄们大概会被他赶尽杀绝。经过王世充的煽动,王大人的弟兄们就变得很激动。这么多人一起很激动,元文都想不知道都不行,于是他就变得更激动。他认为王世充是在有意破坏统一战线,破坏好不容易得到的谈判成果,王世充之所以会这么做,在元大人看来一定有原因。元文都怀疑王世充阻挠与李密的和解是因为王世充自己其实是要与宇文化及勾结,里应外合。所以对待这样的人不能留情,而且王世充是有兵权的,这样的人留在中央实在是很危险。于是元文都决定对王世充痛下杀手,把他从肉体上消灭。他和董事会里的洛阳系官员皇甫无逸、卢楚、段达商量决定在王世充上朝的时候,在宫门里面暗藏刀斧手,砍杀王世充,计划一定就等着王大人上班了。这个看上去简单易行的方案忽略了一个重要的问题,时间。干吗非要等到王世充来上班,为什么不能找个理由把他叫到宫里来?杀人这么大的事情怕的就是夜长梦多,时间一长就容易出问题。这件事最终在段达大人那里掉了链子,段大人一回家,脑子一冷静,就觉得不对了。王世充心狠手辣,诡计多端,而且兵权在握,论实力元文都根本不是对手,到时候万一王世充有准备,收到了风声,那我这一门老小还有活口吗?就算是把王世充杀了,要是他的那帮手下扯旗造反,到时候恐怕一样会让自己身首异处。段大人越想越害怕,想了一个晚上,最后决定告密。与其等别人告密不如我自己告密,万一被别人走到前头那就被动了。为此他专门派出自己的女婿张某密告王世充元文都的刺杀计划。

段大人的这种行为让我想起了大学历史老师讲的一个笑话，说是某地农村一度盗墓盛行,很多人参与了这种犯罪活动。有一家兄弟几个开会,商量要不要也参与到盗墓的活动中去,目标就是自家的祖坟,因为自家的老祖宗出过一个大官,墓里面肯定有不少好东西。商量来商量去,后来兄弟们牙一咬心一横一致决定挖。理由和段大人的很像,与其让别人来盗不如干脆自己挖了。

王大人一听到张某送来的消息,立马怒了。二话不说,直接叫起所有弟兄就杀向了皇宫。

王世充半夜三更领着一万多弟兄轰轰烈烈杀向皇宫，洛阳城里立刻炸了锅。元文都当然不会坐以待毙,他派了个将军跋某带兵出去抗击,跋将军呢,一见王世充直接下马投降了。为什么？因为自己人的太少。其他几个将军还算不错，带着人马守着宫门拼死抵抗，但是人越打越少眼看着就不行了。元文都一看这个阵势,知道不行,宫里这点儿人马不够王世充填牙缝的,硬抗是不行了,只能智取。元文都想了一个不错的法子,就是带人偷偷从皇宫的后门绕出去,绕到王世充部队的侧翼然后发起突然进攻。深更半夜对手不知道自己的底细,看不清楚人数,有可能偷袭得手。王世充现在敢这么大张旗鼓地造反就是吃定了自己人少,没有援兵,要是这一路人马突然出现,打他一个措手不及,说不定乱军之中就取了王大人的首级了。这个主意相当靠谱,这大概是目前唯一的转危为安的办法。但是当几百号人马拥到后门的时候却突然发现了一个严重的小问题,没有后门的钥匙,后门打不开。

皇城晚上是肯定要上锁的,没有钥匙就打不开锁,打不开锁自然就出不去,而且锁又异常坚固,硬砸还砸不开。结果几百号人乱哄哄挤在后门口到处找钥匙,好几个小时过去了,愣是找不着掌管钥匙的人。细节呀细节,细节决定成败,这话一点儿不错。眼看着东方泛白,再出去已经没有意义了,元文都只好转回头带着人再杀回来,希望能把王世充堵在宫门外面。可惜他们回来的路上正好看见从宫门口杀进来的王世充的乱兵，晚了，又晚了，元文都只能收拢人马尽可能守住后宫。这个时候卢楚大人已经被乱兵砍了，皇甫无逸大人比较机敏，扔下老婆父母快马加鞭跑路去长安了。现在这个时候杨侗必须出面了。杨侗派出了后宫使者来到王世充军中了解情况。王世充告诉杨侗的宫使说元文都要杀我，我这是正当防卫，为民除害，只要把元文都放出来，我愿意接受惩罚。当然元文都大人落到王世充手里以后，恐怕也就再没有人能惩罚王世充大人了。杨侗自然明白这个道理，但是现在他别无选择只能交人。元文都也明白，他只回头跟杨侗说了一句话，今天是我，明天就是陛下了。杨侗能做的只是流泪而已。

元文都一出宫门，王世充的人一拥而上乱刀砍为数段，然后王世充入宫请罪。杨广的后人都有点儿皇族血脉的气度，面对王世充杨侗没有腿肚子转筋，而是劈面一句，敢杀我吗？问得王世充痛哭流涕，一再表示忠心，赌咒发誓说自己对杨家是忠心耿耿的，君臣二人说得都很动情，说了很多掏心窝子的话，都流了眼泪。现在杨侗已经没有别的选择了，只能依靠王世充了。王世充大人成了大隋朝公司的首席执行官、真正的老大。当天中午董事会中的赵文长和郭文懿也被砍了。皇宫中的所有卫士全部成了王世充的铁杆人马。朝廷里的要害部门全部由王世充家族及其哥们儿把持。现在用血腥手段完成内部整合的王世充有很多工作要做，因为东方的李密带领着十万人马正向洛阳杀来，很快他就要和李密上演一场生死对决。就在这个档期中，长安做了皇帝的李渊差点儿被人赶出关中。

第22章 西北狼

在隋末各路反政府集团中，李渊集团是运气最好的一支，基本上属于要什么有什么，怕什么没什么。大业十三年七月起兵不到三个月就已经拿下了首都，第二年五月李渊已经就任唐朝皇帝了。但实际上就在李渊进入关中三个月以后，来自西北的一支反政府武装组织的势力到达了离长安不远的扶风，也就是说如果李渊在晋阳晚起兵三个月，或者在路上耽误三个月，那么长安到底会落在谁的手里就很难说了。这支来自西北的队伍领导人叫薛举。

薛举，籍贯山西，出身大财主。他父亲这一辈的时候从山西迁到了甘肃，移民到了今天的兰州附近。薛举本人相貌出众、高大魁梧，而且武艺高强、弓马娴熟。这样的人家里再有几个钱，那是肯定要结交各路豪杰的，加上薛举本人还有一个地方官员的身份，他的官职差不多相当于县公安局长。这样的身份那是黑白两道都很能吃得开的，所以薛举在当地是个名人。大业末年的时候天下乱成了一锅粥，薛举他们家附近出现了不少黑社会组织和反政府势力，为扫黑除恶保一方平安，薛举的顶头上司、县长郝瑗招募了几千名辅警充实警力，并郑重其事地将这几千人交给薛举指挥，让他带队打黑。可让人没有想到的是，就在县里召开的誓师大会上，薛局长组织这几千人直接把郝县长给绑了，然后指挥大家开仓放粮，拉起了造反的队伍。尔后当地各类反政府组织一听薛局长反了，二话不说纷纷前来入伙，一下子就拉起来好几万人。隋朝政府当然不能坐视不管,派了某个将军来平叛,结果被薛举三下五除二给收拾了。这一下薛举声威大震,没过多久在甘肃地面上薛举基本上就是当仁不让的老大了。大业十三年李渊刚起兵的时候,薛局长给自己升了一个官,一个很大的官:大秦皇帝。人家当皇帝了。等薛举把皇帝的事情忙完,把甘肃地面清理得差不多以后就杀奔向关中。李渊九月拿下长安,薛举的人马十二月就到了扶风。打先锋的是薛举那个跟他一样孔武有力的儿子薛仁杲。没想到的是薛仁杲的先锋部队没有碰到李渊,在扶风当地遭遇到一股反政府武装的顽强抵抗,双方一交手薛仁杲愣是没有占到便宜。这股反政府武装的老大叫李弘芝,但是主要负责人是一个叫唐弼的。为什么这么说?因为在隋末一直有一种说法就是将来当皇帝的新王朝应该是姓李的,所以唐弼就拥立了李弘芝当老大,自己当总经理。薛仁杲在这里碰了钉子,很恼火,他是一个脾气火暴、性格残忍的人,正当他准备第二轮进攻的时候,薛举的信使到了。干什么?劝降,信使叫停了薛仁杲的进攻,然后跑到唐弼那边一通神侃,效果很不错,唐弼听完以后直接就把李弘芝给砍了,全军投降了薛举。不过让他意外的是,薛仁杲却趁他投降之后毫无防备突然袭击,结果唐弼就剩下几百个人跑路了,后来让人给收拾了。薛仁杲这一下并进来唐弼的十几万人马,有了三十万的军容,威风不可一世。薛举的三十万大军蹲在扶风县,那李渊哪能睡得安稳?李渊派出了自己最能打的二儿子李世民出击薛仁杲,结果这一次一下子就把三十万大军打了一个稀里哗啦。薛举率军狂奔,跑回了甘肃。

薛举大概从起兵到现在没有碰到过什么过硬的角色,前面发展得太顺了,就觉得取天下大概也就这么回事,尤其是又收拾掉唐弼以后。没想到天下还有李世民这样的狠角色,还有唐兵这样能打的兵,所以猝不及防之下一战击溃。这一下让薛举明白了一个道理,夺取天下不是那么容易的。据说薛举这一败相当狼狈,甚至动了投降唐朝的念头,他开会的时候专门问了大家一个问题,从古至今有没有投降以后还过得不错的皇帝。他手下一个叫褚亮的秘书回答说,西汉的南越王赵佗和三国时候的刘禅就是很好的例子。就在这个时候,郝瑗打断了褚亮和薛举的对话。郝县长现在不当县长了,他现在在薛举的司令部里当参谋,郝参谋说夺取天下那是要打无数次仗的,胜败是兵家常事。刘邦当年败了多少次,但最后还不是照样做了皇帝。你薛举不过是打了一个败仗,怎么就问出这么没有水平的问题?还有褚亮又怎么会说出这么没有头脑的话?一句话点醒梦中人,薛举立刻意识到了自己的失态,马上打圆场说刚才那个问题只不过是试探大家而已,从此以后郝参谋成了薛举最为倚重的郝参谋长。褚亮呢,其实再往后混得也不错,后来成了李世民的十八学士之一。他的儿子名气更大,后来成了李世民的托孤重臣,他叫褚遂良。

薛举经过了这场失败,开始重新评估形势。原来他害怕李世民会乘胜追击杀入河西走廊。但李世民最后没有来,而是和他大哥一起去了洛阳。薛举正好可以缓过劲来,整训人马,巩固地方。其实薛举手下的兵马并不弱。这帮人从小生活的地方就是战争多发区,民风彪悍,打架是生活的一项基本技能。现在薛举要做的就是重整旗鼓,扩充实力,然后他也和李渊一样做了同一件事,收买突厥人。

他专门派人带着厚礼联络突厥部落让他们和自己一起夹攻李渊。这个办法不错,但是没能成功,因为李渊的使者也到了突厥部落。突厥人最终选择的是站在李渊一方。为什么?很简单,你不要忘了李渊的地盘,山西、关中、四川,那都是最富庶的地区之一,让突厥人听你摆布那是要掏银子的,没好处谁干?李渊呢,无疑在和突厥人打连连儿的这帮人中是最有钱的,李渊掏得起钱,薛举不行。没有了外援只能靠自己。双方相安无事地过了一段时间,终于相互的扩充地盘又让他们碰到了一起。这一次薛举准备充分,他要让李渊见识一下他手下士卒的勇猛。而李渊这边呢却出了状况,三军主帅李世民病了。

李世民病是病了,但是头脑很清楚。现在薛举的大队人马长途而来后勤保障肯定是个问题,他们最希望的是速战速决。所以对薛举目前最好的策略是坚守不出,等他们的粮食吃得差不多了再一战解决问题。所以自己刚好可以趁这段时间养病。养病期间李世民把军队的指挥权交给了殷开山和刘文静,都是晋阳起兵的老人,靠得住。但偏偏就是这两个很靠得住的人这一次出了状况。大概是因为上一次收拾薛举收拾得太顺手,这两个人实在看不出有什么理由畏惧这帮西北狼兵。现在李世民养病去了,我们就什么都不做,好像专门等着要把打仗的事情交给李世民来完成,是不是显得我们有点儿太没用?毕竟李世民才不到二十岁,我们俩可都算得上是长辈,在小辈面前是不是有点儿太那个了?要是在李世民生病期间我们把薛举给扫了岂不是更好?所以殷开山和刘文静在执行李世民的命令的时候很不严格。他们虽然闭门不战,但不是老实地在城里待着,而是带领大队人马到城外薛举营盘外面的高地上探营,说白了有点儿要耍威风的意思。要是薛举被吓跑了不是更好?而且当时唐兵人数众多,殷开山和刘文静对薛举都比较轻视。大队人马出发却没有放出侦察哨,不做作战的紧急预案。薛举这边呢对上一次的惨败一直耿耿于怀,憋着劲要报仇,这一看人家居然送到家门口来了,那还有啥好说的?肯定是要开打呀。而且这一次薛举也开始玩心眼了,他不是对刘文静和殷开山正面强攻,而是偷偷绕到对手的身后,切断了他俩的退路,然后突然发起攻击。这一下子就把唐兵的指挥系统给打瘫了,部队建制全都乱了套,这一仗唐兵大败。刘文静和殷开山运气不错,从乱军中冲了出来,其他人就没有那么好的命了,差不多一半以上的唐兵被歼灭,而且大将刘弘基、李安远、慕容罗睺全给人家抓了俘虏。李世民这次带出来的八个纵队全部遭到重创,损失惨重。现在大家能做的事情就只有一件了——跑路。正在养病的李世民带着残兵败将马不停蹄地逃回了长安。这一下长安震动,大军折损一半多,长安城的兵力就显得很有限了,要是薛举这个时候长驱直入,乘胜追击,那搞不好还真就得退出长安。

薛举那边呢,显然也意识到了这个千载难逢的好机会。郝参谋长就向薛举建议不要犹豫快点杀进长安。薛举当然同意,这么好的机会傻子也看得出来。可就在薛举打扫完战场准备出发攻打长安的时候,好运气再一次帮助了李渊,薛举病了。薛举不但病了,而且病势凶猛,没过几天居然给病死了。李渊没费一兵一卒,居然是老天爷帮他过了这一关。现在对这支西北狼兵而言,最重要的不是打进长安而是确定新的领袖。薛仁杲成了新的司令,等薛仁杲把什么都摆顺的时候,长安那边也早已准备就绪,薛仁杲没有机会了。

现在该李世民出手了，病愈出院的李世民要用一场伟大的胜利来洗刷自己惨败的耻辱,来终结这支西北狼兵在历史舞台上的表演。就在这个时候,东方的王世充和李密也终于拉开了他们之间最后的一次决斗。

第23章　装神弄鬼

李密现在很牛，或者说是巨牛，他的声威在扫平宇文化及后到达了顶峰。的确，在他的面前，基本上没有什么人能占到便宜，能全身而退就是造化了，从张须陀、韦津、段达、王世充到宇文化及，全都是挨揍的命。李密的威风差不多跟屠龙宝刀一样，逢者立死，号令天下莫敢不从。这样的骄人战绩也确实能让李密异常骄傲，但危机往往也就在这时悄悄出现。我们总说失败是成功之母，其实胜利也是失败之父。

李密瓦岗军内部山头主义的矛盾解决得一直不是很好。原来就有老瓦岗山系统的单雄信、徐世绩山头和隋朝投诚官员的裴仁基山头。两个山头在翟让事件后取得表面的和平共处。但实际上，老瓦岗山系统的头头们自那时候起对李密就有一点儿不是那么忠心耿耿了。现在扫了宇文化及以后，又有了另一个山头，就是原来杨广身边的高级官员和禁卫军系统后投诚的隋朝官员。这个山头的加入虽说增强了瓦岗军的实力，但是由此产生的矛盾也不小。李密原来的手下人马主要都是饥民出身，大家朴实本分，跟着李大哥干能吃口饱饭，就这么就参加了造反活动，他们原本没有什么非分之想。事实上李密除了粮食多以外，财政上一点儿都不宽裕，所以有一度王世充提出拿东都的布换李密的米，李密竟然答应了。东都一直缺粮，但是布匹堆积如山。在隋唐时期，布是一般等价物，说白了就是可以当钱用。本来洛阳军民因为吃不饱，每天跑过来投降的有上百人，结果后来换到米以后，人家不来了。李密这才后悔,终止了这场战时交易。其实不是李密缺心眼,是因为李密实在是缺钱,每次打了胜仗,总不能老是赏人家三十袋大米了事吧,所以李密需要钱。而这帮子后投诚的前隋官员带过来不少宇文化及搜刮的杨广的财宝。这些财宝按理说正好可以用来犒赏三军, 但是李密却把这些财宝主要都赏给了后来投诚、没有尺寸之功的这帮人。为什么?因为当过政府军的李密清楚,这些人很能打,但是这些人也费钱,都是在杨广身边养尊处优惯了的,没有点儿实打实的好处谁乐意跟你在这里干土匪?不下点儿本儿是拢不住的。这一下子那些跟着李密出生入死、身经百战的弟兄们不干了,凭什么呀,这叫什么事儿呀?所以现在老瓦岗军山头和裴仁基山头的弟兄们对李密都不满意。一旦人家对你有看法了,你大概也就不要想指望人家能为你卖命了。李密也有他的苦衷,与宇文化及一战损失太大,基本上属于赢了面子,折了里子。他最能打的兄弟们死伤不少,要是不能再把这帮降兵抓住,那问题就严重了。李密认为他这样做是对的,所以他固执己见、乾纲独断。

李密现在是有点儿越来越独了, 胜仗打得多了就慢慢听不进去别人的意见。本来他就是一个很傲气的人,现在就更加傲气了。徐世绩看不惯,经常跟他争论,有时候还喜欢说个怪话,开个小玩笑,毕竟小徐比较年轻,跟李大哥不外道。但是李密不高兴了,把徐世绩打发到黎阳守粮仓去了。但实际上徐世绩算得上是李密身边最能干的,他对李密一直忠心耿耿,他的离开让李密在大战之前失去了最能倚重的臂膀。

李密现在需要时间,他要整训人马、整合内部、理顺关系,然后就要扫平洛阳了。在他看来,已经窝里反了的洛阳应该没有什么气数了,那里应该是自己未来的新家。但是他万万没想到的是,先出手的竟然是王世充。

王世充现在也比较牛,但是相对于李密的真牛,王世充只能算是假牛。作为隋朝现在的宰相,他也就是能在洛阳城里面要个横罢了。王世充也明白自己的实力和洛阳城外的李密相去甚远,要想变成真正的牛人,灭了李密是必须的,所以他也在抓紧时间招募新兵整训队伍。但问题是王世充手下这帮人给李密打得实在是怕了,一听说要跟李密打仗就发毛。这个心理障碍是无论如何也得解决的,怎么办?得用点非常手段了。没过几天,王世充阵营中一个叫张永通的家伙突然变得与众不同了。这家伙说他梦到了周公,而且不止一次,每次和周公梦里相见,周公总跟他说,让他给王世充带话,要王世充打李密,周公本人会在将来攻击李密的战斗中派兵助阵。王世充知道这件事后,马上组织大家认真学习周公的讲话精神,同时专门给周公设立了办公室,盖了一个周公庙。然后呢经常性地到庙里给周公汇报工作。这个时候,一个跳大神的出场了,他表演的是周公上身,以周公的名义告诉大家,命令王世充出击李密,如果违抗周公命令,就会让大家得上无药可救的绝症。这一下大家毛了。李密不好惹,但周公似乎更不好惹,李密还可以拼一下,周公怎么拼?上哪儿跟他打架去?所以大家纷纷表决心要跟李密决一死战。这个时候张永通又给周公带话了,这一次他是代表周公在每一个队列的旗帜上题词,以示鼓励,同时表示旗在周公在,战斗时有周公在你身边你还有什么好怕的?

当然,这一切都是王世充的把戏,但是相当有效。因为王世充的兵主要是南方人,这些地方的人比较信鬼神。

除了这个把戏,王世充还在秘密地进行另外一项工作。在洛阳城里面寻找和李密长得很相似的人。这似乎是一件不可能完成的工作,但是功夫不负有心人,居然给王世充找到了。这一下都齐了,该老王出手了。

王世充的起兵其实也是一个没有办法的选择,因为他缺粮。就算周公很热情,没有粮食吃,不用等李密,要不了几天自己就得玩完。前一段时间,拿洛阳的布跟李密换到的粮食已经被吃得七七八八了,不能再等了。不过在跟李密交易粮食的过程中,王世充有了一个意外的收获,李密阵营中的邴元真是一个可以收买的人,将来用得着。

邴元真是洛口仓城的主管,以前他是翟让的哥们儿,翟大哥还在的时候帮他在李密这里谋了一个差事。李密不喜欢邴元真,但是当时碍于翟让的面子,勉强给邴元真找了个后勤工作干,让他管粮食。邴元真也知道李密不喜欢自己,尤其是翟大哥被剁了以后,邴元真就越发地觉得李密看自己的眼神总是透着讨厌。邴元真这个人还有个特点就是贪。王世充提出和李密进行粮食交易,开始李密不同意,但是邴元真找了几个同事一起煽惑李密同意交易,李密没架得住他们忽悠就同意了,邴元真呢,就在粮食交易那几天大肆收取王世充的回扣,小发了一笔。这种认钱不认人的人,是比较容易收买的。

现在王世充带着他所能凑齐的人马出城了,他知道这一次自己和李密之间只有一个人能再踏进洛阳。这一战与其说是胜利与失败,不如说是生存与死亡,没有和局。

手下败将王世充的主动出击让李密很意外,但身经百战的他很快意识到,王世充这一次非比寻常。两万多人就敢跟自己的十万大军叫板,看样子是不要命了,一个人一旦不把命当一回事往往就是最可怕的时候,所以他必须认真对待。

在战前的分析会上,同样身经百战的裴仁基建议不和王世充正面交锋。现在王世充倾巢而出,洛阳的守备一定空虚,我们这边避而不战,重兵防守主要战略要点,然后叫在洛阳边上金镛城驻守的王伯当攻击洛阳。这时候王世充势必回援,王世充一回头,咱们这边的重兵集团尾随追击。如果王世充回过头来和我们厮杀,我们不和他接触,直接各回驻地,王伯当那边再次攻击洛阳。这样就是不和你正面交锋,让你有劲没处使,两头牵着折磨你,就是不给你不要命的机会,这样要不了十天半个月,就王世充的那点粮草,饿也能把他的军队饿解散了。

对这个堪称完美的计策,李密拍案叫绝,他也认为这是一个万全的对策,他甚至认为,如果按这个办法,十天之后,王世充的人头大概就会被他的手下自动送到自己的大帐来。但是就在这个时候,新投诚过来的降将樊文超、陈智略发言了,他们表达了不同的看法。

他们认为,王世充手下败将就那么点人马,我们的人多得多,干吗要打得这么窝囊呢?为什么不干脆一鼓作气来了他?我们哥几个刚刚入伙正想立功,兄弟愿为先锋替李密哥哥灭了王世充。李密会听他们的吗?他们又为什么会主动请战呢?

为什么会这样?因为这帮刚入伙的隋朝降将知道早造反几年的弟兄们对自己不太感冒,所以他们很想立点大功在瓦岗军中站稳脚跟,也让人家知道自己的厉害。偏偏老瓦岗系统的单雄信这个时候也跟着凑热闹,他也觉得王世充就那么点本事,照着裴仁基的这个打法太费时间,也有点儿窝囊。他一发言老瓦岗山系统的头头们争相附和，再加上新投诚隋朝降将们的热烈请战,李密那么精明的一个人,居然就犯了糊涂,同意了。这个时候要是徐世绩在这里,事情也许不会如此,因为徐世绩与单雄信是铁哥们儿,同时徐世绩又是最有战争头脑的瓦岗军将领,如果他在断断不会让单雄信乱放炮。可惜历史没有如果。

李密明白裴仁基的策略是万全之策，但是这么多兄弟们都哭着喊着要开战,自己愣是不同意好像有点儿太屃了。生性高傲的李密是不会让兄弟们看扁的,他最终决定和王世充决战。

李密的决定让裴仁基彻底无语了,他对李密失望而愤怒。当他看到那两个山头的人物们扬扬得意的表情，跺着脚对李密撂下一句话，你一定会后悔,然后拂袖而去。

裴仁基很愤怒，愤怒的裴大人少不了会把这种不良情绪传染给自己这个山头的将领,他们分别有秦叔宝、罗士信、程知节和他自己那个有万夫不挡之勇的儿子裴行俨。这一系列的将军是李密帐下最能打的弟兄,大战之前自己的阵营中弥散着这样的对立情绪是兵家大忌。同时另外发生的一件事情,也在给李密报警,就是王世充的先头部队所表现出的战斗力超出了人们的想象。

王世充当时和李密隔着一条人工运河通济渠，王世充的先头部队先行过河,然后要为后续部队扫清障碍,建立稳固前沿阵地。这支部队过河后就开始攻击河那边单雄信的大营。李密得到消息马上派出大将程知节和裴行俨进行增援。这两个人在《隋唐演义》里面都有写到,一个就是程咬金,另一个应该是裴元庆,两个人都是李密帐下一顶一能打的骁将。接到命令两个人立即出发,裴行俨在前程知节押后。裴行俨打仗一贯勇猛,这次也一样,一马当先冲着王世充的队伍就踏过去了。王世充的人表现得相当有种,没有慌乱没有溃散,队形整齐,一排雕翎箭就射了过来。人马同时中箭,重伤的裴行俨直接从马上飞了出去。王世充那边一看这边趴下了一个当官的,马上挠钩套索一拥而上要抓活的。好在后边的程知节相距不远快马赶上,从地上抱起昏死过去的裴行俨,两个人一起骑着自己的马后撤。程知节的马不错,但是架不住一下子增加了这么大的负重,所以跑得就不是很快,后面王世充的骑兵一看还有机会跟着就撵了上来。眼看就要追上的时候,最前边的一个骑兵一马槊就扎了过来,直接把程知节给捅穿了,好险,差点儿连前边的裴行俨一块穿上,当糖葫芦了,还好程知节挨扎的位置不致命。剧痛之下的程知节大吼一声,两膀一用力直接把穿在自己身上的马槊给撅折了,然后他从身上拔出这把血淋淋的马槊一回身,猛地刺向那个手里拿着半截木棒、吓得目瞪口呆的凶手。这一次对手被扎穿了,位置很致命。后边的几个人不敢再追了。程知节和裴行俨算是捡了一条命回来。这一战虽说王世充没有能拿下单雄信的大营,但是李密的损失实在是不小。除了裴行俨、程知节以外,还有孙长乐等十几个自己比较能打的弟兄都挂了彩,而且普遍伤得不轻。由此足以看出王世充现在部队战斗力的可怕。你不要以为不过是伤了十几个人罢了,十万大军少了十几个人算不了什么,账不是这么算的。这些能打的弟兄们那手底下都是带着一帮人马的,他们能打就表明他们手下这一帮人都很能打,少不了都是野狼团、猛虎旅。现在这些部队的军事主官受了重伤,那对于这些团队而言影响是致命的。两军对阵之时,你的主力军不给力,其他的部队就更别提了。所以这种局面很危险,再一次给李密敲响了警钟——王世充这次不好惹,他在玩命,现在改变策略还来得及,跟一个准备不要命的人玩刀子,不管输赢结果都会很惨烈。可惜李密又一次错过了机会,他依然故我地没有做出任何改变,并且更要命的是他仍然在严重低估王世充的实力与能力。

李密严重低估王世充表现在他的傲慢, 傲慢到在和王世充对垒驻军的时候居然不设壁垒。什么意思?就是古时候行军打仗和现代人差不多,到一个地方得先修工事挖战壕。古代防止敌人突袭是挖壕沟,设寨墙,摆拒马。当然这些都是体力活儿, 而且费挺大劲弄好的这些防御工程最后很可能根本用不上。但是这个工程又是一个非做不可的工程,一旦有事就能保命。李密大概是觉得第二天就要和王世充决战了, 就这一天的时间谅他王世充也没有胆子敢来偷营,自己十万大军怕他?干脆让弟兄们好好休息,明天一早灭了姓王的。在他看来明天灭了王世充和明天早上多吃一根油条、多喝一碗豆浆的难度差不多。

王世充那边的情况完全不同。他叫齐了所有弟兄,然后七情上面地告诉大家,这一战只有生和死没有输和赢,要么砍死别人,要么被别人砍死。不要去想什么立功、成名的事情,这一战只有求生一念而已。一旦战败不会有人活下来,包括我王世充。王世充一直是一个善于表演的人物,他的战前动员讲得慷慨激昂,这帮跟着他百战余生的弟兄们听得热血沸腾,他们都清楚这一战也许就是自己生命的最后一搏,一步天堂一步地狱,没啥好怕的了,周公与我同在,杀杀杀。

而实际上王世充在战前动员之前已经安排了另外两件事。他明白尽管自己的手下基本上都准备玩命了,但是对付李密仅仅能玩命是不够的,他还得有阴招,这两招阴招才是一击制敌的王牌。

决战开始了, 李密大概是觉得这应该是自己和王世充多年恩怨了断的最后一战了,怎么着也得打得像个样子,得波澜壮阔,所以他要求各部队整齐列队,准备决战。但是王世充那边根本不给李密整理队形的机会,他直接发起了进攻。王世充明白等李密排好队了,自己的这点儿人马根本不可能冲得动,现在才有机会。王世充的大军一拥而上,而且这一次王世充战法不同,不是进行集团式的冲锋, 部队完全以小组为单位在李密军阵中进行猛烈的突击,根本不在乎自身的建制是否整齐,根本不按照常理出牌。大家就是一个字"冲",在李密的阵中到处乱撞,速度极快,让李密无法排成密集队形,无法发挥人多势众的优势。李密一时之间竟然没有太好的办法,好在自己到底人多,能扛得住王世充这样狂乱的攻击。

就在两军激战正酣的时候,李密的大营突然乱了。李密的大营驻地,背靠北邙山,南临通济桥,位置本身不错。但是就在前一天的晚上,王世充偷偷地安排了三百名特战队员,都是骑兵,埋伏在邙山的溪谷当中,就等着今天决战的时候出来偷袭李密的后军。其实按说三百人很难搞出多大动静,但是要命的是李密的大营没有壁垒, 所以这三百养足了精神的特战队员像狂风一样杀进了李密的大营。这三百人在李密的大营中主要的工作就是放火,同时砍人。顷刻之间李密大营的营房帐篷、辎重粮草全部被点着了,浓烟四起、火光冲天。这一下李密的弟兄们发毛了,不知道怎么回事。王世充那边立刻军心大振,瞧瞧瞧瞧,周公的人真的来了。就在这个时候王世充的第二个阴招又来了,乱军之中王世充的人突然推出来一个五花大绑一脸尘土的人,你猜对了,就是那个长得酷似李密的人。王世充的弟兄们一看到这个人马上一起高喊抓到李密了,抓到李密了。这一下李密的人彻底蒙了,人家把李密都给捆住了,这仗还应该再打吗?很自然有人开始放下武器了,领头的不是别人正是前两天还哭着喊着要砍了王世充的陈智略和樊文超。投降是会传染的,很快三军彻底乱了,投降的投降逃跑的逃跑,李密败了。李密还算反应敏捷,迅速收拢兵力撤出战场向洛口仓城方向撤退。对别人而言,这一仗结束了。但是对李密而言,他不会放弃,还要做最后一搏,翻盘不是没有机会,仓城还在自己手里。王世充,我会回来的。

这一仗李密损失惨重,折损了百分之八十的人马。怎么会这样?李密的瓦岗军怎么也是身经百战,怎么这么不经折腾?其实道理不复杂,因为李密的人马心理状态和王世充不同,李密和王世充从理论上讲现在都是隋朝政府的高级官员,他们的手下都应该是政府军,哪有政府军打政府军的道理?所以李密的部下投降王世充还是政府军,灭了王世充也是政府军,这种情况下,让他们拼命好像不太可能。势头不对投降也是不错的选择。而王世充不同,这一仗只能死战,没有退路。一个要玩命,一个不玩命,结果应该不难猜。还好李密到底身经百战、经验丰富,一看不对劲,马上带着能带走的人马撤出战场。

王世充这边也不含糊,这场决战一打完马上发扬连续作战的精神直扑偃师城,没费什么劲就拿下了偃师城。偃师是李密的一个重要据点,在洛阳东边不远的地方,差不多相当于打洛阳的前沿指挥所。王世充拿下偃师算是抄上了。为什么?因为李密当时把从宇文化及那里缴获的辎重财宝、俘虏的一些隋朝政府官员就放在偃师。这些人中就有王世充的兄弟子侄。还没来得及和兄弟们叙叙旧,王世充又惊讶地发现裴仁基大人和瓦岗军最能打的一帮兄弟居然都在偃师。干啥呢?养伤呀。另外还有一批高级文职人员,也被王世充一锅端了。裴仁基本来对李密就是一肚子火,现在一看应验了吧,我说什么来着？怎么样？不听我的。所以现在指望裴大人为李密殉难好像困难了一些，裴仁基尽管不喜欢王世充，但是王世充代表的是朝廷，自己现在也是朝廷的人，没有什么非要跟王世充较劲的理由，所以裴大人投降了，裴大人觉得自己无非是加入到了杨侗的阵营，没什么说不过去的。裴大人过去了，裴大人原来带过来的人也就很自然地过去了。这些人可都是很能打的，分别有秦叔宝、程知节、罗士信和裴行俨，你说王世充是不是抄上了？这还不算，还有更有趣的发现。偃师里还住着一批洛口仓城守军的官兵家属，其中就有主将邴元真的老婆孩子。这一下王世充乐了，马上开会把这些家属集中到一起，王大人亲自训话。王大人和蔼可亲地告诉大家，李密已经没什么咒念了，希望大家认清形势，然后能够积极主动地跟各自在洛口仓的亲人联络，让他们也早日回到隋朝政府的怀抱，当然大家做得好，少不了重重有赏的。这些人真的就开始很积极地和各自的亲人联络开了。王大人这样做的效果很好，邴元真大人暗中投降了。王大人马上挥军东进直扑洛口仓城，他知道李密一定会退到那里。有粮食就能招到人，有人就能卷土重来。现在的王世充要让洛口仓成为一个陷阱，等着李密自投罗网。

李密真的退向了洛口仓城，只不过李密没有进城。现在的李密谨慎多了，他知道洛口仓的邴元真不是很可靠，仓城的后勤部副主任杨庆专门让人给自己带话，要小心邴元真，所以李密清楚，仓城现在弄不好就是一个陷阱。但恰恰是这个陷阱又让李密看到了转败为胜的机会，他要让王世充掉进自己设计的陷阱。李密仿佛又想到了当初的黑石之战，那一次他一样先败后胜，这一次他要让王世充重蹈覆辙。他命令人马在仓城外洛河边上的芦苇荡中埋伏，然后派出自己的侦察兵密切关注洛河对岸王世充大军的动向。王世充要去仓城一定要过洛河，等到他渡河的时候，就是李密动手的时候，半渡而击定会一举成功。现在他要做的就是带领人马好好休息。然而等李密睡了一小觉醒来居然还没见侦察兵回来。不对呀，王世充早该到了，怎么能这么久？李密发现不对劲，但是已经晚了，因为王世充的大军全军渡河完毕了。怎么搞的，自己的侦察兵居然没有发现。细节呀，细节，细节有时候真的是决定成败，要是李密当时多放几个侦察兵，多设几个侦察点，何至于此？说什么都没有用了,王世充人多势众,现在发动攻击已经来不及了。万幸的是,王世充还没有发现自己,跑还来得及。李密悄无声息地退出了战场,继续向东撤退,退到了虎牢关。现在总算可以喘口气了。

雄浑的虎牢关夹筑在嵩山与黄河之间，灰暗的关城在秋风之下显得特别苍凉。城墙上站着一个人衣袂飘然一动不动,他就是李密。夕阳西下,李密一言不发静静地眺望着远处被残阳染得一片血红的黄河。不过几天,雄踞一方不可一世的魏公李密就落到了如此下场。这是怎么了?要是当初自己能听裴仁基的活,不会如此;要是当初自己的大营布置了寨墙也不会如此;要是当初自己在洛口仓外布置的哨探更得力一些,更有机会转败为胜;要是自己早就处理了邴元真,现在应该至少能是个平局。可惜历史从来没有如果,从来都是一着不慎满盘皆输。现在,自己该去向何处?单雄信那里还有一支精兵,离自己不太远,但是直到现在单雄信既没有来和自己会合,也没有派人打探自己的下落,而是拥兵自重,显然靠不住了。当初自己杀翟让的时候,单雄信想都不想立马下跪请降,就足可见这个人关键时候靠不住,要不是这小子武功确实没的说,真应该杀了他。还有王伯当,金镛城的王伯当现在彻底成了深入敌后的一支孤军,他又会怎么样?这个自己最过命的兄弟会不会也和单雄信一样呢?就在李密在城墙上黯然神伤的时候,一哨人马踏起的一带烟尘箭一样射向了虎牢关。

是王世充的追兵吗?不像,人数太少。再看看,看清了,是王伯当。好兄弟,够意思。王伯当的到来,让李密的心情好多了,有了这支生力军的加入,李密似乎又看到了翻盘的可能,他马上和大家商量下一步的作战计划。恢复了生气的李密提出,放弃虎牢关北渡黄河,以河阳为中心开辟新的根据地,河阳现在已经被王伯当占据了。这个地方北边靠着太行山,前边是黄河,向东可以和黎阳遥相呼应，有黎阳粮仓的保证要不了多久应该就能够重新积累力量,和王世充再见高低。这是一个不错的雄心勃勃的计划,但是让李密没有想到的是,他的雄伟计划一提出来居然没人搭腔。怎么了?因为没有人想再打了。与宇文化及的一战让他损失了最能打的兵,与王世充的一仗让他损失了最能打的将军和最重要的信心。没有谁还有信心卷土重来,九死一生的人现在想要的就是能活命。

好吧，那我们向黎阳撤退与徐世绩会合，先到那里再说吧。马上有人提出反对意见。大哥你别忘了，当初你杀翟让的时候，差点儿连徐世绩一锅烩了，前几天我还听说徐世绩摸着脖子上的伤口说现在阴天下雨还疼呢，人家心里能不记恨你？以前你是人多势众的大哥，现在你是没了小弟的大哥，你能保证人家不算旧账？

李密动摇了。单雄信、裴仁基都能投降王世充，徐世绩为什么不会呢？可惜，李密又错了。尽管李密的手下曾经砍过徐世绩几近致命的一刀，尽管李密把徐世绩调到了黎阳远离自己，但徐世绩却一直把他看作是真正的大哥。徐世绩才是有原则的人，他与李密之间有着一种英雄之间本能的敬意，所以他才会犯言直谏，不给李密留面子。可惜李密误判了徐世绩。

现在你看出李密队伍的问题了吧，就是组织性差。李密团队组建时间不长，没有形成一个真正的组织体系，一直以来差不多就是一个团伙。团伙这个结构，打胜仗一拥而上可以，打败仗东山再起很难。所以对一个造反组织而言，重要的不是你手下有多少人可以拿刀砍人，而是你的团队是否形成了一个运转良好、纪律严明的组织。组织在，人马地盘都可以失而复得；组织散掉了，就什么都没有了。所以在历来的天下纷争中，能笑到最后的团队一定是组织性最严密的，从古至今概莫能外。

现在，李密该何去何从呢？

愁肠百结的李密突然一把抽出了腰刀横在自己的脖子上，说我李密能与王世充相争是因为有大家的支持，现在大家既然都不想干了，那我留着这条命也没什么意思了，拿我的人头找王世充请赏，过安稳日子去吧，也不枉兄弟一场。说完泪如雨下，就要动手。一旁的王伯当眼疾手快扑倒李密，死死抱住他，只说了一句“大哥”。一切尽在不言中了，王伯当够意思。现在似乎只有一条路了，那就是降唐。毕竟大家是盟友，毕竟李渊也姓李，毕竟李渊还曾经给自己写过热情洋溢的信，他应该不会亏待自己。

这一次，李密穷途末路之中最后一次做出了错误的判断。当初李渊看重你是因为你有实力、有地盘，现在你什么都没有，你让李渊怎么看重你呢？政治这东西从来都是很现实的。可惜一贯精明过人的李密却受不了一场大败的刺激,做出了西入关中的决定,并最终让自己送了命。从这一点来说,王世充更让人钦佩,他的屡败屡战、死缠烂打,让敌人最为难受。后来在李世民的对手中王世充绝对也是最难啃的一个。你要知道当时和李密一起西入关中的人马还有三万,王世充可以用两万人马翻盘,李密却硬是带着三万人马寄人篱下,两个人的高下似乎不难看出来。

那么李渊现在怎么样了?长安还好吗?他会容得下李密这样的人中龙凤吗?

第24章　浅水原之战

李渊现在很忙,真的很忙。与薛举一战的大败折损了五六万人马,长安震动。前一阵子天天忙着搞宵禁,搞战前演习,征集人马组织训练。天天不闲着,当然还得处理这场大败的有关责任人,殷开山和刘文静都受了处分。后来谁也没想到薛举居然莫名其妙地病死了。本来以为能喘一口气了,没想到他那个儿子薛仁杲同样不是个省油的灯。自己派过去阻击薛仁杲集团的几路兵马都不顺利,秦州总管窦轨吃了败仗,泾州守将刘感被薛举诈降给活捉了,陇州刺史常达同样也被薛仁杲用诈降的方式给捉了。在泾州城里的长平王李叔良仅能自保,困守孤城。好在李世民的病好了,带着十来万人又重新杀回去了,现在李世民驻守在今天陕西的彬县附近,那里是甘肃通往关中的要道,他在那里堵着,避而不战。局面算是能暂时稳定下来。但是有薛仁杲这支凶悍的陇右铁骑在家门口守着,李渊能睡得安稳吗?

好了,现在又赶上李密来投降,事都赶到一块了。李密投降这是李渊万万没有想到的。李密是谁?猛人中的猛人,居然来投降。李渊当然很高兴,他很清楚虽然李密现在是残兵败将,但是他背后却是河南、山东的大片地盘,这着棋用好了,兵不血刃的情况下,自己的地盘就能增加一倍。所以李渊很高兴,同时他也很害怕,害怕李密会中途变卦,他要千方百计赶紧把李密哄进关中。这路上毕竟是要走几十天的,万一李密琢磨出味儿来,后悔了,那就太不划算了,怎么的也不能让到嘴的馅饼飞了,所以李渊就不断地派人迎候。李密那边看到的情况基本上是李渊派来迎接的使者,这个刚走,另一个就到。李密作为败军之将原来情绪一直不好,现在看李渊一拨一拨地派人迎接,好像很把自己当回事,不知不觉心情好多了,腰杆子也直了。李密其实说到底就是一个知识分子,知识分子的毛病就是特别要面子,受不了别人的礼遇。李密就是这样的典型代表,人家高看一眼,自己就觉得伟岸了许多。所以以前李渊能够用一封吹捧的信让李密安心在洛阳为自己抵挡东方的王世充,现在同样可以用一拨一拨的使者让李密乖乖地走进长安。李密看到李渊的这个表现,马上自信满满地认定自己入关入对了,将来李渊对自己的待遇错不了。

李渊很忙,忙着哄李密入关,忙着防备薛仁杲。王世充同样也很忙。与李密一战的大胜扭转乾坤,现在自己那是真牛了,原来就七拼八凑的两万来人现在增加到了十万,地盘也大了不少。李密手下很多很能打的人物像秦琼、罗士信、程知节、单雄信现在都是自己人了,还有足智多谋的裴仁基也加盟了。自己天天忙着接收地盘,整合人马,增进和新入伙的兄弟们的感情,吃饭喝酒啥的。同时王世充还要专门组织一个盛大的入城仪式,带着从李密这里缴获的珍宝、美人和各种战利品,风风光光地回到洛阳,让洛阳城的官员百姓好好开开眼。我王世充被李密欺负了一年,这口恶气总算是出了。

这么多事情搞得王世充很忙。还有一对兄弟也很忙,他们就是倒霉催的宇文化及和宇文智及兄弟。经过李密的一顿暴揍,宇文兄弟的十几万人马就剩下两万来人,眼看着局面越来越坏,宇文兄弟很郁闷,尤其是宇文化及,天天没事就骂自己的兄弟宇文智及,意思是说把自己搅进一趟浑水,本来建设部副部长当得好好的,跟着你们一起造反,你们说得这好那好,到现在能活几天都不知道。宇文智及呢,一点儿不吃亏,毫不客气马上还嘴,你不高兴,你杀了我,找个地方你投降去呗。结果兄弟俩天天对骂,天天喝酒,天天烂醉。后来折腾得没劲了,自己想想都这样了,干吗不干脆当几天皇帝?所以就把傀儡杨浩给毒死了。然后两万来人在河南建立了一个帝国,国号许,宇文化及就任许国皇帝。没过多久,瞎胡闹的宇文兄弟就被窦建德收拾了。

好了,隋末这场群雄纷争的混战终于进入到有点眉目的时候了。就好像世界杯的比赛一样，随着大赛的大热门李密的出局和其他的小集团的纷纷被淘汰，杯赛的看点已经基本上集中到了关中李渊集团、河南王世充集团、河北窦建德集团和南方萧铣集团等不多的几个人身上。李渊集团要在八进四的比赛中取得一席之地，首先必须解决的就是勇猛的薛仁杲。

李世民的这场八进四的比赛终于拉开了帷幕。这是在武德元年(618)的十一月，李世民与薛仁杲已经整整僵持了六十天。

两个月的时间不好过，李世民当年不过二十来岁，正是血气方刚的年龄，在这里耐着性子等两个月，天天被薛仁杲的人骂自己是缩头乌龟，一般人那是真做不到。李世民能做到，足见他的少年老成。要知道李世民这六十天是顶着巨大的压力的，刚打过败仗就不说了，被薛仁杲围住的泾州城，天天盼着自己的援军，现在你按兵不动，万一泾州城丢了，你得负责任。而且这里面还有道德因素，怎么回事？原来泾州城的守将刘感是一个忠勇兼备的人物，上次李世民打败仗，全军败退，泾州城陷入敌后成了孤城，被薛举团团围住，刘感呢，死守不降。城里断了粮食，刘感把自己的马杀了给自己的兵吃，自己一口不动，只喝了点汤。有这样的领导，手底下的人当然很卖命。

所以刘感那里虽然困难，但是大家众志成城，拼死守城。后来长平王李叔良带着援军来了，薛仁杲就使了一个计策，对外宣称自己的粮食没了，退兵了，然后又让自己占领的高墌城的守军向刘感请降。刘感就让李叔良守泾州，自己来高墌城受降。刘感是个很机敏的将领，对于高墌城的投降诚意一直是有所保留的，到了城下的时候，城里面的人说，薛仁杲已经走远了，让刘感的人马翻城墙进来，刘感觉得肯定有问题，就让人烧城门，大火一起，城墙上的人马上泼水灭火，不用问肯定有诈了。刘感知道上当了，但是仍然很镇定，他命令步兵先行后撤，自己率领骑兵断后。果然，城墙上的人一看刘感要退，马上点起了烽火，等刘感退到百里细川的时候，薛仁杲的骑兵到了。刘感战败被擒。薛仁杲呢，对刘感的态度很不错，好吃好喝好招待，目的就一个，让刘感去泾州城下劝降。刘感呢吃饱喝足，把嘴一抹，就一个字“行”。结果呢，刘感站到泾州城下，对着守城的唐兵大喊，薛仁杲已经没多少粮食了，就快不行了，秦王率兵十万四面聚集，灭薛仁杲就是这几天的事了，兄弟们撑住。这一下薛仁杲愤怒了，他让人把刘感捆了，然后半截埋在泾州城墙边的土地里，让他的骑兵把刘感当靶子练习骑射。刘感身上不断中箭嘴里一直骂不绝口，一直到死。泾州城的守军看着自己的老领导被射成了刺猬，没有害怕，只剩下了愤怒，更加拼死守城，等待着李世民。你想在这样的情况下李世民按兵不动，万一泾州城丢了，你能对得起刘感吗？你得承受多大的压力？李世民的部下有的是好勇斗狠的二货青年，纷纷请战，要与薛仁杲决一死战。但是李世民就是不答应，而且下令军中敢言战者斩。

李世民当然不是怯战，他有他自己的谋算。自己背后不远有大后方源源不断的粮食供应和后勤保障，薛仁杲不同，远离后方，给养补充困难，几十万大军人吃马嚼，一天得多少粮食、草料？肯定撑不了多长时间。三国时候的诸葛亮都撑不住，六出祁山无功而返，何况是一个薛仁杲。等你那边粮食吃得差不多了，求战不能，心烦气躁，兵疲将乏的时候，我突然出手争取一次解决问题。

这就是李世民，他要打的是大仗，所以他就愣是在这里每天承受薛仁杲士兵的诟骂，顶着巨大的压力按兵不动。一个二十来岁的人能做到这一点不容易。

时间一长还真像李世民谋算的那样，薛仁杲的日子慢慢不好过了。开头虽然打了几个胜仗，但是泾州城就是拿不下来。这就牵制了自己的一大部兵力不能调度，而且老爹生前最看重的参谋长郝瑗还病了。因为郝瑗和薛举关系不错，薛举的突然去世对他打击挺大，郝瑗伤心过度，一病不起。参谋长病了，全军驻扎在这里无仗可打，白白地消耗粮食。这样的情况搞得薛仁杲心浮气躁。薛仁杲不同于李世民，他性格暴戾，比如对待俘虏他往往会用很多肉刑来折磨，像什么割鼻子、割耳朵之类的，他老婆也很残暴，这夫妻俩凑到一块对于折磨没有还手能力的人似乎有一种病态的痴迷。尤其是现在薛仁杲心情不好，就更难免要找倒霉蛋来开心、宣泄。俘虏折腾完了，有些将领就成了倒霉蛋。这一下把人惹毛了。士可杀不可辱，我是跟着你老爹一起打天下的老油条了，你小子这么玩我哪行！眼看着粮食越吃越少，这样下去不用人家来打自己也得玩完。识时务者为俊杰，干脆投降了吧。所以两个月后，薛仁杲的部队里开始出现开小差和临阵投降的人了。

李世民脑子多快，一看这个阵势就知道差不多了，该是自己动手的时候了。即便如此，李世民对于这一仗仍然极为小心，毕竟上一次丢了一半的人马，这次要是有个闪失麻烦就大了。他放出了两个诱饵：第一个诱饵，派总管梁实带领一哨人马前出在浅水原扎营。派梁实出马，我总觉得有点儿讨个好彩头的意思，因为薛仁杲现在缺的就是粮食，所以有个叫粮食的人出战了，大概薛仁杲是要上当的。

果然，薛仁杲一看李世民这边大军终于有动作了，马上派出大将宗罗睺进击。梁实没带多少人马，目的就是诱敌，同时消耗薛仁杲的有生力量。宗罗睺把梁实的大营团团围住，猛攻，梁实死战不出。梁实的大营驻扎的地方真是不错，是一块高地，易守难攻，所以宗罗睺死了不少弟兄但是拿不下梁实的大营。不过高地也有高地的不好，就是没有水，梁实的弟兄们断水断了好几天，不过兄弟们愣是守住了大营没有让宗罗睺得手。

这个时候李世民的第二个诱饵放出来了，大将庞玉率兵进击浅水原。庞玉在浅水原布阵摆出了决战态势，宗罗睺到底是跟着薛举一起造反的老江湖了，大风大浪见多了，没有把庞玉放在心上，在宗罗睺看来怕的是你不出来，你出来了就好办了，所以宗罗睺二话不说带着人马就杀了过来。宗罗睺真是不含糊，陇右铁骑不是吹的，杀进庞玉的军阵就是一通乱砍，庞玉呢也是见过点世面的，组织官兵死死抵抗，双方杀得相当惨烈。一通互砍，庞玉这边渐渐地有点儿吃不住劲了，宗罗睺那边也已经死伤惨重，两边现在都是筋疲力尽的时候，浅水原附近的高地上突然出现了一支皂衣玄甲的骑兵，对，这就是李世民带领的最精锐的唐军骑兵，现在他终于要出手了。这只骑兵的突然出现，立刻决定了这场大战的成败，薛仁杲的人终于崩溃了，终于害怕了。宗罗睺仍旧不含糊，马上组织力量转身迎击，但是这一次他没有想到碰到的是李世民这样的硬茬儿。李世民没有退缩，带着最猛的几十个人冲在最前边，直接冲进了宗罗睺的军阵，后面庞玉和梁实两路人马军心大振，一起拼命向前，宗罗睺人马终于崩盘，全军溃败。大家开始争先恐后地逃跑。这个时候李世民像是换了一个人一样，以前是死守不战，现在呢是死追不放，带着两千骑兵跟在屁股后面猛追。宗罗睺现在才开始有点儿琢磨出味儿来了，怎么会惹到了李世民这样的主？敢情前一段时间的缩头乌龟都是装的，现在倒好，一旦得手那是死咬不放，跟着自己的屁股猛追。结果自己的人是越跑越少，不少人跑不动了在后面直接就投降了。

李世民怎么会这么二？要知道他当时率领的追击先锋骑兵只有两千人，就敢这么不要命。其实李世民有他的谋算。薛仁杲的人都是陇右骁勇的人马，平常都是到处揍别人、砍别人，心态比较狂。突然一下子给自己一顿暴揍，肯定是心惊胆战，没想到还有比他们更猛的人物，所以就得乘胜追击，不能给他们喘息的机会，要不然等他们捯换过这口气、缓过神的时候再下手就不容易了。所以尽管有风险，但这个冒险是值得的。

事情发展还真像李世民想的那样，他的运气也真是好。宗罗睺的人跑一路散一路，等追到薛仁杲那里的时候，薛仁杲本来还出城列阵要跟李世民叫板，结果手下大将浑干直接阵前投降了，估计是最近没少给薛仁杲夫妇两个欺负，早就憋了一肚子气了。这一投降不要紧，吓得薛仁杲赶紧回城，关城门扯吊桥。结果李世民大军直逼城墙，这个时候后面的后续部队也赶到了，把薛仁杲的这座城池团团围住，其实当时唐兵没有什么攻城器械，那个东西得造，挺费时间的。但是没关系，不用造了，因为唐军看到了一幕非常有趣的画面，就是薛仁杲的部队官兵纷纷自己从城墙上往下爬。干什么？投降啊。生怕晚了，唐军破城后给剁了。这一下薛仁杲没招了，还打个啥劲呀，只有投降了。终于李世民用一场伟大的胜利彻底解决了关中后边的后顾之忧，取得了八进四的资格，接下来他就要开始逐一扫除天下了。但就在这场胜利后不久，关中就发生了一件大事，李密反了。

第25章　李密之死

李密在李渊派出的一拨又一拨的接待人员的簇拥下，志得意满地进了长安。在他看来，就凭自己曾经的辉煌，就看李渊对自己这个态度，怎么也得是个总理级别的大官才对。而李渊对李密的实际处理结果是这样的，赐爵邢国公、上柱国，并把自己的表妹独孤氏嫁给了李密。听上去好像不算差，或者可以说挺不错。但问题是，这些都是勋衔是荣誉，跟名誉董事长差不多，没有实权。真正落到李密手里的实打实的官位是光禄卿。这个官位在现代社会中没有直接对应的官名，主要工作是负责政府高级别的和宫廷内部高级活动像酒宴等的安排和组织，还有就是慰问地方打了胜仗的将领和有突出贡献的官员，有点儿像外交部礼宾司和民政部的工作。

你想想看，李密是谁？当初那是几十万兄弟跟着混饭吃的一代枭雄，从来都是别人安排好酒宴请他上座，现在反过来他要伺候别人吃饭，有这道理吗？所以一种上当了的感觉在李密心里不停地荡漾。再一个，自打李密这三万多人进了长安，除了李密自己和王伯当等几个头头封了官赐了宅，其他的兄弟就没人理了。三万多人的队伍基本上没人管，给个地方住下，其他的自己解决。这几万人那是要吃饭的呀！你李大哥、王二哥有钱花有饭吃，不能看着兄弟们挨饿不是，结果三万多人愣是好几天没吃上饭，大伙一肚子怨气，说什么的都有。

李密当然不会眼看着自己的兄弟们饿肚子，他跑上跑下地找有关部门商量解决问题,可是有关部门对李密的态度很诡异,客气是很客气,但是总是跟他强调各种困难,让李密理解,同时话里话外以似乎透着别的含义。后来李密明白了,怎么回事?就是要钱、索贿。为什么会这样?因为你李密实在是树大招风。你想想李密是谁,一代巨贼、枭雄。把一个大隋朝搞得天翻地覆,手底下那么多人马、那么多地盘,又收拾过宇文化及,怎么说也得有点儿家底,金银财宝肯定少不了。烂船还有三斤钉嘛。杨广后宫里的金银、古玩、字画肯定都在这小子的行李里面呢,现在刚好敲他一笔。可李密声威是很猛,但是还真就没有攒下多少东西。最后跟宇文化及那儿收的东西后来兵败没来得及带出来,都便宜了王世充。现在哪有闲钱打发这帮小鬼?而这帮小鬼居然敢在太岁头上动土,这是李密万万没有想到的。其实李渊统治初期,唐朝的官场风气没有比隋朝好多少,风气真的为之一新是在贞观之治以后。所以等李密好不容易凑点钱打发了小鬼,解决了几万人的吃饭问题时,三军上下已经是怨声载道了,搞得李密两头受气。

向李渊反映呀!别天真了,自己是李渊刚刚认下的表妹夫,这帮人又不是不知道,说白了吧,自打进了关中自己在李渊那里的地位跟在这帮小鬼心中的位置差不了多少,人家根本没把自己放在眼里。什么上柱国、邢国公,都是扯淡,自己其实就是一个食堂总管。

李渊那边对李密明面上很不错,天天弟弟长弟弟短地叫着,但是李密明白那都是做给人看的。

进了长安没有几天李密就深刻地认识到自己来错地方了,基本上是肠子都悔青了,而且因为自己入了关中,原来打散的一些弟兄也纷纷加入了李唐的阵营,或者是带着人马入关中,要么就是派使节来大唐送降书。自己的地盘、人马一点点都成了李渊的固定资产,老李家腰包越来越鼓,但是李渊却丝毫没有提拔重用自己的意思。废话,像李密这样的人物放到你的公司你敢用吗?你能让他当首席执行官吗?你不怕过两天公司成了李密的吗?不可能的事。其实李密不明智,他应该清楚,自打他进入李渊的集团起,从今后能混个好吃好喝,下半辈子平安无事就是造化了,还想成大事、做大官,那不是找不自在吗?

李密也是聪明人,明白形势比人强的道理,人在屋檐下就得把头低,郁闷归郁闷,该伺候别人吃饭还得伺候,直到有一天他收到了一封意外的远方来信。

这封来信的寄件地址是黎阳,发件人徐世绩。

咋回事?

原来,和李密一起进入关中的还有一位瓦岗军的高管,他叫魏徵,就是后来贞观之治时在李世民身边大放异彩的那个魏徵。李世民是魏徵的第四个老板,李密则是第一个。魏徵入关以后主动向李渊请缨出关去招抚李密的旧部,所以没多久魏徵就又离开了关中,重新回到河南招抚李密旧部。而李密旧部中没有投降王世充的最大最有实力的就是黎阳的徐世绩,还有一股是洛阳西南汝州的张善相。徐世绩手里有黎阳仓,粮食充沛,地盘也大,人马众多,实力雄厚。李渊对徐世绩这一股势力非常看重。魏徵到了徐世绩那里以后,徐世绩马上表示愿意归顺大唐,并且主动给在黎阳附近的李渊部下李神通的部队送去粮食,表达诚意。但是徐世绩是个很够意思的人,他认为自己是被李密派到黎阳来的,这个地方的土地、人众其实都是李大哥的,自己不过是一个信托管理人。现在自己决定要投唐了,但是不能拿着大哥的东西给自己捞好处。所以徐世绩做出了一个很讲义气的举动,就是让自己的副将郭孝恪带着自己镇守地方的土地户籍资料、兵马人众名册入关直接呈给李密,然后由李密自己呈递给李渊,这个态度就是绝不拿大哥的东西为自己买好。徐世绩够意思吧。同样觉得徐世绩够意思的人是李渊。李渊听说徐世绩的人到了长安,但是没有降表给自己,只有一封邮件给李密,非常奇怪,就把郭孝恪找来问个究竟。郭孝恪把徐世绩的想法原原本本地跟李渊汇报了一下,李渊立刻觉得这个人是个人物。主子已经虎落平阳了,你还能这么不离不弃、忠心耿耿,这样的人物仗义、可交。所以李渊马上下旨给徐世绩改了名字,赐姓李以后叫李世绩,用李唐的姓以示尊崇,同时任命他为黎阳地方的最高行政长官,那个地方你说了算,开拓疆土、任免官吏都由徐世绩掌控。这么难得的人才得赶紧套牢。

李密收到徐世绩的来信时,既感动又后悔。感动的是徐世绩对自己的忠心与情谊,后悔的是自己当初为什么会放弃东去黎阳,而是糊里糊涂地西入关中,自己对徐世绩太多心了,现在只能在这里受气。徐世绩的这封信又让李密看到了希望。既然还有那么大一片土地、人马属于自己,为什么还要在这里受窝囊气呢,走他娘的不行吗?

于是李密找来好兄弟王伯当商量, 王伯当入关以后虽然被封了一个将军,但是情况比李密也好不到哪去,也是天天吊着脸生闷气。现在一听李大哥有这个想法,两个人一拍即合。然后呢,李密就给李渊上奏折,意思是说,入关以后我以前的那帮弟兄们有些投降了大唐, 但是还有不少现在割据一方,我呢很想为大哥出点力,所以想出关去招抚我这帮旧部,这帮人都是我的兄弟,我一出马都应该会听我的,所以请李渊批准。这奏折一上,李渊马上就批复来"准奏"。不但同意了,还批准李密带着旧部人马一半,另外还有王伯当和贾闰甫同行。李渊咋了?是不是疯了?怎么会犯这么低级的错误,放虎归山?当时不少朝臣反对李渊的决定,但是李渊还是这么决定了。其实李渊有自己的算盘,在他看来洛阳的王世充始终是心腹大患,而自己目前还缺乏扫平王世充的勇气和信心,所以他想到了放李密回去,如果李密一心一意为自己招降旧部当然最好,如果李密一去不返,那么他一定会去找王世充报仇雪恨,等他们两个打得差不多的时候,自己再出手一箭双雕。

当然还是要给李密一些压力的,要不然这小子会小看自己。所以在李密临走之前,李渊专门安排和李密、贾闰甫一起吃了一顿饭。李渊告诉李密,兄弟你这次出关朝廷里反对的人不少, 都说你不会回来了, 但是我相信兄弟你,所以这杯酒一干咱们三个就算是立了誓言了,永不相负。李密听着没感觉,他的心早飞到黎阳去了,但是贾闰甫听了很感动,当场磕了脑袋表示一定不辜负李渊的希望。

李密出关了,他现在基本就是猛虎归山,心情如飞鸟入林般的痛快。可是他手下的不少兄弟并不是那么欢乐。好不容易在长安落了脚,经过一番折腾虽然受了不少委屈,但是好歹现在已经有了首都的户口,不用再打仗了。现在李大哥又要带着我们重过刀光剑影的生活,这恐怕不行吧。将来要是李大哥倒霉了,我们都得跟着掉脑袋,而且现在看来李大哥倒霉的可能性还很大。所以李密手下的一个高管就开了小差，离开队伍偷偷跑回了长安。回去以后，马上就向李渊密报，李密这一次出关的真实动机就是跑路。

李渊呢，大概是这两天反复琢磨也有点儿后悔。李密这小子打仗确实是一把好手，万一将来不是他和王世充两败俱伤而是他把王世充给收拾了，到时候可能更麻烦。现在有人密报李密要跑，刚好就坡下驴，马上下旨，让李密全军停止前进，原地待命。李密本人单骑回京另有任用。

李密行军速度不慢，但是现在的位置还是在李渊的地盘上。一接到李渊的圣旨，贾闰甫想都没想，马上和李密商量回京事宜。李密哪能干，好不容易跑出来，怎么能回去？隋末有一个传说，说将来的天子姓李，李密一直觉得说的就是自己，现在自己能跑出长安不正好说明皇天庇佑吗？自己是将来的天子，所以不回去。贾闰甫一听就急了，贾闰甫不知道李密这次的真实想法是想跑路，他赶紧劝李密，传说中那个姓李的人应该说的是李渊，大哥你就别再瞎折腾了。现在你想东山再起，到黎阳这一路过去好几百里路，要经过李渊的地盘、王世充的防区，容易吗？再说了你当初杀翟让的时候，兄弟们都议论你忘恩负义，现在你去投靠徐世绩，指望他的人听你指挥，人家能答应吗？

又来了，又来了。李密最烦的就是人动不动说他杀翟让的事情，李密很愤怒，他认为贾闰甫贪生怕死，所以才会百般阻拦。两个人后来发生了激烈的争吵，最终发展到了拔刀相向的地步。李密拔刀要砍贾闰甫，贾闰甫挺直了胸脯，嘴里说你砍你砍。还好有个王伯当，抱住了李密，同时又把贾闰甫拱出了中军帐。贾闰甫走了，是真走了，一去不返了。李渊的酒真不是白喝的。

现在就剩下王伯当了，王伯当明白贾闰甫说的是对的。现在真正的上策就是立马回京。当初出来是李渊同意的，所以沿途不会有围追堵截。现在不同了，就手里这不到一万人的队伍，杀到黎阳真不容易。就算到了黎阳，那里的兵马真的会听李密指挥吗？但是王伯当绝对是一个够义气的兄弟，大哥既然决计向东，兄弟我没二话，水里火里一定陪着大哥一起走，哪怕是一条共赴黄泉的死路。我个人觉得，就忠义而言，王伯当在中国古代史里绝对是数一数二的人物，在李密最危难的时候，他不离不弃，同生共死，比三国时以忠义闻名的关羽有过之而无不及。可惜这个人的先进事迹没有经过后来的历代王朝的知识分子们发掘整理、夸大神化,要不然今天供奉关公的地方大概都应该换成王伯当。

李密要杀出血路一路向东。第一步他要先拿下桃林县,这个地方在今天的三门峡附近。因为很快李渊就会切断李密的后勤补给,所以李密必须马上行动首先获得粮食辎重和足够的武器装备。李密让他手下最能打的几十个弟兄全部妇人装扮,然后头戴黑纱遮脸的斗笠、内藏腰刀扮作是自己的内眷进入县城,进城以后突然变装杀出,打了对方一个措手不及,很快里应外合拿下了桃林县。然后收拾这里的粮草车马、军资器械装备部队,同时放出风去,声称自己的目标是一路向东闯过洛阳进入黎阳。

而实际上李密真实的行军路线却并非如此, 他声东击西真正的目的地是洛阳西南方的汝州张善相那里。李密知道所有的人都会认为他会以最快的速度挺进黎阳,所以东去的路上肯定是重重围堵。他偏偏向汝州进兵,到张善相那里后兵合一处,实力增强,然后再从洛阳南边绕个圈北上黎阳,与徐世绩会师。这条线路完完全全是绕大圈,但是在李密看来绝对是出人意料的安全路线。可惜的是,李密这个自信的计策却被一个人识破了,这个人叫盛彦师。

盛彦师,时任熊州地方的警备区参谋长。李密造反之后不论是向东还是向南都会经过熊州地面。盛彦师在碰到李密之前一直表现一般,寂寂无闻。唯独在狙杀李密这件事情上盛彦师预测精准、表现神勇。有些人一辈子就干了一件大事,却往往就因此一举成名。盛彦师就是这样的典型代表。

李密来熊州之前,这里的一把手司令史万宝很是恐惧。他非常痛苦,奶奶的,在哪里造反不行,非在我的管片搞事,过了熊州不行吗？那可是李密,搞得王世充几乎送命的人物,又有悍将王伯当,硬要从我这儿强行通过,我能挡得住吗？小命别给丢了。

但是盛彦师表现得极为镇定,他说没关系,看我的,我来搞定。史万宝不相信,问盛彦师行动计划,盛彦师呢,就一句话,天机不可泄露。然后,带着几千人出发了。

李密那边在桃林县得手以后,悄悄调整行军线路,一路快速向南前进,目标直指汝州的张善相。一路上小心谨慎，没有暴露行踪，自然也就没有碰到什么堵截，看样子敌人上当了。现在眼看就要出李渊的地盘了，翻过了前边的熊耳山，再走不远就是张善相的地盘。现在李密的心情已经比较放松了，他让战士们也放松一下，行军速度放慢，也不再要求队列整齐，让大家也看看山景，这几天累坏了。走出前边的一条溪谷就要出山了，李密信马由缰地看着山景。队伍现在也基本上彻底乱了套，没什么队形了，大伙三五一群自由组合春游团体。就在这个时候，突然之间久经战阵的李密听到了一种异常的声响，那是弓箭与空气摩擦所发出的凄厉的声音，而且不是一声而是一片，不好！有埋伏。

太晚了，第一排箭雨就把李密和王伯当射成了刺猬，混乱的大队人马拥在山谷之中根本无处躲藏，李密的人成了箭靶，几轮空袭过后李密的人马全部被歼。

是的，设计这个埋伏的人就是盛彦师。

盛彦师敏锐地判断出李密的行军路线不可能是向东，尽管那是一条最近的路线。李密是谁？狡猾狡猾的，绝对会出人意料，他大胆判断李密的路线是向南，和旧部张善相会师。这样的话，熊耳山是必经之路。所以盛彦师极为隐秘地带领几千人赶在李密之前进入熊耳山设伏，弓箭手居高临下，盾牌短刀手前面掩护，就等李密大军一到就乱箭齐发。

大意了，大意了，李密应该是没少盘算这一路过来可能碰到的对手，但是盛彦师实在没什么名气，所以没有上李密的台面。自负的李密终归败亡于自己的自负之下。一代枭雄虽然百般挣扎，但终归没能逃脱被历史淘汰的命运。李密的结局历来都是让读史的人唏嘘不已，因为这个人物经历太奇特，绝对符合一个历史主角男一号的要求，所以对于他的被爆冷门式的出局难免让喜欢他的人觉得惋惜，总是会不由自主地想，要是李密不怎样，结局不会如此，等等，替李密做大大的总结。其实在我看来，李密的智谋在隋末群雄中绝对属于一等一的，但是李密败亡最根本的原因其实是组织性的问题。很少有人这么说，一般来讲大家更喜欢从李密的战略决策失误中找原因，实际上那些原因只是表象。你想如果李密团队组织严密，纪律严格，领导稳固，他会因为手下有人闹着要跟王世充决一死战就贸然开战吗？他会在战败之后不敢再去与单雄信、徐世绩会合吗？所以说在中国历史长河中的纷乱时代里，能走到最后的势力集团其实都是组织性最好的团队。只要组织性没有被破坏，不论打了多少败仗，最终总能卷土重来，笑到最后。

李密的脑袋被剁下来送到了长安，很快这个首级和李密逃跑事件的相关报告被送给了黎阳的徐世绩那里，不，现在叫李世绩。什么意思？试探，看看你会怎么办。种种证据表明李密这次逃跑就是冲着你去的，失败身死，脑袋和报告给你送来，看你会怎么处理。

李世绩能做的选择大概无非两个，一个是彻底跟大唐翻脸，刀兵相见。杀了我大哥，跟你没完。这样做的后果很危险，因为李世绩毕竟实力有限，又在王世充和窦建德包夹之下，翻脸其实是找死。那似乎只有撇清关系了，赶紧派人跟李渊解释，这事跟我没关系，我和李密也就那么回事。这么做，李渊肯定是愿意相信的，毕竟李渊也不想和你翻脸。但是人家心里会怎么想，人家会怎么看你这个人，以后在军界怎么混？李世绩呢，他的做法完全不同。他看到报告以后，马上上表。干什么？不是表决心、撇关系，而是要李密的无头尸。李密的尸体一到，李世绩把李密首级和尸体缝合在一处，然后身披重孝，全军缟素为李密举行了隆重的追悼会，最后安葬在一座伟岸的坟墓里。安葬之时李世绩全军放声痛哭，悲声震天。这叫什么？叫尽君臣兄弟之礼。宾主一场，做兄弟的一定让哥哥你走得风光。丧事办完，李世绩呢仍然是大唐黎阳守将，没啥好解释的。怎么样，李世绩有义气、有肝胆、有风度吧。这就叫国士无双。

武德元年在李密的最终败亡中画上了句号。现在剩下的人越来越少了。不论是王世充、窦建德还是李渊都很清楚，要不了多久，他们之间就会开始空前惨烈的血战。为了这一战而定天下的大战，他们现在要做的就是拼命地扩充实力、抢占地盘为将来做准备。但是李渊万万没有想到的是，新年刚过没多久他就差点儿让人端了老窝儿。

第26章　李渊的好运与王世充的新政

平定完李密的叛逃后不久，李渊开始大张旗鼓地推行李唐最重要的一项国策——租庸调。这时候，一个绝密的情报传到了长安，突厥人要对他下手了，进攻的方向是关中北边的陕北和太原北边的大同。

不对呀，突厥人和李渊不是盟友吗？好好的突厥人怎么会在这个时候下手，李渊没得罪过他们呀。

是，不错，突厥人是盟友。但盟友这种东西往往在被出卖时才能实现利益的最大化。李渊确实没有得罪过突厥人，但问题是李渊这一两年发展得太快、太好。他的地盘越来越大，不但地盘大，开始实行的新政也不错，现在正准备推行的租庸调其实就是一种国家的税收制度，简单地说，就是以后每个家庭以一个成年男子为标准，每个劳力每年向国家缴纳粮食两石、绢两匹、棉三两。除此之外没有别的了。这种制度的推行大大减轻了农民负担，很多人听到消息自然就会和自己所在的地区进行比较，然后纷纷向往成为李唐的子民。照这个趋势发展下去，要不了多久李渊就很有可能统一江湖了。这个局面是突厥人不愿意看到的。当初突厥部落四分五裂被大隋朝一一收拾，现在突厥人也学会了汉人的心眼。他们同样也要把中原搞得四分五裂，分而制之，这样没有哪个有能力和自己对抗。

现在李渊一天天强大，突厥人不能坐视不管，所以他们秘密地给陕北的武装组织梁师都集团和大同的武装组织刘武周集团送去了一批军火。啥东西？战马五百匹。这东西在唐朝时候的价值差不多跟今天的 F-35 战斗机一个意义。然后和这两个集团密谋准备从陕北和大同同时动手，梁师都和刘武周打先锋，突厥人大军跟进。这一仗就是不把李渊废掉至少也要断他一条胳膊。

李渊对突厥人的阴谋大为紧张。就兵力而言，挡住梁师都和刘武周他有信心。但是对抗突厥人，实在是不行。当时突厥人的总兵员超过一百万，差不多都是骑兵。李渊实在没有和人家叫板的实力。没办法，李渊只能硬着头皮备战，同时抓紧时间搜罗了一大批金银财宝加上本来就应该给突厥人孝敬的常例份钱一起给人家送去，希望突厥人能看在钱的面了上打消南下的欲望。

送钱的车队启程了，还没有出关另一个惊天消息传来了。这一次是好消息。突厥的始毕可汗死了。这简直是天上掉金子的好运气。这一下突厥内部有的忙了，忙着丧事，忙着抢班夺权，短期内不会有时间来管自己了，剩下的刘武周和梁师都李渊都不是很担心。不过也许是李渊高兴过头了，他命令还没有出关的送钱车队就地驻扎，把金银财宝放回政府部门的库房，不用送到突厥去了，毕竟老李家的日子也不富裕。突厥那边等着接收的人没有见到车队，于是他们很愤怒。到嘴的肉怎么能就这么没了？你们老李家也太不把我们突厥放在眼里了，我们老大刚死，你不但不送个花圈礼金，还把该交的份钱给省了，这哪成？所以一批突厥的二货青年就自发地组织起来要大举南下，好在当时的协关守将张长逊是个明白人，马上把车队送出了关，这才平定了一场风波。

突厥人的危机解决了，李渊又可以专心致志地搞他的租庸调了，而且好事往往成双，另一个好消息就是两个猛人投奔到他的阵营当中，这两个人是秦琼和程知节。这两员猛将在王世充那里不过待了几个月的时间就决定降唐了。为什么？实在受不了王大人了。

王世充干啥了？搞得秦将军和程将军这么受不了？其实也没啥，就是搞了点新政。

王世充灭了李密以后威望如日中天，在洛阳政府基本就是一手遮天，他们家的太尉府差不多已经代替了隋朝的政府机构。现在王大人要进一步提升自己在老百姓和各级官员心中的威望,为将来进一步发展打基础,所以就开始搞起了新政,要搞出一种完全不同的工作作风。

首先王大人在太尉府门前立了三块牌子,其实就是招聘广告。招聘三种人,一种是有治国兴邦、有能耐的文艺中青年,一种是能摧城拔寨、冲锋陷阵的二货中青年,还有一种是有冤在身、投诉无门的倒霉中青年。这些来应聘的人王大人不论多忙总是会一一接见。这三块牌子一出来没多久,王大人府上就变得很热闹。每天总有好几百号人在府门口排队等着投简历和递交起诉书,搞得王大人府上和苹果专卖店一样。为什么有这么多人?关键就在于王大人的亲自接见上了。

每天好几百号人,王大人哪来的这么大精力?这你就不明白了,王大人并不是真的求贤若渴,也不是真的想平反冤狱。王大人要的是一个口碑、一个气场、一个形象。说了什么不重要,重要的是自己在群众中的中兴之主的形象。这三块牌子就是一个形象工程、面子工程。所以一开始的时候,很多受到王大人亲切接见的中青年都很兴奋,以为这一下子有盼头了。结果等了一阵子,发现生活依然故我,没有任何变化,他们也就慢慢地在心底共同发出了一声“切”。

王大人的这种装、这种做作,糊弄一下普通人可能有效,可秦琼和程咬金是什么人?百战余生死人堆里爬了多少次的主,老江湖了。你那一套能蒙得了他们吗?王世充还喜欢装神弄鬼,没事总喜欢搞个周公附体,以周公的口气传达自己的意思,这就更让秦琼和程咬金觉得恶心了。两个人觉得来错了地方,就开始寻思想走。再一打听瓦岗军的不少头目都投奔了大唐,个人发展得还不错,所以两个人就决定投降唐朝。

刚好王世充要扩充地盘准备攻打洛阳西边的谷州, 就是史万宝和盛彦师驻防的地方。秦琼和程咬金都在这次出征之列。两军对阵的时候,秦琼、程咬金两个人带着手下几十个心腹亲随突然一起朝唐军阵营奔去, 搞得两军当时都愣了。是来冲阵的?不会吧,就这么点人。是来投降的?就这么愣头青地冲过来,不怕人家不明就里一阵箭雨射过来?结果呢,跑出去一百多步,在双方弓箭手的射程尽头,秦程二人下了马,对着王世充这边拜了几拜,对王大人在过去一段时间的热情款待表示感谢，同时表示自己的性格和王大人的企业文化不匹配，所以就此别过了。然后大大咧咧地骑着马投奔唐军了。唐军那边也看明白了,这几个人是来投降的,赶紧接应。王世充这边呢,因为秦琼和程咬金打仗实在是太猛,名气太大,所以一时之间竟没人敢上来追击,就这么眼看着这两个人投奔了唐军,够窝火吧。

其实王世充对他们俩不错,秦琼一到王世充的阵营,就立刻被封了一个龙骧大将军,够威风吧。为了能套牢这两员虎将王世充没少给东西,最后还是没套住。为什么?有时候仅仅给好的待遇是不够的,你得让人相信跟着你干有前途才行。要不人工资再高,没过两天公司破产了有什么用?秦琼、程咬金走了以后，跟着跑了不少大将。但是这丝毫不影响王世充实施新政的热情。他新政的第二项就是装神弄鸟。

怎么弄的?就是安排了一些心腹专门捉鸟。干什么?在鸟的脖子上、脚上绑布条,上边写上王世充应该当天子之类的话。然后放生,放生以后就等有人抓到这些鸟,然后这些人肯定要给有关部门报告,这样一来有关部门肯定会大惊失色,鸟身上的字条肯定是玉皇大帝他老人家的意思,原来王大人才是天命所归呀。这样做就是进一步强化王大人在各界群众和官员心中的天子地位。王世充的这个装神弄鸟的办法本来挺好,问题出在那几个具体办事的人身上,大概是怕到时候没有人捉到鸟,他们就在很多鸟身上都绑了布条。这一下就不是太少而是太多,到处都有人捉到这种有字条的小鸟。到有关部门一报告还都有好处。于是小鸟很倒霉,很多人抓,抓到以后,绑条子送官,拿好处。有关部门门口每天都有不少提着鸟笼子的人在排队。本来挺庄严的一个事搞到后来怎么看怎么不像是真的。

不过没关系,他的目标就是一个,很简单——帝位。现在闹腾得差不多了,他要开始称帝的第一步:称王。截至目前,王世充和皇泰主杨侗的关系表面上还是很融洽的,王世充认了杨侗他妈当干妈,杨侗现在是王世充名义上的弟弟。王世充动不动就在杨侗母子面前表现出一副披肝沥胆、要为老杨家鞠躬尽瘁的样子。杨侗母子对王世充也不错，没事就叫进宫里面一起吃个饭。当然大家其实也都明白,彼此都得防着对方。双方关系的破裂完全是因为一个偶然事件,一次饭局。这一次,王世充吃完饭以后,回家没多久就上吐下泻。根据症状来看可能是食物中毒,什么东西不干净。王大人在家里拉得筋疲力尽,一打听,杨侗母子没事,这一下王大人就认定是人家在他的酒菜里下毒了。好啊,我王世充没动手,你们倒先下手了,看我怎么收拾你们。王大人拉肚子的消息一传到宫里,杨侗就知道坏了,原本就是互相怀疑,这一下根本解释不清楚,王世充肯定要对自己下手了。现在自己能做的无非是求神保佑罢了,所以杨侗就让人把宫里面的绫罗绸缎拿到庙里去布施祈福。王世充一听就火了,这些东西要不了几天都是我的,拿我的东西做人情,没有的事。马上下令,加强皇宫的保安措施宫中的一张纸都不准带出宫去。

现在该是撕破脸的时候了,要称帝得先称王。称王这种事情,当然不会是王世充自己去要求。倒霉催的段达成了代表,代表各界群众和官员到宫里面要求给王世充郑王的待遇。老杨家的儿孙还真挺有种。听段大人说完,杨侗说,上一次王世充灭了李密我已经给他封了太尉,最近他又没有立什么大功,称王的事情是不是应该缓一缓,等王世充再立新功的时候再说。他这么一问问得段达不知道该怎么回答,吭哧半天说了一句,王大人自己想要。杨侗一听眼睛死死瞪着段达,看得他心里直发毛,然后杨侗说了一句随你便。

王世充到底成了郑王。王世充称王的举动在自己阵营内部引起了强烈的争议,很多人已经看出了他的野心。所以很多有头脑的人劝告王世充不要称王,现在大隋朝的旗号还是能召唤不少人的,不少士大夫就是觉得你是能中兴大隋朝的人物才聚到了你的周围,现在你要称王,将来肯定是称帝,谁都不傻,谁都明白。这一下,肯定不少人要离你而去。本来王世充集团实力就比较弱,又被夹在李渊集团和窦建德集团之间,腹背受敌,内部再一分裂,这不是等着给人家收拾吗?

王世充呢,老样子,诚恳听取各方面的意见,然后底下加紧步调准备称帝。没过两个月段达又出马了,到宫里请杨侗禅位。杨侗的表现依然抢眼,不到二十岁的人,说话掷地有声,这天下是我们老杨家先祖打下来的,我没有权利让。要是老杨家气数已尽,根本没有让的必要。要是老杨家气数仍在,那你们这些做臣子的就不该说出这样的话,我们老杨家对你们不错呀,你们一个个的怎么能这样?一番话说得在场的人汗流浃背,没人敢搭腔。王世充一看硬的不行,就专门让人给太后带话,说现在天下大乱,国赖长君。等把天下平定得差不多的时候,我发誓还把帝位还给你们老杨家。最后王世充终于称帝成功,国号郑。王世充称帝没多久就遇到了集团内部的一次危机,这一次他险些送命。对手不是别人正是降将裴仁基父子。裴氏父子入伙以后一直觉得王大人不可靠。现在一看王世充称帝了,机会来了。父子俩准备联络旧部,攻入皇宫抢出杨侗另立山头。可惜的是消息走漏,被王世充先下手了,裴仁基父子送了命。打掉了裴仁基反动组织,又有人给王世充出了一个馊主意,杀掉杨侗。因为以后很难说会不会有人还打着拥立杨侗的旗号造反,所以干脆一不做二不休,斩草除根。杨侗就这样被王世充害死了,这孩子死的时候说过一句挺著名的话:“愿自今以往,不复生帝王家。”

王世充称帝的种种表现,让你觉得王大人虽然很能打仗,但似乎特别没有政治眼光。你看看人家曹操,都那样了,就是不称帝。为啥?老刘家的旗号还是能团结不少志士仁人的。打仗也好,打架也罢,从来都是人越多越好。王大人的这种政治表现其实不完全因为他水平低,还因为当时李渊那边出事了,所以他觉得西边现在很安全。

第27章　李渊的危局

李渊那边确实出事了。山西出事了。

本来始毕可汗死了以后李渊松了一口气，以为危机过去了。结果没有想到盘踞在大同的刘武周悍然南下了。

刘武周为什么突然之间这么强悍？第一，始毕可汗虽然死了，但是来自突厥的五百匹骏马按时抵达了。第二，当时太行山附近原本活跃着另外一支反政府武装——魏刀儿集团，最近魏刀儿集团被窦建德给收拾了，这个集团中最能打的一部分人马，在一个叫宋金刚的头领的带领下投奔了自己。宋金刚，一听名字就能猜到这是一个很猛的人物，应该属于善打硬仗恶仗的角色。要是把这个人的名字当成是一个对联的上联，下联大概可以对高力士，也是一个重量级的人物。宋金刚的到来让刘武周大喜过望，为了套牢宋金刚，刘武周把自己的那点军资粮草分了一半给他，而且军事事宜全部委托给了他。宋金刚为了表明自己的忠心，很不地道地和结发妻子离了婚，然后娶了刘武周的妹妹，成了刘武周的妹夫。

这样一来刘武周觉得自己腰杆子似乎比较粗了，手里有几个钱那就得干点事情。所以刘武周决定开始争天下，挥军南下。

对刘武周，其实大唐集团一直看不太上眼，总觉得就是一帮乌合之众，平常注意观察就行了。敢和大唐叫板，谅你没那个胆量。所以李渊其实对于北边还是比较放心的。

山西地方的行政长官是李渊的小儿子李元吉。李元吉当时的年龄大概也就是个高中生,一个高中生就成了坐镇一方的省部级干部,足见老爹对他的信任。山西这个老根据地那是不容有失的。后来我们能看到的史书里,李元吉被塑造成了一个性格乖僻、脾气暴戾、残忍、人格不健全的公子哥。那其实都是他哥哥李世民专门整理出来的材料汇编,看看可以,但是不要太放在心上,历史总是会为胜利者涂脂抹粉的。李元吉在山西是干过不少荒唐事,比如天天打猎,比如当街拿着弓箭射人,比如让自己的仆人和自己进行实兵实弹演习,搞得自己和仆人都经常受伤。但是你想想,李元吉的年龄正是管不住的青春期,叛逆就是这个时期的特点。眼看着大哥二哥在前边打仗立功,自己窝在家里看家,他心里能不闹腾吗?所以荒唐一些可以理解。现在好了,刘武周来了,李元吉觉得该是自己露脸的时候了。

要显示自己的能耐,这仗就得打得漂亮。刘武周土匪出身,没见过什么大场面,应该不难对付。大唐的正规军收拾这帮人,基本就是消遣。所以为了彰显大唐李元吉将军的威猛,李元吉派自己的车骑将军张达率步兵迎击。张达一看让自己率领步兵攻击人家,而且人数还不是很多,心里就发毛了。让我拿这点人马去消遣刘武周,这不是作死吗?张达脑袋摇得像拨浪鼓一样,不干。但是李元吉很强硬,不干不行。毕竟是个高中生,血气方刚,打仗的故事没少听,但从来没干过,尽管一直时刻准备着。被这样的二货青年指挥,张达还真是没脾气。作为一个有实践经验的军事干部,张达知道这一仗凶多吉少,但是他还是执行了攻击命令,结果除了自己全军覆灭。张达跑回来以后,越想越心里窝火,我说不行非让我上,一个嘴巴上毛还没长齐的小兔崽子把老子指挥得团团转,差点儿小命不保。下一次还不定又让我干什么荒唐事呢。干脆老子不干了。经过激烈的思想斗争,张达投降了刘武周,不但投降了刘武周,还引导着刘武周的大队人马把防守薄弱的榆次城给夺了。接下来又开始攻击下一个目标介州。刘武周大军一到,老百姓就炸锅了,人情惊骇不知道该怎么办。介州城里有个叫道澄的和尚觉得这是个机会,是个捞一票的机会。这个花和尚估计以前在道上混过,有点儿功夫。他从寺庙偷出佛教用品——长幡,从城墙上垂下去,引着刘武周的人马进城和自己里应外合,占了介州。

占了介州城没多久,刘武周又击败了李渊派来的援兵。这一下李渊坐不住了。

刘武周动手没多久,两座比较大的城市就丢了。李元吉毕竟年轻,照这个速度发展下去,这孩子能不能看住老家还真难说。这个时候裴寂大人出马了,主动请缨,我去,我去平定刘武周,解决山西问题。

裴寂愿意去,李渊心里当然高兴。裴寂怎么了?这小子一直属于滑头类型,无利不起早,又不善于打仗,这次怎么这么积极。

唉,裴大人也有裴大人的苦衷啊。裴大人现在是位高权重,但是威信一般。为什么?裴大人有今天的地位主要是因为他和李渊的关系实在是好,铁哥们儿。所以这让刘文静很不服气,论能力刘文静比裴寂强得多,现在裴大人比自己地位高得多,这让刘文静心里很不舒服。本来他俩关系还不错,但是打下长安后,两个人的关系越来越差,后来基本上就是公开对立了。人前人后刘文静没少说裴寂的坏话,而且每次开会讨论裴寂一定会遭到刘文静的反对。这些都严重影响了裴大人的声望。裴大人也明白刘文静他们为什么会看不起自己,无非是觉得自己没有军功,只是沾了李渊的光。所以裴寂总想找个机会露一手,好让刘文静闭嘴。要不然,底下少不了刘文静一党对自己说三道四。现在机会来了。裴寂是山西的老地方官了,山西的情况他比较熟悉,刘武周能力有限,应该不难对付。这一次正好给自己一个立功的机会,让我也威风一下,省得刘文静一天到晚老说我是靠抱着李渊的大腿爬上去的。

裴大人开始筹备出兵事宜,但是没过多久,裴寂就后悔了。因为他的对手刘文静倒霉了,被隔离审查,罪名是意图谋反。这一下裴大人出征的意义就没有多少了,但是箭在弦上不得不发,只能硬着头皮走了。出发之前裴大人还是没有忘了在已经掉到井里的刘文静脑袋瓜上拍上一砖头。在李渊向他征询处理刘文静意见的时候,他的意见是杀。刘文静谋反的事情我们以后再详细说。刘大人死了,裴大人走了。他的目标直指宋金刚的大营——介休。

宋金刚一看裴寂大军到了,立刻表现出一种很把裴寂当干部的认真态度,下令三军回城,据城固守。

裴寂一看,看来自己的估计不错,刘武周的手下对唐兵还是很畏惧的,所以裴寂心里就比较放松了。扎下大营准备攻城器具,择日攻城。城墙上的宋金刚可不是等闲之辈,你看他把人都叫回城了,好像是害怕,其实不然,宋金刚是集中兵力,寻找战机。他天天待在城门楼子上,死盯着裴寂的大营。裴寂的大营驻扎在一条小河旁边,这样取水比较方便,小河的上游是宋金刚的防区。宋金刚觉得这是个机会,组织了一批精干工兵,到上游把这条小河给堵了。

这下裴寂的大营没有水了。裴寂也没多想,知道是宋金刚这小子使坏,这小子大概也就这么点偷鸡摸狗的能耐。没关系,咱们搬家,找到另一块宋金刚断不了水源的地方,开拔。裴寂到底没有真正统领过一方,军事经验不足。大军转移正是比较容易乱的时候,最怕对手突袭,所以必须周详安排。裴寂本身经验不足,又比较小看宋金刚,所以搬家这个事情安排得就比较草率、不周密。拔营的时候难免就出现了一些混乱的情况,这边裴寂大军一动一乱,城门楼子上的宋金刚一看,机会来了,立刻下令城里的兵马有一个算一个,能走得动的全都给我抄家伙上。城门一开,宋金刚一马当先,后面跟着全部人马嗷嗷叫着就杀了过来。裴寂这边大军忙着搬家,正乱的时候,一看宋金刚杀了过来,根本没办法协调组织反抗,一个冲锋就被宋金刚打乱了套。裴寂本来就不善于打仗,大军一乱更没主意了,只剩下一个本能——跑。裴大人率先开跑,后边还有谁会抵抗,全都跟着猛跑。这一仗裴大人的军资粮草、军兵人马全都丢了个一干二净。裴大人跑得很快,跑得很远。当然裴大人身后的大片地盘自然成了刘武周的。

裴大人兵败的消息炸雷一样传到了太原,李元吉立刻慌了,从目中无人不可一世,变成了胆战心惊惶惶不可终日。毕竟年轻没经历过什么大场面,有这样的情绪变化可以理解。裴叔叔都败得一塌糊涂,自己能比他还厉害?这个时候刘武周乘胜追击,那边宋金刚跟着裴寂后面猛追,自己这边率领另一路人马直奔太原而来。李元吉确实害怕了,自己身边那帮哥们儿,平时和自己一起欺负人、打个架可以,真刀真枪的上战场都尿了,全都撺掇李元吉跑路。从太原这样的大城市跑路,那是要一点技巧的。你想跑,这个风声一出去,肯定有人反对,而且是誓死反对,到时候城里再一乱可能谁也跑不了。所以李元吉就想了一个办法,他安排他的军事主管司马刘德威带领老弱守城,然后自己带齐所有青壮年士兵,声称要出城和刘武周决战。部队集结的时候,李元吉顺便把自己的一家老小也一块集结了,还专门在夜里开拔,出城以后部队立马掉头向长安方向急行军,跑了。

就在这天晚上,李元吉的队伍前脚刚走,后边刘武周的人马到了。太原当地的地方豪强一看这还打个屁呀,马上开城投降了。就这么着李渊的太原老窝给人家端了。

这边太原给抄了,那边裴寂也不好过,晋州又被宋金刚给占了,大将刘弘基还被俘虏了。还好,刘弘基善于被俘,也比较善于逃跑这次他又安全逃回来了。这一下裴大人彻底认清了形势,山西确实是来错了,打仗不是个容易的事情。裴寂这个人本来就胆小,属于那种敢出坏主意,不敢干坏事的人。眼看宋金刚来势汹汹,裴大人下令唐兵全部放弃进攻,一律据城固守。然后把老百姓赶进城池和要塞里面,坚壁清野把老百姓家的粮食一律烧光。裴大人的举措立刻起到了火上浇油的效果。你想,人家老百姓本来日子过得好好的,你一句话不说就把人家强行安排到集中营里,还把人家的粮食给烧了。唐朝是农耕社会,老百姓家的粮食就相当于现代人的存款,你家的存款一夜之间被清零了,你能干吗?敌人还没来,你就自我实行三光政策,老百姓哪能不生气?结果宋金刚还没来,裴寂身边的州县先闹起了民变,一个叫吕崇茂的人一下子拉起了几万人的队伍。这一下山西的局面终于不可收拾了。回想一下整个过程,把这事向前捯到头,要是李元吉当初让张达冲锋陷阵的时候给人家配备足够的人手和骑兵,最终的结局大概不会如此。这就好像是多米诺骨牌的第一块,最终在裴大人的配合下,山西彻底乱了套。

山西乱了,李渊怒了。他怎么也没想到自己经营数年的老根据地几个月的工夫就这么丢得干干净净。李渊不得不认真思考下一步的对策。山西能否收复为什么要考虑?当然要收复。要收复就要调集人马,筹备粮草,可眼下河北那边也出事了。

山西这边一败涂地，河北、山东那边也是一塌糊涂。不省心，都不省心。河北、河南、山东这相连的一大片本来是李密的老根据地，李密失败投唐，当然就得找信得过、有能力的人来接管这一大片地盘，建立大唐的冀鲁豫根据地。李渊派出的是自己的堂弟李神通。李神通当然是信得过的，但是李神通是不是有能力就两说了。但是这个时候，好像信得过更重要一些，所以能力有限的李神通弟弟出发了。

李神通率兵东进第一个要解决的就是宇文化及残部。宇文化及这时候还在，虽说大势已去，但是烂船还有三斤钉。宇文化及拿出了从江都杨广行宫里带出来的金银财宝招兵买马，不少土匪组织纷纷加入了他的队伍。李神通刚来的时候不知底细，觉得拿下宇文化及这点儿残兵败将应该是个小菜一碟，没想到一开打，发现不对劲，这个骨头挺难啃，人家人马不少。于是重新部署，组织火力，协调进攻，猛攻宇文化及集团的首都聊城。宇文化及这一下不行了。人马虽然不少，但都是土匪出身，战斗能力有限，和唐兵比那是有差距的。而且人马多了，吃的就费了。金银珠宝不能当饭吃，打了一阵子，宇文化及的粮食眼看就撑不了几天了。宇文化及向李神通请求投降，争取宽大处理。

可万万没有想到的是，投降这样的好事到了李神通那里竟然通不过。李神通不接受投降，一定要擒杀宇文化及。这是怎么回事？

因为李神通一直惦记着宇文化及手里的那些隋宫财宝，你这一投降，所有东西登记造册，全都得拉回到李渊那里，听李渊的安排，那我和我的弟兄们刀光剑影地忙活了这么长时间岂不是白弄了？宇文化及眼看就撑不住了，到时候聊城一破正好可以趁乱大捞一票，所以李神通不同意。他的副手崔世干急了，宇文化及投降正好立功，你怎么能因为贪恋隋宫财宝而放弃这个机会呢？河北窦建德兵马已经上路了，目标就是聊城。万一到时候聊城你没有能拿下，窦建德的人马又到了，咱们腹背受敌，这不全都扯淡了吗？崔世干坚决反对李神通。李神通呢？哎哟呵，你小子敢反对。我不跟你废话，直接叫人把崔世干给捆了，关禁闭。就在李神通和崔世干折腾的时候，宇文化及的弟弟宇文士及从济北督运的粮草到了，这一下宇文化及军心大振。好你个李神通，不让我投降，好吧，老子现在有粮食了，不怕你了，现在就陪你玩。逼上绝路的宇文化及开始和李神通玩命了。这一下李神通悲摧了，前两天眼看着不行了的宇文化及这几天像打了鸡血一样和自己的人马玩命对砍，聊城一时半会儿还就是拿不下来。就在这时窦建德到了。

窦建德惦记宇文化及也不是一天两天了，李密失败后这么大的一块地皮，窦建德当然也想要接收几亩，所以大军南下直扑聊城。李神通一看不好，只好退兵。窦建德接着围住聊城日夜猛攻，这一下宇文化及撑不住了，窦建德本来是江湖大哥出身，在道上很有名。宇文化及手下新招募的这帮土匪一听是窦建德大哥来了，基本上就开始准备投降开城事宜了。结果没过几天，老牌土匪头目王薄就打开了聊城城门，打着"聊城人民欢迎您"的条幅把窦建德迎接进了聊城。

宇文化及兄弟、前隋政府高级官员、各个机构组织、隋宫宫人、皇室亲族和金银财宝都落入了窦建德的手里。宇文化及兄弟一家，和在江都血案中负有责任的责任人都被砍了脑袋。

现在窦建德腰杆子粗了，要钱有钱，要人有人。拿下聊城后，窦建德并不满足，他还要尽可能多地占领地盘，挤压大唐冀鲁豫根据地的范围。李神通不是窦建德的对手，步步败退，最后退到黎阳和李世绩合兵一处。

直到此时局面虽然很坏，但还不是最坏，至少还有黎阳。而且窦建德似乎也不想把大唐公司惹急了，所以已经准备停战，回河北。可偏偏这个时候，一个偶然事件彻底改变了形势，将大唐公司冀鲁豫根据地的形势推向了最坏。

窦建德行军一般全军分为左中右三军，中军是辎重和粮草，左右是步骑兵，窦建德亲率千人左右做开路先锋。

李世绩手下有一个打仗很猛的人物叫白孝刚，这个人非常骁勇也非常二。窦建德收拾包袱赶路回家那天正好是白孝刚负责侦察敌情，很不巧碰到了窦建德亲自率领的那一千人。白孝刚一看到窦建德的旗帜，不请示，不汇报，不考虑后果，直接带着自己的两百来人就杀了过去。猛人的手下一般都比较猛，窦建德打了好多胜仗，准备回家，精神比较放松，没想到会在已经要回家的时候遭到突袭，仓促之下一千多人愣是被两百个猛人冲了个七零八落，要不是窦建德的马比较好，他很可能就成了白孝刚的刀下鬼了。可也就在这个时候，窦建德的右军主力赶到了，几万人一拥而上，这一下轮到白孝刚傻了，两百多人被几万人包了饺子，白孝刚被击毙。

白孝刚死了，窦建德怒了。

本来窦建德对李唐公司、对李世绩一直比较客气。尤其是李世绩，大家以前都是道上混的，都很有名气，所以彼此敬重，井水不犯河水。现在姓李的你给我来这么一下子，那就不要怪兄弟无情了。要不然弟兄们面前，我窦建德的脸面放不下，所以窦建德下令三军掉头直扑黎阳。黎阳这边对于窦建德的到来显然准备不足，没想到老窦会对黎阳下手，窦建德大军一拥而上，没费劲就拿下了黎阳。李神通被俘，魏徵被俘，李世绩的老爹被俘。只有李世绩到底军事经验丰富，一看不对劲跑出了黎阳。人虽然出来了，但是一清点人马，跟自己出来的就几百人，再一打听老爹还被人活捉了，左思右想只能投降了，所以又回到黎阳投降了窦建德。

这一下大唐公司的冀鲁豫分公司算是完蛋了。你想想这么个情况李渊能不上火吗？当务之急就是要稳住局面，要想稳住局面就得反击，先夺回山西。夺回山西对人心对局势起到关键作用，不容有失。显然这个时候派自己最能打的二儿子李世民领军出马是最合适的，可现在李渊有点儿犯愁，因为李世民最近跟自己闹情绪。什么事？就是刘文静谋反这件冤案。

第28章　转危为安

刘文静是李渊造反最早的创意人，在李渊建立大唐王朝的过程中居功至伟。所以在建立王朝后刘文静被封的官职很高，是财政部长(民部尚书)、鲁国公。刘文静对这个待遇并不满意，不满意的原因是有一个在他看来才能平庸、远不如自己的人比自己的待遇高，这个人就是裴寂，官职是首相(尚书右仆射)。

刘文静和裴寂以前关系还不错，也常在一起吃吃喝喝，谈谈理想什么的，所以刘文静对于裴寂的能力很了解。在刘文静看来裴寂才智平庸，没什么大眼光、大才干。太原首义裴寂其实是被半胁迫参加的造反，而且在起兵的整个过程中没有立过什么大功，倒是动不动老打退堂鼓。但是这样的人却往往有另外一种能力，就是看人眼色，揣摩领导意图，拉关系，拍马屁，八面玲珑、左右逢源，往上爬全靠软实力。刘文静不同，他恃才傲物，性格刚烈，从来不愿意做低声下气的事，而且打心眼里瞧不上裴寂这路人。

现在平庸的裴寂大人成了自己的顶头上司，刘文静愤愤不平。除了官比自己大，在李渊那里裴寂也比自己有面子。裴大人和李渊是铁哥们儿，出入李渊的后宫就跟到自己家里一样。李渊对裴寂也是兄弟长兄弟短的，这让刘文静很吃味儿。你想李渊造反这一路走来刘文静出了多少力，诬告王威、高君雅，深入草原联络突厥，在潼关断后和屈突通血战。刘文静这个财政部长那真是凭本事打出来的。你裴寂有什么？除了和李渊一起搞过杨广的女人，就是和李渊一起吃吃喝喝,凭什么你当这个首相,你有那个本事吗?

因为看不起,所以对不起。只要刘文静和裴寂一起讨论政府事务,刘文静一定故意跟裴寂作对,你说东我偏说西,你同意的我一定反对。裴寂本来能力有限,刘文静才略过人,两人一论辩裴寂往往不是对手,这样就搞得裴寂很难堪。当首相的不如财政部长有本事,成了很多官员的共同认识,裴寂这一路走来确实没有什么显赫战功,威望先天不足,在总理这个位置上被刘文静天天找麻烦,干得很不舒服。裴寂不舒服,当然也不会让刘文静舒服,所以后来两个人就成了死敌。

刘文静对裴寂的不满渐渐发展成了恨之入骨。有一天在和自己弟弟家宴的时候,刘文静喝大了,居然拔出宝刀砍在桌子上,愤愤地说,总有一天要把裴寂的脑袋剁了。刘文静说这句酒后狂言的时候,旁边有一个不得宠的小妾,这个失去了刘文静宠爱的女人把这句话记住了。

又过了几天,刘文静家里来了一个巫师。怎么回事?原来刘文静在长安新分的大宅子老是发生一些不明原因的怪异现象,习惯中我们把这种现象叫闹鬼。刘文静的弟弟刘文起就找了一个巫师做法事,驱鬼。那位巫师月夜之下披头散发,嘴里衔着一把刀,磨磨叽叽在刘文静家里念念有词。将这个场面和刘文静前两天说的酒后狂言不怀好意地联系在一起的话,就可以得出这个结论——刘文静要动手了,要派小鬼杀裴寂。要杀裴寂就是和执政当局作对,和执政当局作对当然就可以看作谋反。所以这个刘文静曾经爱过的女人让自己的哥哥向有关部门实名举报刘文静。

裴寂的机会来了。负责审理刘文静案件的竟然就是裴寂和萧瑀。死对头成了自己的审判官,自己的生死就掌握在这个昔日的朋友、今天的敌人手里,这样的时候,刘文静依然狂傲如故。在他看来,这个审判正好是愤怒声讨自己所遭受的不公正待遇的机会。有本事的人往往如此,精于做事拙于做人。这个时候唯有装可怜,或者打死不认账才能有蒙混过关的可能。可是刘文静居然承认了,承认了自己对裴寂的不满和对自己待遇不公的愤怒。自己是首义功臣,为建立大唐王朝立下功劳无数,为李家王朝东打西杀。但是自己的待遇和裴寂比起来却相差悬殊,所以我刘文静确实不满意,所以酒后失言说了错话,就是这么个情况,你们看着办吧。

好你个刘文静,心里居然藏着这么大的怨气,裴大人的官是谁给的?是李渊李皇帝。你对裴大人不满当然就是对李渊不满,你对皇帝不满这个情况恐怕就跟准备造反差不多了。刘文静,这些都是你自己承认的,我裴寂可没有瞎编,没打你没骂你,没有刑讯逼供,你自己找死怪不得别人了。

大喜过望的裴寂拿着刘文静的供词给李渊汇报，李渊听完裴寂的汇报就说了一句话:听刘文静这话,造反是明明白白的事。刘文静的供词开始在厅级以上干部中传达,请大家发表看法。萧瑀等一批人的意见是刘文静心里有怨气是真的,但是造反不至于,不能划作敌我矛盾,那是要杀头灭族的。

尤其是李世民,坚持不能把刘文静打成反革命,李世民反复给自己的老爹做工作。刘文静是李世民最重要的盟友,两个人的关系恰似裴寂与李渊。这也是为什么刘文静敢在供词里大放厥词的原因，他相信李世民不会坐视不理。他估计自己顶多是个革职查办,像自己这样有本事的人不怕将来没有机会,一定能东山再起。但是刘文静实在是低估了裴寂对李渊的影响力。

裴寂对李渊说刘文静这个人的才干在咱们大唐那是首屈一指的，能文能武,但是这个人性格实在不好,受不了委屈,太傲,刚烈,胆子又大,现在天下未定,这样的人留着一旦成了对手,实在是不好办。李渊其实心里明白刘文静不会造反,自己只不过是生气刘文静对自己有意见,也没真心想要杀刘文静。但是裴寂的话让他不得不认真思考这个问题了。我以前看这段史书的时候觉得挺没道理,以当时的情况大唐是最有可能统一天下的,刘文静在这里混不下去,难道就能去投靠王世充、窦建德?不太可能。刘文静不会那么没眼光,给自己找一个不靠谱的老板,所以刘文静是不可能叛逃的。那裴寂的话从何而来呢?后来我琢磨明白了,刘文静的靠山就是李世民,刘文静既然能让李世民造反,为什么将来不会辅助李世民夺嫡争帝位呢?李世民不是太子,要想称帝就一定会有一场血雨腥风,那对唐王朝来说将是一场劫难。所以李渊反复考虑最终还是将刘文静兄弟以谋反罪处斩。

李渊的决定大大出乎李世民的意料，李世民实在是想不通为什么要杀刘文静。在用人之际居然先把自己的左膀给砍了,李世民想不通。但实际上,刘文静的退出却为另一个人腾出了位置,这个人就是房玄龄。他现在成了李世民的第一高参、总参谋长,李二公子的办公室主任,李二公子集团的核心。与刘文静不同, 房玄龄才智过人但却非常善于自处, 就是很善于和别人相处,在集团内部整合关系,调整管理,这使得后来贞观之治的众多明星人物得以放开手脚、大放异彩。房玄龄甘于居于幕后,不和众人争功。如果换成刘文静,依他的个性,一定不会有这样的雅量,那时候贞观之治还能否出现,实在是要画问号的。历史有时候就是这样有趣,一件冤案却可能在整个历史的进程中变成正能量。

刘文静死了,裴寂呢? 请命出关想露一手,结果把山西搞了一个一塌糊涂。李世民看到这个场面心里更有气,裴大人你不是很能吗?怎么不行了?李渊现在当然明白儿子的情绪。现在他自己也多少有点儿后悔。但事已至此,当务之急是解决山西问题,怎么能让自己闹情绪的儿子上马出征,而且还不带情绪? 你想这个时候找李世民挂帅出征,李世民说行,先给刘文静平个反再说,你怎么弄? 这个时候李渊表现出了绝对的老辣。

他把李世民找来商量当前局面,只字不提收复山西的话,而只说现在局面实在是凶险,我看干脆咱们放弃山西,以黄河为界只保住关中怎么样。李世民一听就急了。怎么能放弃山西?这是老根据地,有人有粮,刘武周他们占了这块地方,一多半是运气。你给我三万人马,我保证收复山西。李渊要的就是这个结果,马上下令派李世民就任山西讨伐总司令,出征山西。同时为了进一步理顺李世民的情绪,裴寂被就地免职。当然没过几个月裴大人又官复原职了。

从现在开始,李世民征战中原的战马出发了,原本这只不过是一次收复山西的战斗,但后来李世民将它变成了一统中原的起点。两年以后这个二十几岁的年轻人,让一个个不可一世的枭雄都成了自己的手下败将。现在排在第一位的是刘武周。

李世民带着三万精锐人马出发了,从龙门渡过封冻的黄河直插柏壁,逼近刘武周外围主力宋金刚的重兵集团。宋金刚知道李世民不是吃素的,听说他来了马上调拨人马,整治军械,调整布防,准备迎击。

但是李世民那头到了以后哪儿也不去,就地驻扎了。接下来干什么呢?搭建难民营,四方征集粮食。前一段时间裴寂大人把这里搞得鸡飞狗跳,老百姓四散奔逃。李世民一来就到处贴告示,告诉大家我李二公子来了,不用怕了,现在大冬天的,又快过年了,甭在外面东躲西藏的了,都到我的防区来吧,安安生生地过个年。这一下流落他乡的老百姓都纷纷回来了。老百姓跑的时候手里那都是拿着一口袋粮食的,这一回来粮食都进了李世民的大营。李世民这次出来粮食本来不太够,经过这么一个行动,李世民的粮食够了,行了,有粮食了就不怕和宋金刚耗了,看你能耗得过我。

有人有粮的李世民按兵不动,在这儿和宋金刚拼粮食消耗。不动是不动,但不等于不能动。李世民的眼睛死死看着宋金刚兵团。宋金刚等了好久,一看李世民没什么动静,看来李二公子不过如此,心里就有点儿怠慢了。刚好前方传来消息吕崇茂那里遭到了唐兵的攻击,宋金刚毫不犹豫地派出大将寻相和尉迟敬德率领人马前去救援。这股人马一上去就把唐兵打了一个落花流水,但是就在他们得意扬扬回宋金刚大营的时候,在路上遭到了李世民大军的埋伏,领头的就是名满天下的秦叔宝。秦叔宝刚刚投唐时间不长,所以表现得十分卖力,这直接导致毫无准备的寻相和尉迟敬德大败,手下被人家剁翻了两千多。回到大营没多久,这两个人又被派出去救援王行本,结果在回来的路上又遭到了埋伏,这次更惨,就剩下寻相和尉迟敬德两个人跑了回来。这两次大战让尉迟敬德认识到天下居然还有这么能打的唐兵,也让李世民发现了居然还有打仗这么猛的尉迟敬德。尉迟敬德那是有绝活的,在千枪万刃之中你就是伤不了他。他最大的特点就是善于躲闪长枪的刺击,一排长枪手一起上一起扎,愣是扎不着。而尉迟敬德还能倒出手来抢过长枪回刺,所以两次伏击尉迟敬德最后都能全身而退。这两次大战也让宋金刚不敢再轻举妄动了,他这几万人要是这么今天少几千,明天没几千的话,要不了多久就完蛋了,所以宋金刚也不出来了。

李世民的手下打了两场胜仗都有点儿飘了,纷纷请战要一举歼灭宋金刚。李世民呢,头脑极为清醒,他知道虽然打了两场胜仗,但是宋金刚主力还在,现在决战还不是时候。他现在还得继续和宋金刚耗着,看谁耗得过谁,等把你的军粮耗光就是我动手的时候。李世民这么一个二十来岁的年轻人能有这份耐心真是不容易。这样的拼消耗一拼就是小半年。宋金刚终于撑不住了,他的粮食先耗光了,又赶上青黄不接的时候,没办法只有退兵了。宋金刚开始撤退。

李世民的三万大军天天没事干,主要的工作就是吃饭、训练、睡觉,练得精力充沛,天天憋得难受。机会终于来了。宋金刚大军一动,李世民毫不犹豫立刻下令攻击。

李世民一动手,宋金刚那边立刻觉出了对手的可怕。在后边断后的寻相带领的人马与李世民的玄甲军先锋团一触即溃,没办法,饿着肚子的士兵们只想回家、无心恋战,被彪悍的玄甲军一冲击立刻溃散,寻相带着大家撒腿狂奔。

按照惯例,一般跑出去小半天基本上就出了敌人的追击范围了。不论是逃跑还是追击都是个体力活,都有累的时候,都得休息。一般来说追出去四五十里就差不多了,今天就追到这里,明天吃完早饭后再接着跑接着追。可李世民不是,他打破常规不休息,他不休息就搞得寻相这边也不能休息。这一下两边成了马拉松比赛了,寻相那边的人越跑越少,这没办法,最近老是吃不饱,肯定没体力。李世民就跟尾巴一样死死缠着寻相。寻相很愤怒,难道你李二公子不用吃饭吗?你说对了,李世民是没有停下来的想法,因为人家怀里揣着大饼呢。你也不想想李世民在老李家排行第二,所以打仗很二那是人家天生的特点。李世民这一通猛追,愣是一天跑了两百多里路。这个时候实在跑不动的刘弘基说话了,他请示李世民要不要停一停等一等后面的部队,等部队集结得差不多了再进一步追击,现在已经深入敌后两百里了,万一有个闪失……

李世民果断否决了这个提议,少废话,继续追。李世民心里明白,现在的宋金刚兵团兵退如山倒,军心大乱正如惊弓之鸟。如果耽搁几天给他喘息的机会,让他倒过一口气那就不好说了。所以这个时候不管多疲惫必须猛追,充分发挥我军能打硬仗恶杖、连续作战的特长,灭了姓宋的。

李世民的手下是很疲惫,但是一看李世民和自己一样上马出发了,那还有啥好说的？榜样的力量是无穷的，继续追！

终于在鼠雀谷，寻相的大军和李世民的大军碰到了一起。李世民的玄甲军面对对手毫不犹豫地发起进攻。这几千人实在是厉害，马快、枪急、箭准，冲到哪里哪里就倒下一大片。而且这些人不管怎么跑，都还能保持严整的队形，你根本冲不乱他们。寻相不断地组织人马围堵玄甲军，但是一次次地被冲击得七零八落。这样的过程一直持续了八次，天黑了。寻相溜了。

那天晚上留在鼠雀谷西边高地上的李世民终于宿营了。他得养养精神，因为与宋金刚最后的决战马上就要开始了。

终于，宋金刚与李世民在介休城下见面了。宋金刚现在的兵力是两万，还是有点儿本钱的，为了使自己的人看起来更多一点，他把队伍排成了绵亘七里的长阵，目的显然是吓唬李世民。你可以算算七里三千五百米，每一米站六个人，这个阵形显然太单薄了。一旦接战不但很容易被对手冲开，而且不好呼应救援。

李世民什么人，脑子多快？一看就知道怎么办了。他让李世绩率领人马首先攻击，只许败不许胜。等等，李世绩不是在窦建德那里吗？怎么回来了？这事说来话长，等灭了宋金刚再告诉你。李世绩与宋金刚大军一接触立刻败退，宋金刚那边一看以为自己的长阵真把李世民的兵唬住了，马上追击，这一下阵形肯定就乱了。李世民要的就是这个效果，绕到侧翼的李世民立刻发起冲击，几千精骑在宋金刚的两万人中左冲右突，如入无人之境。宋金刚的部队成了李世民的大餐，想怎么吃就怎么吃，想吃哪就吃哪。宋金刚一看不好，拔脚就跑。李世民这边收拾完这两万人，继续追赶宋金刚，一直把这小子追到了突厥的地盘。太原的刘武周一看宋金刚那边完蛋了，李世民已经跑到自己身后去了，马上毫不犹豫地跑路，带着自己的人一口气跑到了突厥人的地盘里。后来刘武周和宋金刚都给突厥人杀了，没办法，没有利用价值了，杀了还能在李渊那里多弄点财宝。

介休的守将尉迟敬德很识时务，在李世民的劝说下投降了。对尉迟敬德的加盟李世民极为高兴，不顾多人反对，直接任命其为右一府军主将，相当于正师级，而且继续率领旧部。山西回来了，尉迟敬德也来了，该是收拾王世充的时候了。别着急,还得交代一下李世绩的问题。

李世绩的情况是这样的,他投降了窦建德以后心情一直不佳。窦建德是李世绩的第四个老板了,这个人说老实话其实挺不错,公道、实在、善良、讲义气,但是李世绩就是觉得给这个人打工心里不舒服。为什么不舒服?在我想来,大概跟窦建德的出身有关。窦建德什么出身?顶多算个小地主,一不留神走了运混成了一方诸侯。这样的人在李世绩看来,将来绝不是可以一统天下的人,跟着他干没前途。老李家就不一样了,多少辈子的贵族出身,西魏八柱国之家,所以比来比去还是大唐王朝正规,规模也大,那里才应该是自己的出路。可问题是老爹在窦建德手上, 窦建德走到哪里都带着李世绩的老爹。李世绩这个人又特别重亲情,他不是刘邦,没有那种流氓气,所以李世绩成不了皇帝。李世绩的家庭观念很重,举个例子。李世绩晚年的时候有一次他的老姐姐病了,李世绩不但忙前忙后地给姐姐找大夫抓药,还亲自给姐姐熬药。要知道,李世绩当时那是国家元老级别的人物,家里婆子丫头一大堆,哪用得着他动手?但是老李就是不放心,一定要亲自给老姐姐熬药,结果一个没留神让火把胡子给燎了。这就足以想见李世绩这个人的人品。这样的人你让他不顾老爹的死活,一走了之,他干不来这个事。

所以李世绩一直暗中谋划找机会干掉窦建德,可惜出了岔子,没来得及动手事情就败露了。没办法,李世绩只能孤身一人逃回大唐这边。李世绩虽然对窦建德很不够意思,但窦建德真是一条汉子,他非但没有难为李世绩他老爹,还把李老爹和俘虏的李神通等大唐的高级官员、王室亲属都给送了回来,没动一根汗毛。

现在好了,刘武周被灭了,李世绩也回来了。该是收拾王世充的时候了。

第29章　初战王世充

王世充这一年可没闲着，他知道摊牌的那天不远了。所以这一年的主要工作就是三个：备战、备战、备战。但是说实话，他的备战效果很一般。为什么呢？原因挺多，概括来说的话，一个是地利，一个是人和，他都不行。

先看地利，王世充的地盘是洛阳周边，就是今天的河南省。这个地方当时北边和东边有窦建德、徐元朗集团，西边是大唐，南边是萧铣集团，哪个方向都不好惹。打仗是拼实力的，农耕时代土地就是实力的后盾。王世充要扩充地盘，壮大力量，往哪个方向都不行，上下左右给围得死死的。有时候好不容易打下几个村子，没过几天又给人家抢回去了。所以王世充怎么努力，都是白搭。地利实在是不行。

再说人和，本来王世充手里有皇泰主杨侗这张牌，多少能起到凝聚人心的作用，可以挟天子以令诸侯，和大唐分庭抗礼。可是王大人却把杨侗给弄死了，又杀了不少想拥立杨侗的高官，这么一弄，统治集团内部就不稳定了。

你别小看杨侗的作用，当时他活着的时候窦建德都主动找王世充联合，并且在名义上接受杨侗的册封和领导。

王世充杀了杨侗，肯定担心别人造他的反，那就得任命信得过的人。谁最能信得过？肯定是和自己有血亲的人呗。这一下他的兄弟、儿子、侄子全都成了政府高级官员，满朝文武基本上都姓王。这么一弄，谁还愿意给你打工？咱不姓王，没前途啊。

再有一个，王世充击败李密后，一下子扩充进来李密的劲兵狠将一大堆。对这些人的使用和任命那是需要好好动动脑子的。但是王世充搞得太简单了，就是加官晋爵，没什么区别。比如罗士信，一入伙就给了一个级别不低的将军干，罗士信本来挺满意，可是没过几天，王世充把叛徒邴元真任命了一个跟罗士信官阶相同的官。这一下罗士信恶心了，什么东西？和我一样。又过了几天王世充派人来跟罗士信谈话，说是自己的儿子看上了罗士信的战马，想让罗士信转让。罗士信是猛将，一般来说猛将都非常珍惜自己的战马，猛将的坐骑当然是猛马。在唐朝那个年代，武将的坐骑大概和文官的姬妾差不多，这东西怎么转让？可人家根本没打算你不同意，等罗士信谈完话出门的时候马已经给人家牵走了。这一下罗士信暴怒了，二话不说直接抄家伙造反，投奔了唐朝。而且罗士信还不走远，成了唐将以后，天天在唐朝和王世充的郑国势力交界的地方挑衅，搞得王世充日夜不宁。后来王世充派儿子来收拾罗士信，结果一开战，罗士信一个回合就把王公子从马上刺下来了，还好盔甲厚实，要不然小命就没了。这以后王公子再也不来西线了，工作重心完全转移到了东边，窦建德那边。

这么一看王世充的内部团队工作真的是不行。其实王世充也知道，他也不是不用心，不是没想办法。比如有一次，王世充的亲戚上班期间喝酒赌博被人举报了，王世充把这两个亲戚叫到自己的办公室当着举报人的面，打了十几个耳刮子，并且重赏举报人。王大人这么做就是想给人一个一视同仁、大公无私的样子，可惜没什么大用。建设团队要凝聚人心，不比打仗，那是要花时间、讲技巧、用真情的。王世充呢用的全都是领兵打仗的一套，核心就是兵者，诡道也。那是不行的。所以王世充折腾了一年，全是瞎忙活。现在好了，真正的对手来了，刀下见菜的时候到了，怎么办？王世充现在能做的事情只有一个，就是抓壮丁，把辖区范围内能抓到的壮丁全都集中到了洛阳周边。然后让自己的兄弟、侄子、儿子分别率领这些人马，组合成几个重兵集团，准备和李世民决一死战。

李世民那边出场的第一个选手就是凶猛的罗士信，他率领唐兵大军先锋直扑慈涧——王世充洛阳东边的前哨据点。王世充一听说罗士信这小子又来了,二话不说亲自带队把前一段时间抓壮丁弄来的三万多人都带上了,他要亲自解决罗士信。这小子这一年把自己折腾得够呛,天天在慈涧附近搞事。让王世充没有想到的是,他这一次的出手险些交上好运,因为唐兵三军主帅李世民比罗士信还要猛,居然走在了先锋官的前头。李世民打仗有个习惯,就是每次大战之前要亲自侦察敌情,带领小股精锐人马,深入敌后,探听虚实。所以这一次李世民还是老习惯,带领不到一百人的精骑走在了罗士信的前边。可万万没有想到,愣是和王世充的大军前锋碰了个正着。双方都是猝不及防,王世充的人一看唐兵人少,二话不说蜂拥而上。李世民他们当时的位置是在两个高坡之间,王世充的人顺着高坡就要包抄李世民的后路。还好高坡上边的面积不大,所以王世充的人马兵力虽然很多,但是一时之间也施展不开。李世民赶紧指挥大家迅速后撤,一边后撤一边左右开弓,不断射箭。要说李世民带出来的人马那真是不含糊,马快、枪疾、箭准、手狠。看着对手一层层压上来,照样不慌乱,边打边撤。关键是这箭射得太准,一箭一个箭无虚发。这样一来搞得王世充的骑兵不太敢冲得太猛。这时候王世充的前锋大将燕琪火了,我就不信了,这么多人拿不住你们这百十号人。燕琪带着十几人马就上来了,可等冲到李世民跟前的时候身后的人直接都给射光了,就剩下了自己,然后就被李世民给活捉了,一把钢刀直接架在了脖子上。谁再敢上来,立马剁了他。这么着,李世民才脱险冲了出来。这一仗打得实在是险,要不是关键时刻弄到了一个人质,还真难说能不能冲出来。当然王世充的人要是知道这百十号人里面有李世民,那恐怕十个燕琪也没有用。这还没完,最险的还在后面。等李世民带着扑腾扑腾的小心脏心有余悸地回到大营时,自己的人居然不开营门,而且还要开弓放箭。怎么回事?原来李世民这一仗打得太狼狈,汗流满面,混合着铁骑征尘,把自己弄成了一个大花脸,自己的人认不出来了。李世民只好在弓箭射程外,摘掉头盔,又抹了一把脸,然后高声喊话,这才成功回家。

好你个王世充,差点儿要了小爷的命,你等着,看我怎么收拾你。几天以后,李世民挑选精锐步骑五万杀向慈涧。但是他很失望,因为王世充跑了。

这又是怎么回事?原来王世充经过侦察得知,在这里跟自己交手的并不是经常寻衅滋事的罗士信,而是唐兵伐郑的主力,所以王世充迅速逃离战场回洛阳了。王世充的兵力实在是有限,三万人是他能调动的机动部队的全部了,这三万人跟兵力雄厚的唐兵相比劣势明显。洛阳城防坚固,王世充的想法是利用洛阳的坚固城防与李世民周旋,然后用自己的三万人马寻找战机歼灭李世民的部分兵力,并最终取得胜利。

李世民对没能在洛阳城外解决王世充当然很失望,但也不是一点儿收获没有,由于王世充皇帝的畏缩表现,使得他所辖地域的各级官员纷纷向李世民投降。李世民呢,对所有投降的官员一律优待,基本上是只要你投降,你原来的官职、待遇,全都不变。就是换一个公章,其他都和以前一样。这样一来,王世充的地盘越来越小。李世民呢,接收的地盘越来越多,而且还不用分兵去把守,当然形势越来越好。最关键的是,王世充南边襄阳的显州总管田瓒投降了,而且显州的位置很关键,正好在洛阳的南边,守着河南和湖北之间,这样一来,不但是二十五个县姓李了,王世充南边的路就被堵住了。

怎么会有这么多投降的?那是秃子头上的虱子——明摆着。眼看着李唐的实力越来越强大,王世充一开战又直接畏缩地回到洛阳,明显实力不行,这样谁还有心思给你卖命?赶紧投降,晚了李渊手里的官位就没有了。所以王世充阵营掀起了一场投降的高潮。这要是搁到别人身上,一看这个阵势,差不多就要投子认负了。可王世充不是,他异常顽强,就是不认输,还在这里死撑。那就只好来硬的了。其实王世充这样的对手最可怕,明明实力不济就是不投降,强韧无比。对付这样的对手,只有一个办法,就是比他更狠,更强韧。

李世民大军从不同方向渐次向洛阳靠近,不断清除洛阳周边的据点,形成围城的态势,该是快要最后交手的时候了,可谁都没想到偏偏就在这个时候,李世民的大军中却出事了。

李世民这边的事情是这样的。李世民这次来,带着很多平定刘武周之后的降兵。这些人以前都是农民出身,被逼无奈走上了造反的道路。刘武周完蛋了,本来想着可以回家安安生生种田过日子了,没想到又被李世民带到河南来打仗,这心里就带着抵触情绪,李世民部队的组织性、纪律性又要求得特别严格(这是李世民常胜不败的原因),这些人在刘武周那里自由散漫惯了,就有点儿受不了了,所以很多人就开始开小差、跑路了。山西人老乡观念重,跑路的过程中往往是要叫上几个乡党的,这样一来二去,人跑得越来越多。终于有一天一个叫寻相的也被叫走跑路了,想起来是谁了吗?就是和尉迟敬德一起投降李世民的原刘武周集团高管，他差不多算是刘武周降将中官阶最高的一位了。这一下事情闹大了。

一听说寻相居然跑路了，李世民手下的那帮子如狼似虎的猛将二话不说就奔向尉迟敬德的办公室,一进门一拥而上,尉迟敬德还没弄明白是怎么回事呢,就被这帮同事给掀翻在地,五花大绑了。按说尉迟敬德是一员虎将,怎么这么不经打?关键进来的个个都是虎将,我估计很可能有秦叔宝、程咬金、段志玄他们,都不含糊,再加上尉迟老兄又毫无防备,所以才会吃这么大的亏。你想想他现在的心情能好不,莫名其妙地受到这样的粗暴对待,能不火冒三丈吗?他破口大骂,自然少不了又会多挨几下老拳。

这帮人自发地殴打、捆绑了尉迟敬德,然后才向副司令屈突通汇报。屈突通一听就知道尉迟敬德肯定是冤枉的,尉迟这样的猛人,从来在战场上不是砍死别人就是被别人砍死,他怎么可能开小差?可眼下怎么办?事已经做下了,愤怒的种子已经在尉迟心中深深地埋下了,像尉迟敬德这样性如烈火的人物,他能善罢甘休吗?看来只能将错就错,尉迟老弟,只能委屈你了。屈突通马上把这件事汇报给李世民,并且建议将错就错杀掉尉迟敬德。大战之际,军心的稳定是压倒一切的。

李世民一听就不干了,哪能这么办事,明明是冤假错案还要将错误进行到底,这哪成!马上放人。现在你看出李世民和他爹的不同了吧,李渊碰到刘文静案件的时候，明知道是一个冤假错案但是照样要了刘文静的命，为什么?因为李渊这个年纪考虑问题往往会不由自主地把各方利益算进去,往往不是以事情本身的对错是非来判断,所以他会考虑良久最终杀掉刘文静。李世民不然,到底是个简单的年轻人,对是非对错看得很重。他不会去想什么谁和谁的关系,处理这个事情可能会得罪谁谁谁,可能会对以后什么事情产生什么影响。

现在鼻青脸肿的尉迟敬德被带到了李世民的办公室，办公桌前边放着一筐金银财宝。李世民对尉迟敬德说:我知道你受委屈了,心里不痛快,大丈夫心胸开阔,不要藏着掖着,要是你心里实在别扭,不痛快不想在我这里干了,这些金银财宝你拿走,到底宾主一场,你去哪里我都绝不拦着你。要是你还愿意留下,从现在开始,你就是我的贴身卫队长,全权负责我的人身安全。那些粗暴对待你的人,看我的面子你就不要太计较了。他们毕竟也是为了大局,以后大家还得在一个锅里吃饭,希望你能体谅,不予追究。怎么样?李世民的话说得够水平吧。一个二十几岁的年轻人,能有这样的胸襟气度,不简单。大概也正是因为年轻,所以李世民身上有年轻人特有的理想、热情、是非分明,不像他老爹那么老于世故、处事圆滑。大概还是因为年轻,也才能在几年之后的贞观年代开启一个生机勃勃、清新一派的帝国气象。

那天晚上,在李世民寝帐之外,站着心潮澎湃、手持长槊的尉迟敬德。在这一天,这位老兄就立下誓言要为帐中酣睡的年轻人出生入死。只不过让他和李世民都没有想到的是,这一天来得特别的快。

没过几天,李世民带领精锐亲兵五百骑出营侦察敌情。眼下王世充虽然很被动,但是洛阳还在他的手里,而且他的兵力没有受到很大的折损,实力仍然不弱。李世民和王世充照过一次面,有过一次对阵,那一次王世充低声下气在阵前求和,说是要和大唐和平共处、互不侵犯,李世民没搭理,王世充也没有再说什么,也没有开战,带着人马又回去了,然后就不出头了。所以李世民呢,就想亲自勘察敌情,看看王世充到底想干啥,看看有没有什么战机。这一天他和他的五百精骑刚刚登上魏宣武陵没多久,还没看出个所以然,王世充的步骑一万多人突然杀出,像蝗虫一样涌了上来,一下子把李世民给包围了。

怎么会这么巧?其实这就是王世充的战术,集中使用优势兵力,看到战机一拥而上,一口口吃掉唐兵。所以王世充隐藏实力,低声下气,同时广布哨探,一旦看到唐兵有哪支部队位置比较突出,比较孤立,有歼灭的机会就会猛扑过来。只不过王世充也没想到这么巧,居然把李世民给围住了。因为李世民偏偏就是一个喜欢孤军深入的主帅，这一点他和一千多年后的一个八竿子打不着的本家很像,那个人叫李云龙。

王世充这一万多人猛扑了过来，领头的是瓦岗军旧将单雄信。在评书《隋唐演义》中,单雄信是十三省黑社会的总瓢把子,江湖地位很高。正史中这个人马上功夫了得,善使一杆长槊,驰骋战阵之中进出如飞,所向披靡。他打仗的特点就是快,军中号称“飞将”。两军交手之时,单雄信对对方主将的位置极为敏感,每次上阵往往跃马横槊直奔对方的主将,速度之快让人胆战心惊。这一次也不例外,自己的人一围上去,他马上判断出李世民是关键人物,跃马直奔李世民而来。

李世民这边眼看四围王世充的兵马层层压上,赶紧组织防御四面放箭,迟滞对方的攻势,同时准备突围,就在这个时候,一个冷不防单雄信就冲到了跟前,李世民已经在单雄信的长槊攻击范围之内了。就在单雄信抬手挺槊要捅翻李世民的时候,突然有人高声断喝:快住手,这是秦王。说这话的不是别人,正是单雄信的铁哥们儿,目下在秦王身边效力的李世绩。单雄信一愣神,认出了李世绩(古时候打仗戴头盔,罩着脑袋鼻子),手下稍一犹豫的这0.12秒的时间，一个黑大汉和他的长枪就到了，不是冲李世民而是冲单雄信。对,这人就是尉迟敬德。这一枪可是毫不留情,要是实实在在地扎上,单雄信肯定就光荣了。单雄信到底是军中飞将,牛皮不是吹的,马上功夫是真有两下子,迅速躲闪,枪锋是躲过去了,但是人失去了平衡,摔下了战马。李世民这才算是捡回一条命。

接下来就到了尉迟敬德的个人表演时间了。尉迟敬德一杆长枪冲在李世民前边,杀入敌阵,长枪上下翻飞,左右冲杀,在刀丛枪林中如入无人之境,五百铁骑紧随其后,刀枪并举,护着李世民硬生生地从王世充密匝匝的军阵中杀了出来。好险!别急,还没完。冲出来以后,李世民不是马上撤离战场,而是原地打转又杀了回来。怎么了?李世民疯了?

不,李世民没有疯。李世民对战争有着异乎于常人的敏锐判断,他知道战机来了。自己天天想找王世充主力在野战中决战,现在主力露头了,不能放弃这样的机会,所以李世民要拿自己当诱饵,牢牢钩住这一万步骑兵,他要吃掉这股人马。冲出来以后,他一方面叫人迅速回营让副司令屈突通调集人马增援自己,一方面又杀回敌阵,缠住王世充的人马。这要是一般的将军碰上李世民这样疯狂的主帅,估计是死都不愿意再跟回来的,好不容易捡一条命,再给人家送回去,有这道理吗?但尉迟敬德不是,这个人基本上就是专门为打仗而生的,这是一个一天不打架就浑身难受的人物,打仗对他来讲就是吃饭,是一种生活的必需,所以疯子一样的尉迟敬德又跟着李世民风一样地杀了回来,还是一马当先,勇不可挡。后边的五百骑也都一个不剩全都杀了回来。疯了,都疯了。碰到这样的疯子将帅疯子兵,确实该着王世充倒霉。一万人愣是拿这五百人没办法。没过多久,屈突通亲率唐兵主力杀到,剩下的事情就没有悬念了,王世充的一万多人,除了骑兵跑得快,逃出去了一些,剩下的被砍翻了一千多,还有六千多手持长槊的步兵都成了唐兵的俘虏。王世充的大将陈智略, 就是曾经在李密面前保证击毙王世充后来又第一个投降王世充的那位仁兄被击毙。这一仗,王世充惨败。

得胜回营的时候, 李世民对着浑身是血的尉迟敬德说了一句话:"公何相报之速也。" 前几天的那一筐金银财宝晚上都被送到了尉迟敬德的大帐中,从此之后尉迟敬德就成为了李世民最为倚重的猛将。

王世充呢,真是祸不单行,这场大败没过多久,自己防区的东边就出事了。

第30章 围 城

王世充防区的东边是管州、荥州、汴州，大概就是今天河南郑州到开封这片区域。其中管州总管叫杨庆，这个人以前是隋朝政府的地方高级官员，后来投降了李密，李密失败以后又归顺了王世充。杨庆这个人能力还是有的，威望和群众基础也不错，所以王世充就让他来镇守管州。管州这个地方在洛阳东边，地理位置很重要，为了能套牢杨庆，王世充特别把他自己的侄女许配给了杨庆。

杨庆这个人脑筋很活，看到王世充现在不行了，就悄悄跟李世民暗通消息，准备投降。李世民当然高兴，现在洛阳就剩下东边还没有围住，一旦这一大片地方拿下了，那解决王世充就是一个时间问题了。所以李世民马上命令大将李世绩带领人马接应杨庆，接收管州。

看见没有，利益才是最大的能量，它能左右一个人的选择，想拿女人拴住别人，那是不行的。不过杨庆这个人还是挺重情义的，和王小姐夫妻一场，不能把她扔下。所以杨庆就跟老婆说了自己的投降计划，并且要她跟自己一起去长安享福。王小姐呢？没答应，也没有反对，等杨庆没注意的时候自杀了。杨庆唏嘘不已，但也只能如此了。李世绩占了管州，王世充当然着急。负责东边防务的是他的太子王玄应，王玄应在虎牢关驻防，离管州不远更靠近洛阳，听说管州出事了马上带兵杀了过来，结果没打过李世绩，自己人太少。

回来以后，王玄应马上派人到荥州和汴州征兵。派到荥州征兵的是大将张志。张志一到荥州，还没开口说话就被荥州守将魏陆给缴械了。怎么了？原来李世绩副将郭孝恪大概是和魏陆认识，所以给他写了一封信，魏陆呢，一看到信直接就投降了，而且是秘密投降，所以王玄应不知道，还傻乎乎地派人到这里来征兵，当然就被魏陆活捉了。然后更绝的是，魏陆又做通了张志的工作，张志也投降了。投降了大唐的张志，假冒王玄应的旨意让管州东边征集来的救援管州的王世充援军原地待命，然后让领头的张慈宝去汴州布防，接下来秘密做通了汴州守将王要汉的工作，让他干掉了张慈宝，投降了大唐。这一下，洛阳东边的这一大片防区就都姓李了。王玄应一看就剩下虎牢关了，这还了得，赶紧跑路，把防务移交给了别人，自己脚底抹油，溜回了洛阳。

现在的洛阳四面被围，时间是武德三年(620)的十月。

现在的王世充看起来没有什么希望了。

对王世充而言，目前明智的选择似乎应该是投降，毕章自己和李渊同事一场，都给杨广打过工，李渊对投降的前朝官员还是不错的。但是王世充就是不投降，这个狡诈多疑、神鬼难测的人一定要把这场比赛拖进加时赛，他的顽强与难缠超出了李世民的想象。而就在这个时候，王世充的希望真来了，突厥人又要动手了。

突厥人怎么又来了？事情是这样的。在陕北跟李渊作对的是梁师都，这个人尽管实力有限，但是在隋末的各路割据武装中绝对是最为顽强的一个，最后一直坚持到李世民就任皇帝好几年才被搞定。梁师都运气不好，在陕北和他对阵的是段德操，一个相当棘手的对手。段德操人马并不是很多，但是和梁师都交手，每次都能把梁师都赶出去好几十里。这样一来，慢慢地梁师都的手下心里就有点儿怯火了，觉得不是大唐的对手，早早晚晚都得被人家剿灭。所以有两个胆大的就直接带人投降了大唐。这一下梁师都害怕了，自己的实力有限，又跑了两员大将，这不行。所以他就去做突厥的工作。现在看来能阻止李渊的只有突厥了，梁师都费尽唇舌游说突厥处罗可汗袭击大唐。梁师都跟处罗可汗说，现在你们突厥之所以牛，那是因为中原现在四分五裂，一旦唐朝一统江山，到时候突厥的日子就不好过了。处罗可汗觉得梁师都说得挺有道理,就决定出兵。这次出兵,兵分三路,分别从陕北、山西和河北同时进兵,然后三路大军汇兵于山西,拿下山西之后让一个叫杨政道的小娃娃做山西地方最高长官,这是处罗可汗此次出兵的另一个目的。杨政道是谁?杨政道是杨广的孙子,江都血案发生的时候杨广一门男子几乎被杀光了。当时杨广的儿子齐王杨暕的一个小老婆有了身孕并且逃过一劫,这样就为杨家留下了一点骨血,这个孩子就叫杨政道。此时义成公主已经把萧皇后和杨家的亲眷都从窦建德那里接到了突厥,杨政道就成了杨广家族势力的代表人物,义成公主也希望能在中原有自己娘家一块地盘,所以也撺掇处罗可汗帮助杨政道在山西夺取地盘称王。到时候杨政道在山西当一个儿皇帝,河北是窦建德,河南是王世充,陕西四川是李渊,谁也甭想跟突厥叫板,这个计划如果实施顺利的话,李唐王朝能否统一中国真得画个问号了。可是你怎么想都想不到的一件事情突然发生,打乱了这一切美好的部署,就在突厥大军集结的时候,处罗可汗死了,死因很蹊跷。我猜可能是心脑血管疾病,所以发病很快。我觉得处罗可汗这个家族很可能有某种家族遗传病,几任可汗都是中年暴亡,寿命都不长久。那个年头医疗卫生不够发达,突厥人当然没有家族遗传病这个概念,大家很自然地把这件事和伐唐联系在了一起,就形成一种看法,要么大唐有什么神秘的武器可以在人不知鬼不觉的情况下干掉可汗,要么就是老天不让我们跟唐朝作对,看来伐唐的事情得放一放。

处罗可汗死了,突厥内部又是一轮抢班夺权、血雨腥风,在这一轮的比赛中,一个异常强悍的人物成为了突厥新的领导人,这个人就是颉利可汗,他成为了李世民日后最为头疼的对手,他的故事以后再说。

这个时候,你不得不感叹,老李家的运气是真好。我想要是那个时候有个人也拿着话筒问李渊:你幸福吗?他一定会说:幸福、幸福。幸福是什么?幸福就是眼看着落到你身上的倒霉事,咣当一下砸到别人脑袋上了。回过头来看看,大唐公司一统天下的过程中碰到过多少危机都是自行解决的,不知道这算不算是上苍特别的眷顾,它把前所未有的所有好运气都放在了李家身上。有时候你不得不承认运气这个东西,它在历史长河中的轻微摆动,就可能会改变整个历史的走向。后顾之忧没有了,该是和王世充彻底摊牌的时候了。李世民下令全军收缩包围圈,向洛阳城进兵。武德四年的春天李世民进围东都,当他的大军行进到青城宫的时候王世充亲率大军两万突然杀出,与唐兵隔水布阵。这个时候唐兵正处于搬家进兵的忙乱状态,大家对王世充会突然杀出都有点儿准备不足。为什么?因为王世充接连吃了几个败仗以后,一直龟缩不出,所以李世民这边的普遍认识是王世充认㞞了,不敢再出来找碴儿了。这一次李世民进围东都,大家就都比较放松,到了青城宫原本是要安营扎寨,可是王世充大军突然杀出,不免惊出一身冷汗。现在挖壕沟、设寨墙、摆拒马肯定是来不及了,而且对面王世充的人看上去一个个似乎都有一种不想活了的劲头。这一下子唐兵的军心就有些浮动,不少人开始琢磨一会儿亮家伙以后,要不要跑路。

关键时刻李世民到底是久经考验,他登高一看,王世充人马不少,看样子是把能拿得动刀的人都叫出来了。这说明王世充是要孤注一掷了,今天这场战斗应该就是和王世充的最后一战,这一仗打好了,以后对王世充将无仗可打。所以李世民立刻开始和各级将官做战场动员,他告诉大家王世充今天是翻出了家底来打这一仗的,就是希望能侥幸取胜,今天灭了他,他以后不会再敢出来了(今日破之,后不敢复出矣)。然后李世民立刻部署作战方案,副司令屈突通率领五千步卒首先渡河攻击,交手以后立刻施放狼烟,这个时候绕到王世充侧翼的李世民立刻率领最精锐的玄甲军冲击敌阵,最后大军疾进,解决战斗。

这是一个相当完美的计划,但是李世民没有想到的是这一仗会打得如此凶险,因为他的对手是王世充。王世充绝对是他所有碰到过的对手中最难缠的一个,这一仗王世充与李世民一样冲锋在前、血染征衣,他们都几乎险些在血战中送命,只不过历史最终又再次眷顾了李世民这个年轻人。

屈突通的五千步卒手持长槊冲了上去,看到狼烟的李世民率领玄甲军也杀气腾腾地冲了上去。一般的对手碰到李世民这样的打法基本上坚持不了几下阵形就会大乱,但是这一次不同,王世充的人马异常顽强。要知道,这些人中不少也是和王世充一起百战余生的人,打仗相当老辣,再加上王世充本人这次也是身先士卒，所以碰到李世民和屈突通两路人马的猛烈冲击居然没有混乱。相反倒是李世民的玄甲军被隔成了几节，王世充的人马和李世民的部队全都搅在了一起，完全乱了套，乱了，乱了，都乱了。乱就乱吧，现在顾不了那么多了，砍翻你眼前的敌人就是了。这场大战凶险到什么程度？连尉迟敬德这样的贴身护卫都被从李世民身边给隔开了。激战中，李世民曾一度发现自己身边就剩下丘行恭一个人了，这还不算，前边一支冷箭正好射中坐骑，那匹马是真不错，没有立马翻倒把李世民摔下来，又挨了好几箭，才慢慢倒下。后来李世民把他一生征战中骑过的六匹战马都雕成了石像放在自己的陵寝昭陵，这就是有名的昭陵六骏。其中一匹叫飒露紫的就是今天李世民阵亡的这匹。王世充的骑兵一看李世民的战马倒了，马上就要冲过来。丘行恭这个时候是真给力，张弓搭箭对着来人一箭一个，这一下对手不敢紧逼了。丘行恭赶紧趁这个空当，跳下马让李世民骑上，然后自己手持长刀冲到李世民马前开路砍人。李世民身边的人基本上都是猛人，这位丘行恭也不例外，绝对的勇猛，对血腥似乎有着病态的痴迷，后来他曾把一个被怀疑要造反的人杀掉，把心脏挖出来生吃了，够不够恐怖？现在恐怖的丘行恭是真急眼了，这样一个嗜血如命的狂徒愣是用长刀在王世充的军阵中劈出了一条血路，带着李世民回到了自己的队伍里。李世民回来了，但是段志玄却被人家抓走了。段志玄是谁？那么猛的一个人，怎么会被活捉？不错，段志玄是猛，不是一般的猛，所以段志玄冲得就特别狠，结果因为打得太猛，冲得太远，冲到人家的人堆里了，马被人家给放翻了，挠钩一上活捉了。然后两个王世充的骑兵一边一个抓住他的发髻夹着段志玄就往回跑，回去领赏。等到洛水边上正要过河的时候，段志玄突然发力从地上一跃而起，踹飞了一个，拉倒一个，抢过一匹马抓住一杆枪就往回跑。大概是因为段志玄的动作特别勇猛，后面一百多王世充的骑兵愣是不敢使劲追。

怎么样，这一仗够不够凶险？

李世民手下那帮如狼似虎的猛将真是都玩命了，秦叔宝、程咬金、尉迟敬德一个个全都杀红了眼，几个人都一身是血，像恶灵附体一样恐怖。王世充那边也玩命了，王世充是真不容易，一般人碰上李世民这帮狼兵走不了几个照面，但是王世充硬是能不断把被冲散的部队集结回来，把冲乱的阵形调整整齐，这样的过程王世充进行了四次。现在大家都在苦撑，你被砍翻一个，我被扎穿一个，就看谁这一口气先泄掉。最后王世充终于在坚持了整整六个小时后放弃了。王世充实在拼不起，自己毕竟人少，这样下去那点家底要不了多久就得全交待了，只能跑路了。

想跑，哪那么容易？李世民纵兵缠斗，最终王世充被李世民连俘虏带砍翻，赔上了七千人，才跑回了洛阳城。

王世充回去了，李世民毫不犹豫下令攻城，四面围住猛攻王世充。就在这个时候，突然一块块西瓜大小的石头从天而降，砸在了李世民的军阵中，紧接着一根根长枪，或者应该说是巨型长枪，射进了李世民的大军之中。乱石过处地动山摇，长枪一线血肉横飞。这是怎么回事？

这是王世充备战时研发的大规模杀伤性武器——抛石砲车和八弓床弩。

砲车就是投石器，你要是玩过三国游戏，应该知道它的样子。这个东西曹操和袁绍在官渡之战的时候用过，非常适合攻击对手的密集阵形，虽然准确性较差，但是给对方造成巨大的心理恐慌。你想想，从天上落下来一块块西瓜大小的石头奔你脑袋而来，你万一躲不开，用盾牌都没用，连盾牌一块都能给拍散了。还有八弓床弩，这个东西更可怕。它其实就是巨型弓箭，只不过不是一张弓，而是八张巨型长弓，八张长弓加在一起的弹力是非常恐怖的。八张弓人是无论如何拉不开的，拉开这样的八张弓用的是绞盘，转动绞盘，拉开弓弦扣住机关，然后瞄准敌阵触动机关把箭射出去。当然八张弓射出去的箭，那就不是一般的普通弓箭了，那都是巨箭。巨到什么程度？据说箭镞像斧子一样大。这个东西的威力到底有多大？央视十套《我爱发明》这个节目里曾经介绍过，有一位能人仿制过一架三弓床弩，电视里试射过，他射出去的加了箭镞和尾翼的台球杆子能射穿一百米外直径十厘米的小树树干。三弓床弩已经这么厉害，八弓床弩能不恐怖吗？这个家伙射入军阵中一下子能穿透好几个人，拿着盾牌根本没有用。

李世民原来以为王世充大败而归，军心已乱，拿下洛阳应该是比较容易的,所以直接下令部队不给王世充喘息之机,四面猛攻。但是没有想到,王世充极为顽强,抛石砲车和八弓床弩给自己造成了很大的伤亡。尽管洛阳城里确实有些想投降接应李世民入城的人,但是都没能成功地打开城门,还没起事就都被王世充收拾掉了。李世民下令三军昼夜不息轮班攻城,一直猛攻了十几天,结果部队实在是攻不上去,伤亡不小。现在从各级指挥官到攻城士兵都有点儿底气不足了。刘弘基请求班师,这么打下去不是个事。甚至连李世民的老爹李渊也从长安给他带来了密旨,部队伤亡太大,有必要班师。李世民对于自己的各级指战员的负面情绪非常了解，他下了一道很简单的军令来解决这个问题:敢言班师者斩。然后他派人回去专门给李渊讲解目前的局势。现在洛阳以东的大片州城府县都已经在我们手里,还有不少准备要向我们投降,如果现在班师,那么这些地方就不得不放弃,这样一来就给了王世充喘息之机,让这个狡猾如鬼的人捯过这口气儿,以后更难对付。眼下洛阳已是一座孤城,要不了多久一定能拿下,这个时候退兵,就是功败垂成了。

李渊最终同意了李世民的行动计划,继续攻击洛阳。其实,打仗有时候指挥员的战斗意志和决心才是左右胜负的关键。

当然李世民也不会一直拿自己的士兵跟抛石砲车和八弓床弩较劲,他下令三军退到对手射程之外,然后开始进行一项土工作业。干什么?挖坑、挖壕沟,用壕沟把洛阳城围住。这是干啥?干啥,就是困住你,让你出不来。你不让我攻进去,行,我让你也出不来。洛阳城那么大一个大都会,每天得吃多少粮食?我倒要看看你能撑多久。这下洛阳城里乱了,粮价暴涨,贵族家里的金银财宝这个时候全都不值钱了,粮食成了唯一的硬通货。洛阳城里的人每天都在想办法找吃的,朝廷里的厅局级干部天天上班都背着粮食袋子,四处想法弄吃的,饿死了不少人。老百姓死的就更多了,皇泰主杨侗在的时候曾经从洛阳城外迁进洛阳城三万多户人,后来就剩下了三千户,百分之九十的人都饿死了。

局势已经这样了,王世充的坚持似乎已经没有任何意义了。但是他就是死不投降。李世民给他写过不止一封的劝降信,王世充每次收到的反应都一样,不搭理。为什么王世充会如此死硬?因为王世充在等一个人,他最后的一个希望,这个人就是窦建德。

怎么回事?王世充怎么又和窦建德搞到一起了?王世充和窦建德以前已经翻脸了,我说过王世充地利不好,往哪个方向发展都受限。王世充原本和窦建德还说得过去,后来他趁窦建德回河北的时候,攻击了窦建德的黎阳地盘,这让窦建德很愤怒,从此两家结下了梁子。李渊这次讨伐王世充之前,也专门跟窦建德通过消息,表示了友好的姿态。窦建德呢,也很高兴,为了表示和唐永久和平的诚意,还专门把俘虏的大唐的同安长公主给送了回来。所以唐兵对窦建德一直比较放心,可是现在万万没有想到,窦建德居然要为王世充出头,他的十万大军正向洛阳杀来。窦建德为什么会改变主意在这个时候蹚这浑水,李世民面对突然出现的这个强大对手又会做出怎样让人震惊的选择呢?

第31章 抉 择

窦建德为什么要来蹚这浑水呢？

其实，原本窦建德的打算是在唐攻击王世充的时候，趁机攻取附近臣服于王世充的孟海公割据集团，拿下这个家伙正好扩大地盘，壮大实力。所以在唐攻击王世充不久，窦建德就开始了扫平孟海公的行动。差不多是在王世充的洛阳被唐兵彻底围死的时候，窦建德也解决了孟海公。

王世充那边呢？在唐军兵围洛阳时就开始做窦建德的工作。王世充知道自己实力有限，打不过李世民，所以必须依靠外援，他派出了自己得力的说客来游说窦建德救援自己。窦建德本来对救援王世充这件事比较犹豫，大唐毕竟不是好惹的，况且王世充这个人又狡猾凶狠，为这么个人卖命不值当。但是窦建德的作战参谋——一个叫刘彬的人提醒他，说现在中原实力最大的就是李渊建立的唐、王世充建立的郑和窦建德建立的夏。三个政权原本是一种鼎足而立的关系，现在唐决心要灭了郑，这个仗已经打了半年多了，眼看着王世充就不行了，一旦王世充挂了，接下来咱们夏恐怕也就危险了。所以我们不如和郑和好，发兵救援，到时候与王世充里应外合，一定能把李世民击败。赶跑了李世民，咱们再看，要是有机会干脆就把王世充灭了。到时候我们合两国兵马，再去攻击被打败的唐，这天下不就是我们的了吗？窦建德听了以后觉得挺有道理，最终决定与王世充结盟。

虽然是结盟了，但是窦建德有自己的小算盘。他知道要是现在就发兵救援王世充，虽然成功的机会很大，但是王世充的实力还没有被李唐消耗多少，到时候，要是自己想灭了王世充会费点周折。他得拖一拖，让王世充和李世民把实力都消耗得差不多的时候再出手，正好可以渔翁得利。刚好现在正在攻打孟海公，怎么也得忙完了这件事再说。当然，为了给王世充打气，让他能坚持住，窦建德派人告诉王世充：兄弟撑住，我很快就来了。对李世民那边呢，窦建德又摆出一副和事佬的样子，派人找李世民给王世充说情，说是看我的面子，放过王世充吧，咱们都罢兵吧。李世民呢对窦建德的使臣很不感冒，直接叫人把他找个地方关了起来，就当没见过，根本不给窦建德回信。

当然窦建德也不介意，本来就是做样子，等老子先灭了孟海公他们再说。等到武德四年二月李世民这边彻底击败了王世充的反扑，围死了洛阳城的时候，窦建德也终于灭掉了孟海公集团，孟海公本人被活捉。这一下窦建德神气了，行了，差不多了，王世充那边也耗得可以了，该是要去洛阳的时候了。窦建德把孟海公降兵全部编入自己的战斗序列，然后又把另一股当时依附王世充的徐元朗集团的兵马全部征集，再加上王世充在附近的地方武装总兵力十万，号称三十万向洛阳进军。

也就是在这个月，还发生了另外一件相对而言比较小的事情，但是这件小事对以后整个的战局却起到了至关重要的作用。这件小事就是王世充的郑州司兵沈悦暗中投降了李世民，他当时是虎牢关的守将之一。投降之后他悄悄接应李世民大将王君廓拿下了对洛阳至关重要的东方门户虎牢关。

虎牢关的位置在今天河南省的荥阳，它的地位就好比潼关之于关中长安。这个地方在嵩山和黄河之间，位置险要，守住虎牢关就确保了洛阳东边的安全。现在这个地方是李世民的了。

窦建德来了，真的来了。他的到来引起了李世民手下的各级将官的强烈震动。洛阳现在打得这么艰苦，围了一个多月，什么也没拿下，自己还有不小的伤亡，现在窦建德又来了，跟王世充一起内外夹攻，这让任何一个正常人看来都只能是退兵了。所以在李世民召开的军事会议上，从副司令屈突通以下的所有将佐基本上都是一个意见：退兵。至少是先退到一个不能让他们里应外合的地方，然后观察观察再说。在这一片嗡嗡的退兵声中，有两个年轻人却在众多身经百战的将军中提出了完全不同的意见:开打。

这两个人一个是李世绩的副将郭孝恪。这个人我们不止一次提到过了，绝对是一个有本事的人物，他和李世绩一样打了一辈子的仗，后来战死在西域的沙场之上。郭孝恪的意见是王世充现在基本上就剩一口气了，就是靠着窦建德的援兵吊着这口气，现在窦建德来了，来得好，这叫什么？这叫"天欲两亡之也"，现在虎牢关刚好被我们拿下，我们把这个门户守住了，伺机而动，一定能击败窦建德。

另一个表达了开战愿望的是一个文化人叫薛收，当时在李世民身边当秘书。薛收这个人文章写得很好，他的父亲也是个文化人，名气更大，叫薛道衡，有点儿文学史知识的人应该听说过。薛收从小是过继给叔叔家的，很小的时候就以文章好而著名，他们薛家三兄弟被称为"三凤"。薛收的意见是王世充现在占据洛阳，钱他有的是，而且他的军队主力都是他从江淮一带带过来的精锐，战斗力很强。现在缺的就是粮食，所以才被我们围住，求战不能，守城也不会坚持很久，没有粮食总归是扛不住的。现在窦建德来了，窦建德手里有粮食，要是窦建德的粮食送到了王世充手里，那王世充这帮百战余生的狠将劲卒是绝对不会束手就擒的，肯定得跟咱们接着干。跟这帮人打仗，确实是比较费力，就是能打赢实力也会受到不小的损伤。再加上一个窦建德，那大唐的统一大业就恐怕遥遥无期了(混一之期，殊未有涯也)。薛收建议，现在分兵两路，一路继续围困洛阳，但只是围困绝不进攻，即使王世充主动求战，也绝不进攻。另一路由李世民亲自带领，抢先占据虎牢关，整训部队，以逸待劳等待窦建德的到来，寻找战机击败窦建德，这样王世充没了指望，自然就会投降。

疯狂的李世民最终出人意料地决定，兵分两路，他要同时解决两个实力强悍的对手。准备了一桌饭来了两桌客，没关系。在他看来，王世充现在是强弩之末没有多少能量了，不用进攻，再等一段时间他的洛阳城就会不战而降。窦建德现在刚打了几个胜仗，正是得意扬扬的时候，这位老兄的部队其实作战能力有限，我卡住虎牢关就等于卡住了窦建德西进的脖子。他要是冒险求战，以唐兵的实力应该有把握击败他，他要是堵在那里不进不退跟我耗着,要不了个把月,洛阳城肯定就破了,洛阳城一破,围城兵力自然会来虎牢关,我就主动出击,扫平窦建德。兵分两路虽然是兵家大忌比较冒险,但实际上这确实是一个难得的一战而天下定的机会,所以李世民决心赌一把。而且他必须迅速行动,因为窦建德速度很快,前锋部队已经把刚刚到自己手里的管州、荥州攻破了,要是再把虎牢关拿下,那么东边就无险可守,想这么干都没机会了。李世民决心一定,迅速出击,带领三千五百名先锋包括最精锐的玄甲军直奔虎牢关而去。

现在你明白虎牢关的意义了吧，如果虎牢关现在没有在李世民手里，那他的这个作战方案根本不可能成立,这就像下围棋,有了虎牢关就有了先手。

还有一点，你不要看着李世民带领三千五百人就认为后来李世民就真的只用了三千五百人跟窦建德大战。我个人认为李供民绝对不可能只用这么少的人,李世民应该是带走了保证洛阳围城兵力的所有剩余兵力,三千五百人只是他的先头部队,后边应该还有后续部队不断赶到虎牢关。但是史料中对此有意忽略了,这样就会凸显出李世民的英明神武,所以在很多人的印象中李世民的虎牢关之战好像就是几千人灭了窦建德的十万人，我觉得基本不可信。但是有一点我非常确信,就是李世民身边的工作气氛一定是非常好的。为什么这么说？你看看开军情分析会的时候,屈突通什么身份？还有那些老将们,都不主张打,但是郭孝恪、薛收这两个年轻人就敢在这帮人面前高声表达不同意见,尤其是薛收,是个文化人,负责拿笔,动刀的事他也敢插上一嘴。这说明什么？说明李世民是一个任人唯贤、看重能力而不是身份的领导，这和他老爹李渊是截然不同的，所以才会有这样敢于展露自己锋芒、棱角和才华的年轻人,这样的人才有机会在这样的领导手下绽放光彩。贞观之治的氛围这个时候其实已经可以看到雏形了。不过薛收后来很可惜,没过多久年纪轻轻就病死了,李世民当皇帝以后经常说要是薛收在的话,我应该会让他做中书令,(相当于副总理)。

李世民走了，留守洛阳的是他的弟弟李元吉和屈突通。屈突通老成持重,是最合适的围城指挥人选,有他辅佐李元吉应该是让人放心的。

在这里我还想多几句嘴，跟王世充打了半年多这个时候李元吉才露面肯定是不正常的，总不能是李世民现在要去堵窦建德，然后把李元吉从长安专门派过来的吧。所以李元吉应该原本就在李世民这次的伐郑行动中，那么打了这么长时间，李元吉的表现史书上怎么一句也没说？这说明什么？说明李元吉这一段的表现记录被人为地清除了，什么原因？你懂的。但这也足以说明李元吉的表现是不错的，要是表现得很操蛋，后来当皇帝的二哥不会不记下来。现在李元吉和屈突通要专心致志地守着洛阳城里王世充这只猛虎，另一边李世民即将开始自导自演他人生中看似最为辉煌的一场伟大胜利。

第32章　虎牢关之战

李世民到达虎牢关的时候，窦建德先锋部队距离虎牢关仅仅只剩二十多里，好险！再晚半天，以后是什么情况真的就很难说了。虎牢关守军们对即将到来的窦建德十万大军惶恐不安，也就在这个时候主帅李世民到了，来得正是时候。李世民当然清楚现在部队的不安情绪，他知道要想打破这种不安只有一个办法，就是胜利。现在他需要一场胜利来提振军威、安定人心，同时也挫一挫窦建德的锐气。好在窦建德大军现在还没有全部集结到位，二十里外只有先锋几千人，就拿他们下手，晚了就没机会了。

第二天，李世民带着李世绩、秦叔宝、程咬金和尉迟敬德率领精骑五百出发了，在接近窦建德先锋部队营垒的地方，李世民将五百精骑埋伏在了道路两侧，然后自己只带着尉迟敬德和四个最能打的亲随士兵继续前进。在距离窦建德部队驻地三里路左右的地方，李世民他们碰到了窦建德的侦察游动哨。窦建德的哨兵对这几个人开始没太往心上放，觉得不过是唐军的几个侦察兵罢了，没什么大不了的。李世民一看人家没重视，不过来，这哪成？太不把我当干部了，你不过来我后边的五百人砍谁去？所以李世民朝着这几个人大喊，我是秦王李世民，来抓我呀。然后嗖地一箭正好把一个领头的射下马。这一下，人家火了，不管你是不是李世民，六个人就敢到我们大营门口撒野杀人，这还了得！这种行为不得到有效制止实在是说不过去。叫人，叫人，叫人！结果窦建德部队一下子就炸锅了，冲出来好几千人，骑马的跑步的，带家伙没带家伙的都冲了出来，就你们六个二百五，看一会儿怎么收拾你们。李世民呢，面对黑压压围上来的人，不慌不忙，引弓搭箭，左右开弓，专门瞄准冲在前边的，谁跑得快射谁，而且是一箭一个，箭无虚发。李世民的箭射得是真准，他老爹在射箭方面的优秀基因大概都遗传给了他。李世民使用的弓箭还特别有特点，一是弓比普通的弓要长，弓背更硬，所以弓的拉力惊人。二是与这种弓相匹配的箭，这种箭有个名字叫大羽箭，箭不但更长，而且箭尾上的箭羽用的羽毛特别大。这样可以让箭飞得更远、射得更准。当然这种弓箭造价不低，专供李世民独家使用，所以他才能用这样的弓箭在战场上百发百中，箭透厚甲。据说后来天下平定以后，这种大羽箭还有几支没有用完，李世民专门找了个地方把它们陈列摆放，让后世儿孙记住当年夺取天下之难。

李世民今天箭无虚发，还有一个原因，是他身边有万夫不挡之勇的尉迟敬德。尉迟敬德不但勇冠三军而且同样箭法如神，就算李世民没有射中的，尉迟敬德的第二箭也一定会补上致命的一下。有这样的猛人在身边，李世民非常放松，呼吸自然，这样才能完全发挥自己的射箭水准。

这一下，窦建德的人马虽然多但是不太敢靠得太近。李世民一看人家速度慢了下来，自己也就慢下来，生怕你不跟上来，上来了就射翻几个，你要是不来了，我就慢慢地等。就这么着，李世民一点点地把这几千人全都带进了自己的埋伏圈，时候到了。李世民那五百精骑突然前后杀出，五百人虽然不多，但这些都是李世民从玄甲军中挑选出来的精锐中的精锐，都是杀人不眨眼的狠角色，一下子冲进窦建德几千人的乱军队伍里，真就像是猛虎入羊群，所过之处血肉横飞。这几千人根本没有思想准备，一下就被打蒙了，根本不知道人家有多少人马，自己全都乱了套，反应快的立马转身向回跑。这下子更乱了，李世民的这五百精骑现在简直是在蹂躏窦建德的人马。等到尘埃落定战斗结束的时候，地上留下了窦建德人马的三百多具尸体，被活捉的还有不少，其中包括前锋主将殷秋、石瓒。唐兵军心大振。

好了，总算是缓过这口气了。现在要做的就是整军备战，等待着窦建德大军的到来，那才是正餐，现在的这场小胜只能算是开胃小菜。

还有一个好消息，李世民的舅舅窦轨从四川带来的援军赶到了洛阳，自己的后续部队这下可以毫无顾忌地全部赶到虎牢关了，有了后续部队的增援，心里更有底了。

没过多久窦建德也到了。原本窦建德是颇为自负的，自己的十万大军一到，估计吓唬吓唬虎牢关的守军，就足以让他们开门投降了。结果没有想到，人家根本不把他的部队当一回事。后来上来的部队和虎牢关守军交锋几次，全都打了败仗，等到大军集结完毕，人家又根本不出战了，守着关城，等着窦建德攻城。

冷兵器时代攻城是最吃力不讨好的事情。你以为我傻，我才不攻城呢！我就跟你耗，不信你能耗得过我。窦建德堵着虎牢关就这么跟唐兵耗上了。虎牢关的位置北边是黄河，南边是嵩山，周围山岭纵横，地势险要，卡住这个地方自然就卡住了西去洛阳的路，要想解洛阳之围，虎牢关是必经之路。所以现在的局面就形成了有趣的连环套，唐兵一部分兵力围住了洛阳，但是攻不下来，只能围困，洛阳城里的王世充粮食匮乏，也冲不出来，只能困守，两边僵持。这边李世民卡住虎牢关，堵住了窦建德，窦建德呢，其实也拖住了李世民，也僵持住了。现在似乎是谁也动不了了，就看谁能耗得过谁，不论是谁一旦坚持不住，整个战局就会立刻山崩地裂。

三十天后。

让窦建德没有想到的是，李世民居然在虎牢关跟自己整整耗了一个月，仍旧没有退兵的意思。让李世民没有想到的是，王世充居然又坚持了一个月，还是没有投降的意思。李世民原来估计只要他在虎牢关拖住窦建德二十天左右王世充就会撑不住，王世充的顽强真是超乎想象。窦建德现在也很难受，因为自己的部队是扫平了孟海公之后直接来的虎牢关，原来以为用不了多久就能击败唐兵结束战斗。可是万万没想到一个虎牢关就把大家堵了一个多月，从孟海公手里缴获的那些金银财宝都还带在身上，没送回家去呢，这心里实在是不踏实，自己的部队也出现了军心不稳、兵将思归的情绪。所以大家现在都很难受，都在想解套的办法。

最先想出办法的是窦建德的军师凌敬，他给窦建德出了一个主意。干吗非要在这里跟李世民耗着？我们完全可以绕过虎牢关，直接向北渡过黄河，重兵断后，然后再向北直插山西，抄李渊的老窝去，现在李渊把能调动的兵力都调到了洛阳，山西守备必然空虚，十万雄兵进入山西基本上是不需要费什么劲就能拿下不少地盘的，然后我们再摆出进攻关中的架势，李渊肯定会急调李世民回师关中。这样一来不但解了王世充的洛阳之围，而且扩充了地盘，壮大了实力，现在看来这是我们最好的选择。你看着是不是眼熟？没错，就是围魏救赵。窦建德一听拍案叫绝，马上布置准备，就这么干。

这一下王世充的人急了，窦建德的部队里混编着王世充的人马，还有王世充从洛阳派来的突围而出的求救使者。这些人一听，什么，你窦建德要北渡黄河，去山西，那我们洛阳怎么办？洛阳城里现在天天在饿死人，就指望着你窦建德呢。围魏救赵，说得好听，那也得洛阳城能撑得住哇，你这分明就是打着围魏救赵的旗号给你们老窦家抢地盘去了。所以这帮人天天找窦建德，鼻涕一把泪一把地请求窦建德不要采纳凌敬的意见，然后又开始找关系，找那些跟窦建德关系比较密切的高级官员，给他们送礼，请他们帮忙劝说窦建德。这帮子武将都是粗人没多少文化，对文化人都有点儿不感冒，一听说这个主意是凌敬出的，就纷纷跑到大哥那里嚼舌头，说凌敬就是一个书呆子，他懂什么打仗？窦建德本来就是讲义气的江湖大哥出身，这样的人最怕人家说自己没义气，再加上小弟们这么一起哄，耳根子就软了。最后窦建德决定放弃北渡黄河的计划。

窦建德告诉凌敬自己的兄弟们纷纷请战，大家众志成城，所以我决定就在这里跟李世民决战，你的意见我这次不能采纳。凌敬一听也急了，跟窦建德力争，最后把窦建德说烦了，叫人把凌敬架出了大帐。后来窦建德晚上回家和自己老婆把这事一说，没想到老婆也急了，说凌敬说得对呀。而且窦建德的老婆曹氏还提出了一个更绝的想法，就是窦建德进攻山西的同时，请突厥人南下进攻关中，这样双管齐下，李世民没有选择，只能回援关中。王世充的洛阳之围自然迎刃而解。这么好的主意，你干吗不听？在这里跟唐兵耗着，什么时候是个头？窦建德最后没有采纳老婆的意见，因为作为大哥式的人物不能失信于王世充。所以窦建德只能是大哥不会成为一代君王。尽管凌敬才智过人，尽管曹氏眼界不凡，但可惜他们都找错了领导，所以最终都没能有机会施展才华。

窦建德还要接着耗,王世充那边似乎也找到了解套的办法。

作为一个诡计多端的人物,王世充的战场嗅觉异常灵敏。李世民带着三千多人去虎牢关增援的时候,王世充其实在洛阳城头上看到了,当时他没有猜透李世民的意图,所以按兵不动,没有采取任何行动。

过了几天,王世充越想越觉得不对劲。本来气势汹汹的唐军最近从不攻城,而且大军的调动又非常频繁,王世充马上猜到了,窦建德来了。对于目前的局势王世充很快做出了清晰的判断。不用说,窦建德肯定是在虎牢关和李世民杠上了,前几天东去的那几千人肯定是去增援虎牢关的。这几天唐军调动频繁肯定是在调整部署,分派人马,围困洛阳,增援虎牢关。现在洛阳城外的唐军兵力肯定不足,再组织一次自杀式冲锋,说不定就能扭转败局。

说干就干,王世充马上调集人手,准备再次殊死一搏。在这里我得说明一下,对于下边我要写的王世充突围决战的经过,基本上是我的推测,因为正史中的记载简单模糊,不太清楚。《资治通鉴》上说,王世充是派大将单雄信带兵出击,并且取得了胜利,唐营损兵折将。《旧唐书》上说,李元吉在洛阳城外设伏,击败了王世充。到底怎么回事?

我个人的判断是:王世充的这次攻击行动发动了两次。第一次是单雄信带队,进行的是试探性进攻。因为王世充生性多疑,异常警觉,虽然他现在判断洛阳城外唐军兵力不足,但是他同时也担心这是李世民给自己设的圈套,要把自己调出洛阳城外在野战中消灭。所以他首先派出单雄信带小股部队出击,进行试探性进攻。单雄信攻击得手,王世充立刻认定李世民确实已经不在洛阳城外了,现在的唐军兵力不足,所以王世充马上组织人手倾巢而出,与唐军决战。这个时候年轻的李元吉表现出了过人的胆略和军事天赋,现在的他吸取了山西危机的教训沉稳多了。李元吉在洛阳城外设伏将王世充的部队引进伏击圈,然后猛烈进攻,大败王世充。王世充被赶回洛阳城,自此之后再也不敢踏出洛阳城半步。

我为什么这么推测?因为唐史资料是经过李世民亲自审阅过的,那是经过精心编辑的。有关他哥哥和弟弟的个人简历基本上是功劳能不写就不写,能少写就少写,过错呢必须大书特书。而《旧唐书》中能专门记录下李元吉设伏击败王世充这件事,说明什么?说明这场胜利极为辉煌,在当时影响很大,人人皆知,是一件根本瞒不住的大事,所以在当时的史料中才会留下这样的内容。但是具体过程又写得极为简略。我个人判断,在和王世充这场鼓角争鸣的大战中,李元吉的表现一定不比他二哥差多少,一样的亲冒锋矢、冲锋陷阵、血染征衣。

现在好了,王世充彻底认怂了,李世民再无后顾之忧了,他可以在虎牢关心无旁骛地专心准备与窦建德的决战了。

王世充的解套行动失败了,主动权又回到了李世民的手里。李世民自己也没有想到的是,一件意外事情的发生,彻底改变了局面。当然我说是意外事件也是我的推断,和正史记载又完全不同,接下来我会详细说明。

这个事情是这样的。唐军最精锐的部队是玄甲军,是骑兵。骑兵的战斗力很大程度上是由战马决定的。为了保证自己战马的体能充沛、健康勇武,李世民专门派人将战马不定期地带到黄河北岸水草丰美的地方放牧。这件事情被窦建德的侦察兵偶然发现, 所以窦建德就专门在唐军牧马的时候全军列阵出击,与李世民决战。以上这些是我的分析。正史中的记载如下:

潜入窦建德军中的间谍告诉李世民,窦建德会在他粮草耗尽、去黄河北岸牧马的时候与之决战, 所以李世民专门让人带着一千多匹战马到黄河北岸牧马,吸引窦建德出营决战。这个记载说得有鼻子有眼,可是你仔细想想,窦建德怎么能知道李世民粮草耗尽后,就一定会到黄河北边地区去牧马(牧马于河北,将袭虎牢),要是李世民在南边牧马,难道就表示,粮草充足吗?这是不可能的事情。而且攻击虎牢关是攻坚战,守城时大概战马用处不大吧。所以真实的情况就应该是窦建德发现了李世民一千多匹战马都在黄河北岸放牧, 所以专门选择这个时间和唐兵决战。因为唐军最厉害的就是玄甲骑兵,没了战马的冲击力,玄甲军根本就是个摆设。由此我判断这场战斗其实是一场意外。但是为了宣扬李世民的用兵如神,有关部门就把这场意外引发的胜利,专门改编成了李世民妙计诱敌,一战而天下定的神话故事,为走上神坛的李世民多铺几块砖。

窦建德大军列阵横亘二十里,鼓行而前。这个时候李世民手下的那些身经百战的将军都有点儿发毛了(诸将皆惧),这从一个侧面也说明窦建德的十万人不可能是李世民引出来的，要不然这会子，诸将应该是喜形于色才对,而不是害怕。毕竟窦建德的人马要多得多,我们的骑兵又没有马,这怎么办?关键时刻李世民还是相当冷静的,他带着几个人专门爬到了一个高坡上面查看敌情,这一看还真给他看出门道来了。什么门道?就是嚣张。窦建德的人马非常嚣张,嗷嗷乱叫。这说明什么?说明他们根本不了解唐军的战斗力,没见过什么大世面,没碰到过什么有分量的对手,还有窦建德的部队不整齐。这说明什么?说明窦建德部队的纪律性不强,冷兵器时代阵形整齐是不败的关键,整齐的阵形是靠严格的纪律保证的,所以没有纪律的部队,是不会取得胜利的。李世民心里有底了,他一方面派人迅速去黄河北岸拉马回家,一方面做战斗动员。他告诉大家,窦建德的阵形我看过了,显然敌人很轻视我们,我们现在按兵不动,守好城池、营垒。他们在下边站久了,一会儿自然就没精神了,到吃中午饭的时候,肯定得退兵,等那个时候,我们的马应该也回来了,咱们杀出去追击,肯定能克敌制胜。现在大家只须养精蓄锐,防备窦建德攻城就行了。

太阳渐渐升到了头顶,快到吃中午饭的时候了。窦建德的人马站了大半天肚子开始闹腾,确实是累了,而且天气这会儿又热起来了,所以窦建德的阵营就开始有点儿乱了。当兵的站不住了就纷纷坐下,口渴难耐的人,就让别人替自己顶一会儿,然后找地方喝水去了。大家眼看着到中饭时间了,都纷纷回头看后边什么时候会把收兵的铜锣敲响。也就在这个时候,李世民的战马回来了。是时候了。

李世民首先命令宇文士及率领三百精骑从窦建德军阵的西侧向南穿插，并且叮嘱宇文士及如果窦建德三军不动，那你还带着三百人兜一圈回来,如果窦建德大军动了,那你不要犹豫迅速向东插入窦建德军阵之中。

宇文士及率领三百精骑冲了出来，窦建德军阵这会儿正处于等待午餐的闲散状态,一看唐兵来了,马上乱哄哄朝各自的战斗位置跑,这一下军阵就有点儿乱了。乱了就对了,李世民等的就是这个时机,宇文士及马上掉转马头向窦建德军阵中央插去，李世民的玄甲军同时也毫不犹豫地杀了过来。冲在最前边的是天下无敌的秦叔宝，一下子就冲进了窦建德军阵的中央。这个时候，窦建德和他的各级将领正在开会。窦建德知道唐军的马现在都在河北呢，他没有想到唐兵会发起突然攻击。一个没注意，秦叔宝带的人就快冲到眼前了。叫人，快叫人！

窦建德那也是有骑兵的，窦建德的骑兵不用说也冲过来了，可是没想到正好被散会的各级将领和官员堵住了，这一下全插在一起乱了套，等到窦建德好不容易把人分开，把路让出来，人家李世民的玄甲军已经杀到眼前了。没办法，赶紧后撤吧。主帅这一退缩，全军乱套了。乱了就好办了，李世民本来人少，和窦建德交手关键就是要把你的人马打散，阵形一乱，才能乱中取胜。李世民带着秦叔宝、史大奈、程咬金这几个杀人不眨眼的猛人在窦建德军阵中猛烈突击，一直冲到了窦建德军阵后边，把军阵给冲透了。然后李世民他们让手下把刚才攻击时卷在一起的旗帜全部打开，再从后面往前冲。这一下窦建德的人彻底慌乱了，怎么后面还有人？这是哪来的？看来我们中埋伏了，赶快跑吧。窦建德军中本来就有不少孟海公的降兵，一看不对劲率先跑路，在他们的带头作用下，十万大军开始四散奔逃。兵败如山倒，谁也镇不住了。败了，败了。窦建德本人在大战之中居然中了一枪，受伤的窦司令被李世民的两个手下死死缠住，紧紧追赶。怎么这么准？据说窦建德毕竟农民出身，一旦当上大王就有点儿不知道怎么显摆，给自己的战马甲胄都是特制的，所以在军中特别明显，能不招人吗？窦建德后来实在跑不动了，腿上有伤从马上掉了下来，后面上来的人举枪就要扎，窦建德赶紧表明身份，这才被顺利俘虏。虎牢关之战李世民大胜，雄霸一方的窦建德集团一战而亡。

好了，这下好了。窦建德已经灭了，王世充还会远吗？

第 33 章　枭雄们的结局

当身负枪伤的窦建德被带到李世民面前的时候，他们之间的对话颇富喜剧色彩。

李世民问窦建德，我打王世充和你有什么关系，你跑到这里来找麻烦？窦建德的回答充分表现出他憨厚朴实的农民本性。请听窦建德原音重现："今不自来，恐烦远取。"

李世民大概自己也没想到这一仗会赢得这么漂亮，俘虏五万人，击毙三千。剩下不到一半的窦氏武装四散奔逃，最后和窦建德老婆曹氏、小舅子曹旦、大将齐善行一起逃回老窝的只有几百人。这一仗打得太走运了。你想要是秦叔宝冲锋的先锋团队当时被及时赶到的窦建德骑兵缠住，那么李世民后续上来的人马就不会那么快地冲破敌阵，很可能被窦建德骑兵拖住，这样大家裹在一起，很大可能会是一场混战，而窦建德人又多，两翼如果再包抄过来，那胜负可就真难以预料了。可偏偏秦叔宝冲进来的时候，窦建德的高管们横在前边，缠住了自己的骑兵，我估计也就是三五分钟的时间，秦叔宝就冲到眼前了。这你上哪儿说理去？还有一点窦建德真是总脱不了穷人乍富的做派，大概是从来没有带过这么多人去砍人，一下子阔气了就不知道该怎么显摆了，非要列阵二十里。二十里，从这头到那头骑着马也得跑十几分钟，这就直接造成了两头难以呼应的情况，这边乱套了，那边还不知道，最终一点突破，全线崩溃。当然最重要的一点是，李世民怎么都没有想到，窦建德居然能被自己活捉了,这简直不知道该说什么好了。

窦建德武功高强,单兵作战能力极强,怎么还不如王世充?王世充一个文职官员出身,打了多少仗,最后一点儿伤都没有受过。窦建德怎么这么不走运?我估讨大概恰恰是因为窦建德的自负,自负于自己的本事,所以唐兵冲过来的时候,直接的反应就是提枪上马,高喊一声兄弟们跟我上,和李世民的人对砍。可惜运气实在不好,身边的兄弟们上得不及时,而对面冲过来的又恰好是几个硬茬儿,结果一不留神,大腿上挨了一下,这一下那就只能逃跑了,跑又没跑得了,最终兵败被俘。

现在李世民手里就有了一把好牌,有窦建德这个人质在手里,还怕你老婆不投降。果然后来没过多久,窦太太就带着大夏国的传国玉玺还有缴获的宇文化及的隋宫珍宝和自己地盘的户籍名册投降了。怎么这么好说话?还不是想能给老公换一个宽大处理的机会。你想,要是窦建德没有被俘,逃回了河北,那么很大可能是收拢败兵,整军训士,厉兵秣马等待机会卷土重来。可现在偏偏被人活捉了,窦建德没有子嗣,自己一门老小当初给隋朝地方政府弄的冤假错案给灭了九族,就自己一个单帮,虽说后来有了妻室,但一直没有子嗣。所以自己一被活捉,马上群龙无首,自己的地盘就成了一盘散沙,不投降还能怎么办?

其实窦建德的实力是相当雄厚的,这一仗虽然打败了,但是地盘还在,有地盘就有实力。但是可惜窦建德残部的斗志被彻底击垮了,所以窦太太回到自己的老窝以后,马上决定遣散部队,投降。遣散的方式是拿出大夏国国库的布帛放在宫门口,这个东西在唐代其实是可以当钱用的,每个遣散的士兵拿几匹走人。你知道这个过程用了多长时间?三天,整整三天,可想而知窦建德还有多少人马了。现在好了,老大被抓,兵不血刃,这些地盘都成了老李家的了。

行了,现在看你王世充还有什么好说的。当坐在囚车里的窦建德被推到洛阳城下,让王世充看个清楚的时候,王世充哭了,窦建德也哭了。李世民又专门把王世充派到窦建德那里的求救使者长孙安世放回洛阳城向王世充详细汇报虎牢关大战的相关情况。

王世充真是顽强，都这样了还和部下商量，要向湖北地方突围，那里还有自己的一部分人马。你看看王世充有多难缠、多坚韧，简直就是德国足球队的作风，没到终场哨响，哪怕现在〇比四落后一样会死死拼搏，这样的对手是最可怕的。可惜王世充的部将没有一个人搭话，显然大家都觉得坚持已经没有意义了。王世充一看大势已去，只能投降了。但是即便如此王世充还是和李世民提了条件，那就是保证我的人身安全。在得到了李世民的郑重承诺后，王世充终于投降了。李世民大军艰苦卓绝地打了快一年终于跨进了雄伟的洛阳城。

到了秋后算账，算总账的时候了，王世充的人身安全我是答应要保证的，但是王世充手下这些曾经犯下不可饶恕罪行的人是不能放过的，被李世民认为罪大恶极的十几个人被拉到了洛河边斩首示众，这其中就有那位成事不足败事有余的段达先生；还有一个有点儿让人意外，是单雄信。

单雄信和李世绩是好哥们儿，两个人是拜过把子的。这一下单雄信要被处斩，李世绩马上找到李世民求情，说单雄信骁勇善战是一员虎将，希望能饶他一命，为此自己愿意拿官爵来赎单雄信。没想到李世民根本不答应，这个人差点儿把我弄死，你们瓦岗山的人来了我这里多少了，单雄信就是不来，死心塌地地给王世充这样的人卖命，不识时务，绝不能留。李世民拒绝了李世绩。单雄信呢，这会儿才后悔，也埋怨李世绩。他说李世绩不会办事，要不然李世民不会不给面子，肯定是你哪没说好。其实单雄信不明白鸟尽弓藏的道理，现在天下太平了，你那一身本事就不见得是好事了，况且你对秦王下手够狠呀。李世绩呢？痛哭一场，然后噢的一声拔出匕首从自己腿上割下一条肉，放进了单雄信嘴里。李世绩说，咱俩本来是拜了把子要同生共死的，但是现在我以身许国，身不由己，况且我和你一起去了，你的老婆孩子怎么办？这片肉你吃了，就当是我的身体和你一起入土了，也算是兑现我们当初的承诺。

看看，什么叫兄弟？什么叫义气？这就是国士无双。人生中能交到李世绩这样的朋友，那将是你一生的幸运。

好了，王世充投降了，终于投降了。王世充和窦建德被李世民关在囚车里,押进了长安城。李世民的这场耗时近一年的大战,终于扫平了中原,成就了自己的无限声威。他的老爹特别封他为天策上将军,因为他的战功实在辉煌,前代所有官职都无法与秦王的卓越功勋相匹配,因此专门特别定制了这个官爵。这个爵位的地位在所有的王公之上,仅次于太子。也就是从这时候开始,李世民的另一场更加激烈的战斗拉开了帷幕,那就是夺嫡之战。

王世充也到了该退场的时候了,他被叫到李渊的面前,被好好地数落了一顿。王世充的回答很有意思,很有点儿死猪不怕烫的味道:“你说得都对,我是该死,但是你的好儿子答应我了,保证我的人身安全。”这你还有啥好说的?而且王世充很狡猾,投降之前把隋宫档案都给烧了,你想查阅有关文件,然后给王世充找一个确凿的犯罪事实,不行了。怎么办?看样子只能是保证你的人身安全了。保证你的人身安全,想得美,你这样的人物怎么可能还会留着?想杀你,办法有的是。王世充当时的官方处理意见是发配四川,走之前暂时住在今天的陕西宝鸡。这一天王世充的驻地外来了几个人,他们是独孤修德和他的兄弟们,在王世充房门口他们说圣旨下,王世充和他的哥哥王世恽一起走出来接旨,这几个人一拥而上,乱刀把哥俩剁翻了。然后几个人马上向有关部门自首,受到了免职处分。剩下王世充的儿子、侄子在去四川的路上被人举报造反,然后杀掉了。

这当然都是李渊一手策划的,想杀你个王世充还没办法?

王世充狡诈狠毒,被暗杀了。窦建德忠厚老实,认罪态度诚恳,老婆又率众投降了,但是结果却似乎更惨。窦建德被闹市处斩。为什么?你老婆都带着地盘人众投降了,留着你还有什么用呢?

当然我自己猜测李渊杀窦建德可能还有别的原因,因为窦建德当初曾经击败过宇文化及,所以杨广的亲眷曾经在窦建德那里待过一段时间,这段时间发生过什么,窦建德从他们的嘴里又知道了什么,这些是不是和他最后被李渊砍脑袋有关系都是让人玩味的。窦建德对李渊一直很够意思,俘虏的李世绩他爹、李渊的亲眷李神通和同安公主后来都是给养得白白胖胖送回来了,按理说对窦建德的处理应该是软禁起来,给个献国公之类的名号养着,彰显我李唐王朝的皇恩浩荡。为什么非要大庭广众之下砍头示众,实在是一件让人想不明白的事情。所以说这里边肯定有事,有李渊不愿意让后人知道的事,只能杀人灭口了。

但是李渊没有想到的是, 正是因为自己对窦建德的心狠手辣、冷酷无情,直接导致了就在当年,窦建德曾经的兄弟们打抱不平、纷纷起事,好不容易得来的中原和平一朝丧尽,而这一次清剿窦建德余党的工作却异常艰难。现在在清剿窦建德余党之前,该是说一说另一个割据集团的时候了,它就是南方的萧铣集团。在平定这个武装割据集团的过程中,另一个在唐朝历史中身经百战、用兵如神的传奇人物登场了,他就是李靖。

第34章　李靖与萧铣

李靖,民族汉,出身官宦世家,具体说应该算是高级干部家庭。祖父当过省长,爸爸当过市长。李靖本人不但出身不俗,而且相貌英俊,身材高大,绝对属于时下流行的高富帅类型。不但如此,关键的是人家李靖还真的有本事,有能耐,史书上的记载是有"文武才"。到底多有才呢?举几个例子。

李靖的舅舅韩擒虎是隋朝开皇年间的三大名帅之一,另两个是贺若弼和杨素。李靖没事的时候喜欢到舅舅家玩,和舅舅聊天,每次聊的都是行兵布阵的内容,后来名帅韩擒虎专门说过一句话,我们家这么一大家子人,能跟我谈论用兵之道的只有我这个外甥。等李靖走上社会参加工作以后,很快又吸引了另外两个人的注意。这两个人一个是朝廷主管人事工作的吏部尚书牛弘,一个是总理越王杨素。李靖当时刚参加工作不久,级别不高,但是这两个人都认定他是个人才。尤其是杨素,对李靖特别欣赏,拍着自己的坐具(那时候叫床)对李靖说,这个位置迟早是你的。越王杨素是谁?眼中无物天低吴楚的人物,他能看上的,一定是个人物。

大概是因为李靖和杨素有这么一段交集的经历,再加上李靖本人文武双全,英俊潇洒,符合男一号的形象,所以唐代杜光庭就以李靖为主人公写了一个《风尘三侠》的故事,就是后来著名的《红拂夜奔》。这个故事说李靖年轻的时候去杨素家里拜码头,投简历。杨素没有太看得上这个穷书生,但是杨素身边一个手持红拂、美艳的家妓一眼就看出李靖是个人物。这个家妓叫张出尘,因为总是手持红拂侍立在杨素身边,所以又被称为红拂女。李靖和杨素不咸不淡地说了几句话就告辞了。红拂女从看门人那里打听到了李靖的住址之后,晚上乔装打扮带着行李跑了,跑到了李靖那里和他私订终身,然后一起私奔了。后来他俩私奔的路上碰到了虬髯客,虬髯客与红拂结成义兄妹。据说虬髯客原本是想要扯旗造反,逐鹿天下,后来遇到了李靖,又通过李靖认识了李世民,就放弃了和李世民一争高下的念头,而是把自己带来的所有财宝都给了李靖,让他组织人马辅佐李世民夺取江山,自己飘然东去了。去哪儿了?后来听说此人东渡大海,把一个国家给征服之后自己做了国王,这个国家就是日本。这个故事你当武侠小说看看就行了,千万别当真。

其实这个故事如果是真的,这位张出尘小姐其实是挺悲摧的。因为李靖虽然很早就受到了各类大人物的肯定,但是他的个人事业一直发展得不好。四十七岁才做到地方长官还是副职,按这个速度发展下去,当上总理那真是有日子熬了。实际上李靖在事业上真正达到辉煌的顶点是在六十岁左右,你想想要是真有张小姐这个人,快六十岁了老公才有权有势有钱,自己想吃点好的,终于可以肆无忌惮地对着烤肉摊主说来一百串肥腰子时,不行了,消化机能不良,已经吃不动了,想穿点好的,身材全都走样了,苦日子过了几十年,大概没少跟李靖拌嘴。李靖不但事业发展道路缓慢,在四十七岁这年还差点儿把命丢了,让张小姐守寡。

怎么回事?李靖当时是在马邑当地方官,这个地方是和突厥交界的前线地带。这一年李渊带队在这里和突厥打过几仗,李靖和李渊一起同事过一段时间,是李渊的下属。两个人相处得很不愉快,因为李靖敏锐地发现,李渊在招兵买马意图不轨。所以仗打完以后,李靖就把自己化装成一个囚犯,准备到江都杨广那里告发李渊。为什么要装成囚犯?为了掩人耳目,因为到江都要经过李渊的防区。结果动作慢了,他这边刚一动身,李渊那边起事了,这一下正好把李靖给堵在了长安城里。李靖走走不了,跑跑不掉,被李渊给活捉了。李渊一看这不是老冤家吗?好哇,还想给我背后捅刀子,幸亏我动手早,要不然就栽到你手里了,这还有啥好说的?推出去砍了。

这个时候李靖开口说话了,李靖说李渊你造反正是用人之际,怎么能因为个人恩怨,乱杀有能力、对你有用的人才呢?(公起义兵,本为天下除暴乱,不欲就大事,而以私怨斩壮士乎!)李渊一看,行呀,你小子挺有种,死到临头了,还能振振有词想着建功立业,不错,是个人才,再加上李世民在一旁求情,李渊这才饶了李靖。就这样李靖加入了当时李渊的反政府武装组织。

在刚开始的一两年里,李靖没有什么特别的表现,据说李世民打洛阳的时候李靖也去了,但是没有什么特别的响动。一直到武德三年,这一年李靖又一次差点儿被李渊剁了,也就是在这一年,李靖开始触底反弹,一路走高,并一发而不可收。

这一年,李靖被调到了南方对抗一个割据集团——萧铣集团。萧铣集团的割据势力大概就是今天湖南湖北和广东这么个大概范围。李靖去的地方是今天的三峡地区,是萧铣和李唐的主要对抗征战地区。这个地方少数民族人数众多,社会关系复杂,文化与中原不同,在这个地方一方面要防着萧铣,一方面还得注意少数民族的不同势力,王世充还没灭亡的时候,也经常来这儿插一脚,所以这个地方的工作难度很大。好在这个地方的地方长官是一个很有能力的人,叫许绍,他把这个地方看住了,萧铣几次想从这里打进四川都被许绍给挡回去了。

李渊这个人不但运气好,而且在关键地方用的人都很到位。比如说陕北的段德操,把他往那里一放,梁师都怎么折腾都没有用,就是过不来,这样李世民才能放开手脚和王世充大战。许绍也是一样,李世民和王世充激战的时候,萧铣没少来添乱,老想趁机攻击四川,但是有许绍往这里一放,妥了,萧铣根本进不来。

现在李靖来了,李靖来的目的就是来收拾萧铣的。可是让人没想到的是,李靖来了以后,带着人马在硖州被萧铣的人挡住了,根本前进不了。这日子一长,李渊就不高兴了,李渊对李靖一直不是特别放心,你带着人马,在前方不努力工作,光是消耗我的粮草,天天干耗不进攻这哪成,你是不是有别的想法,拥兵自重?看样子你小子有不臣之心,所以李渊给许绍下了一道密旨,让许绍把李靖干掉。还好许绍是个好人,他在前方对情况很了解,知道不是李靖不努力,而是这个地方太险要,人家要是大兵堵着,确实不容易攻过去。所以许绍也给李渊上了一道密折，为李靖请命。刚好这个时候，附近的一股少数民族势力在一个叫冉肇则的人带领下造反了，冉肇则带领人马直接进攻夔州，赵郡王李孝恭率兵迎击结果战败，这个时候李靖赶来增援，这一仗李靖充分显示出了自己的军事才能。

李靖首先率领敢死队八百人，偷袭冉肇则的大营取得了胜利，接下来又巧设埋伏，把冉肇则带进了一个地势险要的埋伏圈，然后全军猛攻，冉肇本人被击毙，人马被俘五千。这一仗彻底打出了唐军的威风，在当地各部落中引起了强烈震撼，大家都不再乱说乱动了。

胜利的消息传到长安，李渊很高兴。他说了一句挺有意思的话："朕闻使功不如使过，李靖果展其效。"然后李渊专门给李靖写了封热情洋溢的慰问信，告诉李靖你这一仗打得漂亮我很高兴，继续努力，不用担心以后的富贵荣华。除了这封公开的慰问信以外，李渊还专门给李靖写了一封私信，这封信上说：过去的事情既往不咎，那些事情我都忘了。什么事情？李靖自然知道。这封信是让李靖彻底卸掉心理包袱，好好地为李渊的江山社稷努力奋斗。

有了李渊的这个表态，李靖很兴奋。同时，在这一年他认认真真地研究他的对手萧铣的所有情况，终于在武德四年，他拿出了自己的研究成果：扫平萧铣的十条方案。拿出方案的时候也正是李世民扫平了窦建德和王世充的时候，终于腾出手来了，该收拾萧铣了。李渊马上同意了李靖的图铣十策，任命他为征讨萧铣大军的总参谋长，司令是赵郡王李孝恭。但是实际上的军事调动指挥全部由李靖负责。接下来的时间中，李靖用匪夷所思的行兵方式创造了一个匪夷所思的辉煌胜利，让萧铣这个实力雄厚的一方枭雄在莫名其妙中灰飞烟灭了。

萧铣是谁？萧铣是皇族出身，他的曾祖父是后梁的梁宣帝。当然到萧铣这一辈的时候，家道早已败了，作为后梁皇族后裔能在兵荒马乱中保住性命已经不错了。萧铣小时候一直很贫困，但是这个人很喜欢读书，是个文化人。他境遇的改变完全是因为杨广的老婆萧皇后，萧皇后和萧铣是同宗，都是后梁的皇族后裔。杨广非常喜欢萧皇后，对皇后的娘家人自然高看一眼，萧铣因为和皇后有同宗的关系，再加上又读过书有文化，就被朝廷任命为罗川令，当了一个地方小官。

大业十三年的时候，天下已经大乱了，萧铣任职地区有那么一帮人也想造反。这帮人是岳州校尉董景珍、雷世猛，还有地方军官郑文秀、许玄彻、万瓒、张绣等，撺掇到一起也想趁着天下大乱的时候，掺和一把。他们原本是想推举董景珍做老大，但是董景珍拒绝了。为什么呢？因为董景珍觉得自己的威望不够，本来就是穷苦人出身，身份地位都不高，要是做了老大难以服众。董景珍觉得要想起事造反一定得找一个社会地位比较高，在群众中有一定知名度的人物。这个人该是谁呢？数一数附近地区可能会加入造反组织的名人，那就是萧铣了。为什么？首先人家是皇族出身，血统上高人一等，再一个萧铣是个读书人，读书人有个特点就是受孔夫子教化一般比较温和，给人的感觉容易相处，好驾驭。所以这帮人就决定找萧铣，拉他一起入伙造反，并且来当大家的老大。

对萧铣来讲这真是喜从天降。为什么这么说？大业十三年的时候已经天下大乱，各个地方的反政府武装组织层出不穷，有几百号人马就敢拉开架势攻城略地做皇帝。在这样的乱世之中，一个小小的地方小官，要想苟全性命于乱世不是那么容易的。偏偏就在这个时候董景珍派来的人到了，萧铣一听人家的来意，这不是天上掉馅饼的好事吗？自己天天发愁不知道哪天就会被不知道哪里钻出来的土匪武装咔嚓了，现在好了，一大帮土匪武装要让自己当老大，上哪儿找这样的好事去？萧铣马上就答应了，给董景珍写好回信让来人带走以后，马上开始征集人马。干什么？当然不能直接说要造反，而是打着治安联防的幌子，成立军事武装，准备造反，过了没有几天就招到几千人。就在这个时候，颍川的一股以沈柳生为首的土匪武装跑到罗川地面上作乱来了，作为地方官的萧铣当然不能坐视不管，刚好招来几千人，就带着他们去剿匪。没想到跟沈柳生一照面，根本不是人家的对手，被人家给赶回城去了。这下萧铣决定跟大家摊牌了，要不然还没等造反就被另一股造反武装给灭了，那就糗了。

萧铣告诉大家，岳州豪杰们已经要起义造反了，而且他们要让我做他们的老大，我现在要是还给隋朝政府卖命的话那咱们罗川这个地方肯定是躲不过沈柳生的钢刀的，今天的情况大家都看到了，咱们打不过人家，现在看来只能起事造反了，罗川这个地方过去本来就是梁的地盘，所以看来是天意让我们中兴大梁，我们在这里起义造反，然后再去邀请城外的沈柳生一起入伙，他肯定也会加入我们的队伍。大家一听是这个道理，纷纷表示赞同，于是萧铣就在罗川举行了正式的造反仪式，沈柳生果然率众加入了萧铣的梁国割据势力中。

然后萧铣开始大规模招兵买马，不到五天的时间就招到了上万人。带着这上万人马，萧铣向董景珍驻防的岳州开拔，认认真真地去做老大。

董景珍一听说萧铣来了，很高兴，马上派了自己的得力干将徐德基、郭华前来迎接。来的时候正好碰上先期抵达的沈柳生，沈柳生一看到这两个人带着的人马，心里就开始拨拉开自己的小算盘了。拥立萧铣我是第一个，但是人家岳州方面的人马要比自己多得多，和萧铣联系得也比自己早，现在就这么进城了，到时候排座次自己的位置肯定比较靠后，不如一不做二不休，杀了徐德基，然后把他带来的这帮人扣做人质，再带着萧铣进城夺占州城，那样的话，我就是当仁不让的一人之下万人之上。所以沈柳生就真的把徐德基给杀了，然后把人家带来的人都给绑了，把这些事都办完了以后，才来给萧铣汇报。萧铣一听大惊失色，我怎么和这样杀人不眨眼的人混到一起了？这才起事几天，就搞出自相残杀这么大的事，这不行，我不玩了。萧铣一甩袖子，不干了，直接走出了大营的营门。这一下沈柳生怕了，趴在地上磕头请罪。

萧铣一看事已至此，也就只能硬着头皮往前走了，他宽恕了沈柳生，带着人马列阵入城了。等人进了城，董景珍又偷偷找到了萧铣，他说沈柳生这个人就是个地痞无赖出身，现在虽然参加了咱们的队伍，但是这个人是改不了他那个土匪习气的，我们哥几个那可是正儿八经的政府公务员出身，和这样的人肯定尿不到一个壶里，肯定会有矛盾爆发的一天，与其等到以后不可收拾，不如现在防患于未然，干脆把他做了。萧铣呢？又同意了，这一下董景珍又杀了沈柳生，这起事造反没有几天自己人先对杀了一阵。

现在你看出来没有,萧铣对部下的约束力不行。为什么因为萧铣毕竟是个文化人,董景珍这些人都是粗人,大家的脾气秉性相差太大,所以萧铣在对这帮武人的管控方面一直是一个弱项,这也是他后来为什么会败亡的重要原因。

杀了沈柳生以后,萧铣正式就任大梁国皇帝。董景珍的那一票兄弟都给封了王,董景珍是晋王,雷世猛是秦王,张绣是齐王等。也就在萧铣当了皇帝没多久,江都血案发生,隋朝灭亡,这一下附近这些州县就纷纷投降了萧铣,再加上董景珍的那几个兄弟又比较给力打下来不少地盘,最终萧铣的地盘达到了东边到江西、西边到三峡、北边到汉水,南边到广东这么大的一片地方,可动员的总兵员有四十万之多,绝对不是一个说能拿下就能拿下的国家。

问题还是出在萧铣和这帮武人的关系身上。这帮子武将都是粗人,平常喜欢带兵,个性强梁,目中无人,擅行杀戮。萧铣有点儿拿他们没办法。后来萧铣想了一个法子,说是现在国家没什么仗要打,这么多的军队没什么用,干脆让这些人暂时都回家,回家种地去,将来要打仗的话,肯定是需要粮食的,所以除了必备的战备部队外,其他的全都解散,回家种地。这样一来,萧铣就把这帮人的兵权给夺了,这帮武将也不傻,知道萧铣这么做的目的,肯定不痛快。这里面董景珍的弟弟就不只是不痛快了,他觉得你萧铣有什么呀,你有今天还不是我哥哥给你的,你现在翅膀硬了,想单飞,夺我们的兵权,哪有那么好的事情?于是这位仁兄在没有通知他哥的情况下,准备造反。可惜消息走漏,萧铣知道以后把他给收拾了。

收拾一般人的弟弟没问题,收拾董景珍的弟弟那就是大问题。董景珍当时在外地驻守,萧铣杀完他弟弟就给董景珍发了圣旨,意思是说你弟弟造反跟你无关,你没事,你回江陵来,咱们一起看看后面的工作怎么安排。董景珍一看这么个情况,让我回江陵摆明就是斩草除根,这个当怎么能上?直接找人向李孝恭表达了投降的意愿。萧铣一看董景珍不来,知道得来硬的了,派齐王张绣讨伐董景珍。董景珍一看来的是张绣,觉得自己的老哥们儿应该不会对自己下狠手,没想到张绣根本不顾念兄弟之情,上来就是围攻,董景珍后来战败身死。这一下又少了一员干将。等到张绣回到江陵,马上被提拔为尚书令,这一下张绣又抖起来了,更加目中无人,不守规矩。萧铣一看这还了得,找了个机会又把张绣给杀了。然后朝廷里的大臣少不了有很多跟着倒霉的,谁让你平常跟张绣走得近呢？这一下子不少元老重臣都跟着吃了挂落,赔了性命。驻防在外地的不少武将一看这个势头,干脆还是投降吧,要不然弄不好哪天就给萧铣砍了,所以边将不少投降了大唐。恰在此时,李世民刚好扫平了中原,李唐王朝现在腾出手来了,再加上一个不世出的军事家李靖的到位,扫平萧铣的所有条件都具备了。

第35章　萧、李大战

李靖征讨萧铣的时间选在了谁都没有想到的当年九月。为什么这是一个谁都想不到的时间？因为这个时间正是这一区域秋雨连绵的时候。长江水位很高，各个支流都处于警戒水位，说不定什么时候就可能来一场局部水灾，这个时间一般而言大家的军队都处于准备防洪抗灾的状态，没有谁会去打仗，万一有洪水怎么办？所以萧铣认为李靖绝对不可能在这个时候动手，因此他的几十万散回老家种地的军队都没有征集回来。而李靖却偏偏在这个他认为最不可能的时间准备动手了。

这叫什么？这叫攻其不备。这是李靖戎马一生中打仗最大的特点，他的进攻时间、进攻线路永远都是你认为不可能的那个。对李靖这种雨季进兵的做法不但萧铣想不到，就连李靖自己的人也想不到，怎么回事？李靖脑子进水了？雨季进兵，想找个干地方扎营都不容易，这个仗到时候怎么打？所以大家纷纷要求李靖停止这种疯狂的行为，但是李靖不为所动。这就是一把手的特性，一把手得有铁一般的意志，认准的事情就必须做到底，多少人说都没有用。这一点，李密就不行，打王世充最后一仗，本来好好的行动计划愣是能让大家七嘴八舌搅黄了，李密其实就是个参谋长的人选，当一把手他缺的就是李靖这种决断的气魄。

李靖为什么非要在这个时候动手？李靖在这里和萧铣天天照面，那不是白混的，他对萧铣那头的情况了如指掌。他知道萧铣现在的军队被他解散得差不多了,他身边人马不多,战备不足,现在动手是个机会。而且萧铣认定李靖不会在雨季进兵,所以没有把他的兵马集结起来,现在我们突然给他来一家伙,来个闪电战,直扑他的老窝。他就是知道了,再要征集军队那也来不及了。等他的军队集结到位,我这已经把他老窝端了,这叫迅雷不及掩耳,是险中求胜的妙招。万一萧铣过两天觉得不放心,开始征集军队,那时候动手就来不及了。而且天气不好有天气不好的好处,长江水位高,正好借着水势顺江而下,可以直接开到对手的城墙下边,这有什么不好？所以必须出兵。

事情的发展完全按照李靖的预期,唐兵这边一动手,直接就拔掉了萧铣的荆门和宜都两座重镇。这一下萧铣急了。实在是没有想到李靖会在这个秋风秋雨愁煞人的时候动刀动枪,自己家里又没人。赶紧的吧,一方面派人四处叫人,一方面马上把手里能凑足的人马拉上前线,抵挡李靖拖延时间。好不容易从附近凑足的几万人全都交到了大将文士弘的手上，让他进兵清江挡住李靖。好歹得拖住李靖一个月,要不然自己的人马调不回来。

文士弘的这几万人是真的有点儿急眼了，眼看着李靖打进家门了,自己后方空虚,要是再挡不住老窝就丢了,所以一个个的都有要和李靖玩命的想法。

文士弘的援兵到了,李靖倒不着急了。为什么？因为李靖明白这帮人现在的心理活动。现在人家是来挽救危局的,这就好像足球比赛,眼看还有十分钟就结束了,你现在〇比一落后,还有一个换人名额,这个被你换上场的家伙肯定是要玩命的,一定会踢得像疯子一样猛。但是现在你告诉他,计时器出了故障,我们还要再补时九十分钟,你再看看他肯定就没那么大的劲头了。李靖现在要做的就是泄了对方的气,所以他要缓一缓。看看什么叫大将风度,本来这次打萧铣最关键的就是时间,就是要抢在萧铣援兵回来的时候搞定,可现在却非要休战一天。这叫什么？这叫疾如风,不动如山。

这个时候司令李孝恭不同意了,他觉得现在最关键的就是时间,多耽误一天就少一分胜算,所以必须马上发起进攻。到底是年轻人,心躁。这一次他拒绝了参谋长的意见,他让李靖守卫大营,自己亲自上阵带着弟兄们直接发起了进攻。果然文士弘的人马一看见唐兵上来了，立刻疯了一样地扑了过来。不一样，确实不一样。人一旦不想活了，那他打起架来的时候真就是以一当十了，几万不想活了的人跟你玩命，这样的阵势是非常可怕的，两军交手没有几个回合，李孝恭大败。他带着人马往回跑，还好后面有李靖接应。

按说这一仗到这里就该结束了，各自收兵，明天再接着干。可李靖不是，李孝恭虽然兵败，但不等于仗就打完了。李靖一直站在大营的木栅栏后面看着得胜的文士弘的人马，这帮人一看李孝恭给揍得屁滚尿流回去了，就放松警惕了，开始收拾地上刚才李孝恭的人扔下的军用物资、刀枪弓箭什么的。李孝恭败得确实有点儿惨，所以东西扔得比较多，弄得这几万人还真有点儿拿不了，每个人都抱着好几样。这样一来队伍就慢慢散掉了，没有队形了，也没什么警惕性了。李孝恭都给揍成那样了，他还能咋样？但是他们没有想到还有一个更厉害的人没出手呢。

李靖知道机会来了。看着对面文士弘的人马全乱了，李靖突然带领人马冲了出来，这一下打了对手一个措手不及，还没醒过闷来，李靖的大军就杀到眼前了，手里好几种兵器该拿哪个还没弄明白，人家的大刀就带着风声到了。这下完了，好几万人全乱了套，赶紧跑吧。问题是后面有条大河呢，刚才一鼓作气杀过来，没想到还要狼狈不堪地逃回去。一战下来文士弘的人死了一万多，除此之外，还被李靖缴获了军舰四百多艘。这一下再没有什么好怕的了，李靖亲率五千精兵为先锋势如破竹直抵江陵——萧铣的老窝。

在动身之前李靖还给萧铣的援兵下了一个套，他让人把缴获的这四百多艘战舰全部砍断缆绳放到长江里顺江而下，任其漂流。这是干什么？李靖的手下也不理解，好不容易缴获的战利品就这么白扔了，这不是败家吗？

李靖说咱们这次打萧铣什么最重要？时间。萧铣的地盘地域辽阔，我们要争取在他的援兵到来之前拿下江陵。现在我们让这些空船顺江而下，下游的援兵看到，肯定以为萧铣已经败了，这样就不会马上增援，而是派人先打探消息，这样一来一回路上耽搁不少时间，我们就能多争取几天灭了萧铣。后来的事情真的是像李靖预计的那样，下游准备动身的援兵看到空船都迷糊了，真的就不动了，而是派人上来打探消息。

这边的李靖基本上就是无后顾之忧了，五千精锐一路连战连捷，李孝恭大军跟着再一上来，没过几天就把江陵城给围了。萧铣身边总共只有几千人，怎么弄？这场战争已经没有悬念了，到了该结尾的时候。怎么办？是战斗到最后一个士兵，还是投降？最终萧铣接受了大臣岑文本的建议：投降。萧铣为什么会投降？因为这毕竟是个文化人，心比较软，让老百姓因为自己一个人而生灵涂炭，他不愿意。所以萧铣投降的时候对李孝恭说该死的只有我一个，老百姓没罪，求你不要大开杀戒。看见没有？萧铣虽然败了，但真是个纯爷们儿，孔夫子的书不是白读的。后来萧铣被押送到长安，对李渊不卑不亢、一点儿没有贪生怕死的样子，搞得李渊很不爽，找不到胜利者的心理感觉，直接把萧铣给砍了。

李孝恭大军进城的时候，手下的军官们憋不住劲地想大抢一票，打仗这种东西最大的诱惑就在于得胜之后的恣意妄为。这个时候岑文本站出来了，他只对李孝恭说了一句话，现在你纵兵抢掠，江陵之后的城池还会有人投降吗？最终李孝恭和李靖在军中下了死令，唐军秋毫无犯。

幸亏唐军严守军纪，因为就在萧铣投降李靖几天以后，十万大军来到了江陵城下，老板已经投降了，这十万人全部被顺利收编。可是如果这十万人看到的是江陵城的满目疮痍，大概是一定会和李靖刀兵相见的，那个时候鹿死谁手真不好说。

萧铣和他地域辽阔的王国在兴起五年之后被李靖用了不到两个月的时间彻底摧垮了。这个时候你不得不慨叹李靖那神鬼莫测的头脑。他是整个唐代作战地域最广的人之一(还有一个是李世绩)，从南方打到北方，从水乡打到戈壁，而且李靖是陆战、水战、马战无一不精，无一不胜。这样的人物生活在唐初这个似乎专门为英雄设计的舞台，就一定会当仁不让地演出无与伦比的兵家盛典。

萧铣灭了，岭南也平定了。似乎该是可以刀枪入库、马放南山、四海升平的时候了，可惜就在这一年李渊为自己的错误付出了代价。窦建德旧将刘黑闼反了。刘黑闼这一反，谁也没有想到竟然整整闹腾了一年多。到底怎么回事？

第36章　悍匪刘黑闼

刘黑闼的造反应该说和李渊的工作失误是有关系的。为什么这么讲呢？因为李渊不应该简单地杀掉窦建德。李渊杀掉窦建德我一直认为这里边有事。你想，不论是王世充还是萧铣到李渊那里和李渊都有一段被专门记录下来的对话，这个对话是记载在相关档案中的，唯独没有窦建德的。这有点儿太不拿人当腕儿了吧。李渊和窦建德肯定有过对话，他们之间说过什么不得而知，但是这场对话一定是李渊和李世民都不愿意让别人知道的，才会把窦建德杀人灭口。

我自己大胆猜测一下，这场对话大概和李世民有关。窦建德被俘之后，他的实力尚在，地盘人马都没有太大的损失，虎牢关一战真正阵亡的人不到一万，五万俘虏被李世民释放，还有四万逃散，这些人肯定是回老家，所以窦建德集团的兵员总数没有受到太大影响。为什么他老婆曹氏会那么痛快地解散部队，带着金银财宝和传国印玺投降大唐？我觉得根本不是正史中所说的他们被李世民彻底打服了，而应该是李世民跟窦建德做了交易，你老婆投降，你能保住一条命。所以窦太太才会那么痛快地投降，可是没有想到李渊会反悔。既然能杀同样被李世民保下来的王世充，为什么不能杀窦建德呢？所以李渊和窦建德的这场对话多半是关于这场交易的，再加上杨广的亲眷曾经在窦建德那里待过，窦建德很可能知道了一些李渊的私事，毕竟他是杨广的表哥，所以窦建德必须死。而李世民和李渊又都不愿意有不守承诺的历史记录，所以窦建德被杀没有留下任何话。

这个杀窦建德的决定很可能是李渊做的，李世民应该不会这么做。后来武德九年(626)李世民在准备发动玄武门事变的时候，曾经向李渊告发说李建成、李元吉害他，是为了给窦建德、王世充报仇，这个话说得莫名其妙，让人摸不着头脑。想来想去，大概能解释这句话的原因就是李世民当初和王世充、窦建德都有过以土地换性命的交易。但是李渊草率地杀掉了窦建德，在他看来这是一个斩草除根的决定，没有什么好商量的。但是李渊忘了窦建德是一个对兄弟很够意思的大哥，他的小弟们还有很多在江湖上飘呢，这些人能善罢甘休吗？

果然，没过多久就出事了。

窦建德的那帮兄弟都是能征惯战的狠角色，本来在窦建德身边都是高级管理人员，一下子被窦太太遣散了，回到家里都有点儿不适应老百姓的平凡生活。大人物当惯了，老是习惯性地欺负别人，再加上这帮人当初被遣散的时候那可都是拿着巨额遣散费的，所以现在派到窦建德地盘上的这些新任的唐朝政府地方官员对他们就不客气了。有人举报立马拿人，然后就是一顿暴打，搞得这帮窦建德原来的手下天天过得像惊弓之鸟，不少人干脆想走。惹不起咱躲得起，窦建德的旧将高雅贤和王小胡就跑了，跑到贝州地面上的时候，突然看到了朝廷的告示，要窦建德的旧部下范愿等到长安去，其中就有高雅贤的名字。至于让这些人到长安去干什么，告示上没说。这帮人想想慌了，让我们去长安，能有什么好事？老板都被砍了，肯定是抓漏网之鱼呗。王世充的那几个骨干哪个活命了？连后入伙的单雄信都给杀了，我们能有好果子吗？肯定就是一个死。

你再看看当初李神通和同安公主被我们窦老板俘虏的时候，好吃好喝好招待，养得白白胖胖的给人家送回去，你再看看李渊一抓到窦大哥立马杀掉，不仗义，太不仗义。咱们这些人都是窦大哥一手提拔起来的，今天要是不给窦大哥报仇，咱们的脸往哪儿放？自认为走投无路的他们决定造反。

造反这种事情一旦定下来总是先要找个当头的，要不然人多嘴杂不好办事。谁说了算呢？干脆算一卦，结果算出来一定要找一个姓刘的。这几个人想来想去附近只有原来的一个叫刘雅的兄弟是窦建德的老部下，应该就是他了。所以高雅贤他们就来找刘雅，让刘雅挑头造反，没想到刘雅一口拒绝，人家不愿意干。大家一看给脸不要脸，让你当老大你还这么不给面子，弄不好还会去告发，干脆杀了得了。再想想还有谁？

这个时候刘黑闼正好在刘雅所在的漳南，再去试试他吧。结果一拍即合，刘黑闼当时正在种菜，一听说这哥几个的意思，直接就把正好好犁地的牛给杀了。干吗？杀了吃肉，喝酒，定大事。很快，刘黑闼他们就聚齐了好几百号人，怎么会这么快？你别忘了窦建德是很有人缘的，在河北地面上深得拥戴，所以刘黑闼他们一起事就聚了不少人。有了几百人刘黑闼直接就拿下了漳南县，然后不断攻城略地，不到一个月队伍就已经有两千人了。不仅如此，窦建德原来势力范围内的州城府县不断有人不满唐朝政府新派来的政府官员，杀人夺城响应刘黑闼。为什么会这样？我说过唐初武德年间其实官场风气并不好，真正气象一新是在贞观时候，武德年间走后门、拉关系、贪污腐败是比较严重的。这些新派过来的地方官很多都是走关系拿到官位的，花了钱，能不想方设法地从老百姓身上敲回来吗？

对刘黑闼的崛起，李渊在一开始也重视不够，他觉得无非就是死而不僵的毛贼罢了，只从关内发了三千人马镇压刘黑闼。后来眼看着刘黑闼越闹越不像话，才最终任命淮南王李神通为司令，集结关内关外人马五万和李艺一起会同剿灭刘黑闼。

李神通我们前面说过好多次，这个人打仗真的是不太行。之所以让他来，我觉得就足以说明李渊对刘黑闼是很不重视的，觉得李神通再不行，给你五万人马，灭一个刘黑闼怎么着也够了，再加上还有一个李艺（以前叫罗艺，《隋唐演义》里面罗成他爹，现在赐姓李），所以应该问题不大。

李神通这次也确实想露露脸，对这场对阵刘黑闼的大战进行了认真的准备。他自己率领主力主攻刘黑闼，西边是李艺率军攻击高雅贤。李神通的人比刘黑闼要多得多，排成长阵有十多里，刘黑闼那边人太少，但是为了看起来人比较多，刘黑闼让他的手下站成了一行，看上去也挺长，远远看去比较唬人。开战的时候，巧了，西伯利亚寒流来了，一时之间风雪大作，而且还是对着刘黑闼吹。哪儿找这么好的事去？看来是我李神通小露一手的时候了，李神通马上下令全军攻击。杀呀，李神通的部下喊着口号就冲上去了，可是就在他的人快要冲到刘黑闼的军阵的时候，一件不可思议的事情发生了，风雪转向了，刚才是对着刘黑闼猛吹，现在变了，狂风卷着雪粒朝李神通这边猛刮，刮得人根本睁不开眼，夹在狂风暴雪之中的还有刘黑闼军队射出的乱箭，这一下李神通的阵形乱了。刘黑闼趁机全军反扑。别看刘黑闼人少，但是这些人都是跟着窦建德多年的老兵，战斗素养很高，打仗很有经验，勇猛异常，刘黑闼本人更是一个万夫不当的猛人，在猛人的带领下这些百战余生的兄弟一下子就把李神通的人马冲乱了。李神通一看势头不对，只能撤出了战斗，带着能带走的兄弟跑路了。后来一统计，折损了三分之二的人马器械。

赶跑了李神通，刘黑闼转回头来收拾李艺。李艺在西边的进攻本来已经得手了，高雅贤全军溃败。可这个时候李神通主力兵败的消息送到，李艺赶紧停止了对高雅贤的追击，后撤。因为李艺这边兵力有限，李神通是主攻，自己本来是策应，现在李神通那边一坏事，刘黑闼肯定会兜回来，弄不好就把自己包饺子了。李艺全军后撤，后来还真就在一个小城被刘黑闼给围住了，没办法，李艺硬着头皮跟刘黑闼打了一仗，大败，手下的大将薛万彻、薛万均兄弟居然都被刘黑闼给活捉了，兄弟俩被人家剃了一个光头然后给放了。李艺老实了，全军退回了幽州老家。

这一仗打完，刘黑闼声威大震，接下来事情就好办多了。能扫了李神通、李艺，足可见刘黑闼的实力，很多窦建德旧部已经被李唐招安的人就开始活动了。刘黑闼当然明白大家的心思，一打完李神通、李艺马上就办了一件事——写信，给那些当年一起在窦建德麾下共过事的同事们写信，诚邀大伙加盟到反唐的组织中来。结果一呼百应，呼啦啦一大片地盘都改姓刘了。

这还了得，李渊马上又抽调人马，这一次换成了右屯卫大将军义安王李孝常挂帅。李孝常的人马还没到河北，刘黑闼那边已经又扫了李世绩，占了洺州城。李世绩败得是真惨，五千步卒无一幸免，最后就他一个跑了。洺州是窦建德以前的老巢，现在也被刘黑闼重新夺占。河北地面上，李唐仅有的几座州城府县眼看着都守不住了，没办法，这些地方的李唐的守将官员只能是带着人马突围而去，从河北跑回长安。这一下，整个河北地面原来窦建德势力范围的地盘，不到半年的时间竟然被刘黑闼全部夺了回去。

看样子还是秦王靠得住。

武德四年的十二月，秦王李世民、齐王李元吉再次出马征讨刘黑闼。只不过让李世民没有想到的是，刘黑闼比窦建德要难缠得多，在这场征战中他甚至失去了自己最为勇武的将军和同生共死的兄弟。

当李世民正式就任征讨刘黑闼的剿总司令时，刘黑闼在洺州也给了自己一个新的职务——汉东王。

刘黑闼的集团现在已经规模不小，该是要正规化的时候了。刘黑闼正式以洺州作为都城，手下的各色人等纷纷比照窦建德还在的时候的官职，官复原职。当然有些人是会升官的，比如拉着刘黑闼二次造反的范愿、高雅贤、王小胡等。窦建德在的时候制定的规章制度全部恢复运作，一个翻版的窦建德集团复活了。不过和窦建德相比也有不同，就是刘黑闼狠。窦建德比较温厚，温厚的人有时候不够果断，做事情总想面面俱到，这种人适合当和平时期的一把手。刘黑闼完全不同，这个人用我们今天的话来形容就是“悍匪”，勇猛果断，说一不二，适合当战时的领袖。现在悍匪刘黑闼的对手李世民来了，这样的两个强人势必要上演一场火花四溅的大戏。

但是让人多少有点意外的是，当李世民大军到来的时候，悍匪刘黑闼没有和李世民硬抗，而是全军后撤退保洺州，主动让出了相州地盘。为什么这么做？因为刘黑闼强悍，但是头脑并不简单。这个人的军事经验极为丰富，绝对是个油滑异常的角色。之所以后撤是因为他毕竟人少，把本来就不多的人分散到不同地方守城，最终一定会被李世民一口一口吃掉，所以这个时候不能在乎一城一地的得失，关键是要集中兵力。刘里闼收缩兵力退保洺州，等待战机。

这个时候李艺也来了，他从另一个方向和李世民会攻刘黑闼。刘黑闼的战法是集中优势兵力，寻找战机各个击破敌人，现在李艺主动靠上来了，那刚好，先拿你开刀。刘黑闼让范愿带了一万人守卫洺州，自己带主力数万去收拾李艺。没想到刘黑闼刚一走，晚上就出事了。洺州城外二里左右的地方，被唐军摆上了六十面大鼓，夜深人静的时候，六十面大鼓同时擂响，那鼓声打得惊天动地，鼓声通过声波传到洺州城里，整个大地都在震动，这一下就把范愿吓毛了。这是怎么了？哪里来的这么多的鼓声？这得有多少人马？这还了得，老刘现在又不在，城里才一万多兵马，这不行，赶紧叫老刘回来。范愿赶紧派人骑着最快的马给刘黑闼报信，让他赶紧回来。刘黑闼那边听来人说得稀里糊涂，不知道到底老窝出什么事了，但是听着范愿着急上火的样子，一定事态严重，所以刘黑闼马上带着人马往回赶，留下自己的弟弟刘十善和大将张君立带领一万人马对抗李艺，剩下的都跟自己回洺州老窝。等刘黑闼那边火急火燎地回来一看，啥事没有，你说撮火不撮火？谁这么缺德？搞这种下三滥的手段。

弄这个事的人叫程名振，又是一员名将。唐朝之所以那么辉煌，我总觉得和刚建国时候的名将有太多关系。程名振这个人打仗有个特点，就是诡道，就喜欢搞这种偷鸡摸狗的勾当，但是效果却极好，让对手非常头疼和反感。在李世民当皇帝以后，还有的是他露脸的机会。

刘黑闼这边一走，刘十善和张君立马上就惹上麻烦了。他们在兵力不足的情况下依然不知死活地发起了进攻，结果被李艺打得大败，一万人后来跟着回来的只有两千。这一下李艺那头又搂草打兔子占了刘黑闼不少地方。李世民这边也一样，也是步步紧逼。这个时候洺州城边上的洺水县城军民主动投降，李世民派大将王君廓带领一千五百人进入洺水县城布防，洺水县城成了刘黑闼如鲠在喉的一块心病，他一定要把它夺回来。

刘黑闼带着人马来了，他没有想到的是，李世民早已料定他会回来，专门在他的必经之路上设好了伏击，领头的是天下无敌的秦叔宝。刘黑闼毫无准备，这一下吃亏不小。李世民呢又趁机占了不少城池，李艺那边也是连连得手，和李世民在洺州城下胜利会师。眼看着胜利就在眼前了，但是谁都没有想到近在眼前的胜利就是拿不到手里，因为洺水丢了。

刘黑闼上次夺取洺水吃了亏，这一次认真准备，他是一定要把洺水拿下的。洺水城四围都有水，而且挺宽，有五十步，按说应该守得住。但是刘黑闼专门选了一个方向向城里修甬道，这是个土工作业的活，需要一些时间，但是甬道一旦修成洺水城应该就守不住了。李世民他们看到这种情况专门组织了几次攻击行动,试图破坏刘黑闼的修路工作,没想到都没攻上去。李世民有点儿急了,这怎么办?看样子只能放弃。这时候傻小子罗士信说话了。罗士信到底是年轻有冲劲。他说把王君廓换出来,我去守城。于是李世民在洺水城能看得到的城南高地给王君廓打旗语,王君廓看到旗语率军突围,罗士信趁机杀进洺水,继续守城。刘黑闼一看,这样也行?不行,怎么也得拿下洺水,所以严令自己的人马不惜一切代价昼夜攻城,一定要拿下洺水。就在刘黑闼猛烈进攻,罗士信顽强据守的时候,天降大雪,李世民的救兵上不去了,怎么回事?因为大雪融化,道路泥泞,骑兵冲不起来。眼看着罗士信那边日益吃紧,这边干着急没有办法。八天,罗士信整整坚持了八天,终于城破被俘。刘黑闼早就知道罗士信的名声,所以想给他一条生路,没想杀他,但是罗士信言辞不屈,最终被杀,死的时候只有二十岁。

洺水丢了,罗士信阵亡,看来这场战争不是一天两天能够解决的。李世民决定改变战术,闭门不战。反正你现在就是一个洺州,我就在这儿耗着你,你要打我不跟你打,但是我断你的粮道,粮食不够了我看你能撑几天。

李世民龟缩了,刘黑闼认为李世民𡱁了。这下好了,刘黑闼让人从还在自己手里的冀州、贝州等地方征集粮食,水陆俱进送往洺州。结果不论是水路还是陆路全都遭到了伏击,船沉了,车烧了,粮食给人家拿走了。这两路伏击的人居然是同一个人领头,还是程名振。这一下,刘黑闼火大了。程名振,好,这个名字我记住了。

没了粮食的刘黑闼有点儿着急,现在李世民倒不着急了。剿灭刘黑闼不在乎这一两天,所以他天天闭门不战,养精蓄锐。刘黑闼那边耗不起,这么下去迟早是个完蛋,他得有动作才行。相持了六十天后,刘黑闼行动了。

我为什么说刘黑闼是悍匪?因为这个人不但打仗勇猛,而且极为狡猾、难缠。李世民和别人用拼消耗这一招的时候,别人基本上都是没什么破解的好办法,只能干耗。刘黑闼不是,知道这样耗下去对自己不利,所以悄悄带着人把李世绩的大营给围了,然后一声令下发动猛攻。刘黑闼心里知道,吃掉李世绩这一股,就等于断了李世民一条胳膊,自己就有生路。李世民那边一看李世绩大营出事了，赶紧带着人马过来掩杀，救援李世绩。没想到刘黑闼真是老于战阵，狡猾之极，李世民骑兵一到刘黑闼的人自动让开，然后抄到李世民身后，直接把李世民带的人马给围住了。显然刘黑闼有后手，他知道李世绩一时半会儿拿不下来，李世民一定会来，所以做了预案。李世民怎么也没想到，自己打了多少年的仗，大风大浪见得多了，今天居然叫一个刘黑闼给包围了。关键时刻又是多亏了尉迟敬德，尉迟将军当天的位置偏后，一看前边李世民不见了，知道坏了，赶紧带着敢死队拼死往里冲，好不容易冲进包围圈，把李世民给捞出来了。

这一仗，有惊无险，不分胜负。不过这一仗却让战场嗅觉极为灵敏的李世民意识到，刘黑闼的粮食不多了，决战的时候快要到了。李世民下令三军一级战备。

没过几天，刘黑闼来了。

李世民当时和刘黑闼是隔着一条洺水的，李世民在河的南边。决战的那天刘黑闼率军两万渡过洺水，压着唐军的大营列阵决战。这一仗没有什么好说的，就是两军相遇勇者胜。李世民毫不犹豫，又是亲自带队率领精锐骑兵首先发起攻击，目标刘黑闼的骑兵。要打就打不好打的，先灭了你的骑兵，再来蹂躏你的步卒。刘黑闼的骑兵其实也不含糊，但是和李世民的玄甲军比起来还是有差距，几个回合下来，顶不住了。李世民回过手来就来欺负刘黑闼的步卒，刘黑闼不愧是悍匪，骑兵不行了，硬是接着拿步兵跟李世民的骑兵硬扛，率领人马殊死拼杀。这一仗从中午一直打到了黄昏，终于刘黑闼撑不住了。王小胡一看势头不对，赶紧跟刘黑闼说，大哥，不行了，快点跑路，晚了就来不及了。趁着夜色昏暗，刘黑闼和王小胡偷偷逃离了战场。

刘黑闼跑了，但是他的士兵们还在继续战斗，他们没有发现自己的主帅不见了，还在和唐兵互砍。突然，他们听到了一种异常恐怖的声音，如万马奔腾，坏了，发大水了。原来李世民提前几天叫人在洺水上游用沙袋筑坝，搞了一个人工堰塞湖，然后告诉守坝的人，决战这天择机放水。这个水放得正是时候，一丈多高的水头，奔流而下一下子就把刘黑闼的人冲走了好几千，这下刘黑闼的人彻底败了。

你可能要问,这水一放下来怎么光淹刘黑闼的人?你别忘了李世民的军阵在河的南边,刘黑闼的人是渡过洺水来决战的。洺水在他们身后,他们是背水而战,原本想置之死地而后生,结果没想到只是置之死地了。

好了,这下好了,刘黑闼集团覆灭了,天下总该又可以太平无事了吧。结果谁都没有想到,不过几个月,输得只剩下光杆司令的刘黑闼竟然又卷土重来。

第37章　收　官

刘黑闼跑路了,跑得相当狼狈,只带着王小胡、范愿和两百亲随骑兵投奔突厥去了。有这两个死党,加上二百多个二货中青年,翻本的机会有的是。

刘黑闼到突厥那里求救去了。

窦建德本来就和突厥的关系不错，所以刘黑闼认定现在突厥人是自己唯一可以倚重的靠山,能帮自己出头的只有突厥人。你还别说,突厥人还真的出头了。

怎么回事？李渊不是和突厥人关系不错吗？

是,李渊是和突厥人关系不错。但那是以前迫于无奈,要统一天下突厥人是绝对要搞定的,所以李渊千方百计讨好突厥人,让他们在自己一统中原的时候严守中立,用今天美国国务院的说法就是,在李唐和其他割据集团的领土问题上不持立场。现在天下被统一得差不多了,李渊对突厥人的态度就开始有了变化。老子忍了你们好几年,现在终于我也要对你们说“不”了。李渊慢慢也就把大唐皇帝的架子威仪摆出来了，这让突厥人很不爽。不但如此,李渊还开始琢磨突厥人的地盘,琢磨原来是隋朝的后来给突厥抢占的地盘和受突厥保护的其他割据势力。

长期守卫在唐突边界的大将李大恩给李渊上报过一个突袭马邑的作战计划,计划得到了李渊的批准,但是可惜在执行过程中出了偏差,李大恩兵败被杀。

这一下突厥人有点儿被惹着了。怎么回事？还没完没了了，看来不给你李渊一点儿颜色看看，你是不会消停的。刚好这个时候刘黑闼兵败来投，正中颉利可汗的下怀，马上热情接待。刘黑闼，这个头我颉利可汗给你出了，要人给人，要马给马，要武器给武器，装备好了去给我打他老李家去。于是刘黑闼带着人马欢天喜地地杀了回来。

送走了刘黑闼，颉利可汗可没闲着，通知各个部落，集结人手跟我一起南下。这一次颉利可汗是来真的了，整个突厥部落整整集结了十五万人马，攻入雁门关。这一下李渊也很紧张，赶紧集结部队紧急布防。好在这两年别的事没干净打仗了，部队训练有素，集结得很快，迅速在各个方向和突厥人形成对峙的局面。有突厥人在这边牵住了李唐的大量兵力，刘黑闼杀回来不久就占了不少地盘，又成了一块难啃的骨头。

现在该怎么办？是战是和？李渊有点儿拿不定主意。太常卿郑元寿的意见是和。郑元寿多次出使突厥，对突厥的实力比较了解，他很务实，认为现在李唐还没有和突厥叫板的实力。中书令封德彝不同意，他觉得就这么求和太丢人，应该打他一家伙，打赢了以后再讲和，这样恩威并施，既有面子又有里子。李渊觉得有道理，就准备按照封大人说的办，可是还没等他出手，颉利可汗就已经拿下了他的大震关。这一下，李渊头脑冷静了，看来还是郑元寿说得对，对于突厥人，还得要忍。所以李渊在丢了大震关以后，马上派出郑元寿出使突厥，忽悠颉利可汗接受求和。这已经是郑元寿第五次出使突厥了，郑元寿真是能忽悠，他见了颉利可汗先是一通辩论，严肃地质问颉利可汗为什么背弃了唐突友好条约。颉利可汗打仗是一把好手，但是论耍嘴皮子的功夫那真不是郑元寿的对手，几句话说下来搞得颉利可汗挺惭愧，好像自己干了一件很不道德的事一样。看着颉利可汗心眼活动了，郑元寿的软话就来了。他跟颉利可汗说，唐和突厥生活方式、风俗习惯完全不同，你就是占了我们的地盘，你们突厥人能真的在这里放牛牧马吗？你们能住得惯吗？不能呀。你想抢一票，你想想你发动大军打这一仗，抢下来的东西能都归你一个人吗？还不是你的军队、你的各个部落的人分了，你能有多少？要我说不如咱们还是和好如初，重新签订友好条约，然后你带着你的人马回去，我这后面马上就把金银财宝、绫罗绸缎给你送过去。我送过去的那都是好东西，全都进入你可汗本人的府库，这多好。以后每年都这么办，你看怎么样？颉利可汗听了以后，愉快地接受了郑元寿的建议，带着老李家送来的金银财宝，退兵了。郑元寿真不简单，五次出使突厥，每次都是唐突之间有问题的时候，哪句话说得不对就有可能身首异处、客死他乡，可郑元寿每次都能化干戈为玉帛，不容易。

好了，没了突厥人添乱，总算可以专心对付刘黑闼了。这一次出马的选手是淮阳王李道玄——李渊的侄子和副司令史万宝。李道玄刚十九岁，别看年纪不大但是已经久经战阵，李世民当年在介州打宋金刚的时候，李道玄是第一个冲入敌阵的。那时候他才十五岁。在虎牢关对阵窦建德的时候他和李世民一起攻入敌阵，一直穿插到敌阵背后，然后掉转马头再杀进来、杀出去，就这样在敌阵之中勇猛穿插。这样的猛人当然会成为众矢之的，结果人家的弓箭手全都瞄准他一个人射，把李道玄身上射得像刺猬一样，还好唐兵的铠甲精良没有被穿透。但是李道玄的马被射翻了，李世民看见赶紧又给他调来一匹。这个堂弟实在是太猛，李世民生怕有个闪失，所以后来干脆就让李道玄紧跟在自己身边。这样的猛人对抗悍匪刘黑闼应该很好看，可惜一场本来应该很精彩的比赛被一个自以为是的家伙给搞砸了，这个人就是副司令史万宝。

史万宝，前边提到过，这个人能力有限，胆子小但是还喜欢摆谱。这次给李道玄打下手，他老大不愿意。这小子这么年轻就成了我的顶头上司，这上哪儿说理去？还好，李渊大概也害怕史万宝有什么不良情绪，就给了他一道手敕，算是密旨吧。大意是说，李道玄毕竟年轻，这次出兵史万宝要多负责，要照顾好李道玄。有了这么一道手敕，史万宝的腰杆子就比较硬了。一路上时不时地给李道玄一些小绊子。李道玄到底年轻，没太放到心上，他没有想到这样的不和谐在战时那是要送命的。

终于，猛人李道玄和悍匪刘黑闼碰面了。这一仗李道玄面对刘黑闼毫不犹豫地发起了进攻，然后李道玄命令后面的史万宝率领大军马上跟进，会攻刘黑闼。但是命令传到后面史万宝却止步不前了。为什么？因为史万宝看到前边一大片泥泞，我说过史万宝这个人胆子小，一点儿小困难就能把他唬住。史万宝觉得要是步卒跟上肯定要通过这片泥泞之地，万一前边李道玄攻击得不顺手，那我的步卒就得在泥泞里面布阵，不妥不妥。干脆，我不走了，就在这边先把阵势扎好。李道玄就那么点人马，看着我后军没有上来肯定要退回来，这个时候我接应李道玄，抵挡后面跟着的刘黑闼。可是李道玄毕竟是司令，司令的命令怎么办？史万宝这个时候马上大声宣布，自己身上有李渊密旨，这次出战自己才是真正的统帅。然后史万宝全军就地布阵，等待败退回来的李道玄和后面的刘黑闼。在史万宝看来，正好拿李道玄当诱饵，让他把刘黑闼引进自己的伏击圈。可是史万宝想错了一件事，李道玄是猛人，对猛人而言，败退是莫大的耻辱，所以李道玄根本就没有打算后退。结果众寡实在悬殊，李道玄兵败被杀。

史万宝想错的另外一件事就是前军失利对后军的心理影响，尤其是李道玄被擒杀对自己部下的心理影响。当他的部队没有看到李道玄纵马归来，看到的只是毫不犹豫冲过泥泞之地的刘黑闼杀气腾腾的手下时，他们知道李道玄肯定完了。李道玄是这支军队的胆，胆没有了，结果可想而知。后军兵毫无斗志，全军溃散，史万宝根本制止不了，只能跟着跑路了。

杀了李道玄，大败唐军，刘黑闼声威大震。附近的州城府县又纷纷投降刘黑闼，李唐的各地守将被刘黑闼吓得纷纷退避三舍，没用多长时间刘黑闼几乎恢复了全部地盘，又成了雄踞一方、不可小觑的诸侯。难搞哇，对付这样的悍匪，到底该怎么？没过多久，终于有一个人给出了正确的答案。

最后一个出场对阵刘黑闼的选手是太子李建成。李建成实在是坐不住了，再不出场不行了。为什么呢？因为自己的弟弟李世民虎牢关一战威震天下，现在谁都觉得这个弟弟厉害，不论是各级官员还是普通老百姓都在津津乐道秦王的神勇。话里话外的意思就一个，他这个弟弟比他强，他能坐上太子之位不过就是因为年纪大罢了。李世民呢，自打从洛阳回来也没闲着，马上搞了一个秦王府十八学士，房玄龄、杜如晦、虞世南、薛收、孔颖达、许敬宗等十八个文化人都拢到他的集团去了，这不明摆着在培植党羽，建设抢班夺权的团队吗？你手里已经有秦叔宝、尉迟敬德、程咬金、段志玄一帮能打能杀一个顶一百个的打手了，现在又弄了一批能说会道、能写会画的知识分子在你身边给你出主意，帮你造声势。我再这么傻乎乎地啥也不干，要不了多久恐怕太子的位子就真成你的了。而且现在李世民对打刘黑闼并不积极。要是以往，你刘黑闼这么嚣张，李世民早就带兵过来了。可是这一次，刘黑闼卷土重来，李世民没有像以前一样自告奋勇请缨出征。你想想为什么？我告诉你，因为李世民现在有了夺嫡之心。

在所有正统的历史记载中，李世民后来发动玄武门事变似乎都是被逼无奈，被他的哥哥弟弟逼得不得不出手，自卫反击，后来也就是防卫过当了。真相如何不得而知，因为这一段历史是在李世民本人的参与下撰写的，你看不到真相，只能一点点去推理。我个人的判断是玄武门事变本身就是李世民主动策划的，根本不是被动防守。自从武德四年的虎牢关大捷后，他就萌生了夺嫡之心。看看李世民一贯的打仗表现，你会发现武德四年之前的所有大战，李世民无不是身先士卒，险中求胜。但是这次大战之后，李世民的战斗表现要稳妥得多了，再没有了那种玩命的二货精神。为什么？因为一个开始想着要当皇帝的人，自然会开始珍惜生命了。所以从这样的蛛丝马迹中，我判断李世民这个阶段已经有了夺嫡之心。正是因为李世民的夺嫡野心，才导致他的哥哥对他处处防范，最终演变成一场悲剧。有了夺嫡之心的李世民对于打仗这种高风险的工作就比较慎重了，这件事对自己而言没有什么好处，打赢了，那是你应该的，王世充、刘武周、窦建德、薛仁杲你都平了，一个刘黑闼当然不在话下。可是万一有个闪失，秦王神勇无敌的神话就会破灭，所以李世民对这次出击刘黑闼非常消极。

这个时候，李建成太子府的参谋人员魏徵就建议他赶紧接手剿匪总司令的职位。趁这个机会一方面可以建立功名树立威信，另一方面可以和武将们建立更牢固的关系，给自己培植势力。这个魏徵就是后来在贞观之治中与李世民一起写下了千古佳话的魏徵。在人们的印象中，他似乎是一个道德模范式的人物，总是在匡正李世民的错误，实际上我认为这个人最大的特点不是品德高尚，而是务实理性，绝对德才兼备的人物。

李建成当然明白这是一个机会，但是他也有点担心，因为这毕竟是打仗,李道玄已经挂了,万一自己有个闪失,那岂不是直接给弟弟让座位了吗?对于这一点魏徵看得很明白。刘黑闼看上去是很凶悍,但是这个人的政策水平很低,打仗是不错,但是打来打去没建立什么巩固的根据地,没有什么让人一呼百应的政策,基本上就是江湖义气那一套东西,所以到时候只要决策正确,扫平刘黑闼不难。到底该用什么方式来解决刘黑闼,魏徵已经胸有成竹了。太子殿下,您放心出发,到时候魏徵一定让刘黑闼的人头自动送上。

李建成司令员出发了。从这你能看出来什么不?魏徵到李建成身边时间并不长,但是李建成能对魏徵言听计从说明什么?说明李建成是一个有能力、有眼光的人物,绝不是一个废物。

悍匪刘黑闼依然在彪悍的东讨西杀,不断扩充自己的地盘。因为擒杀李道玄的关系,现在刘黑闼的声威在这一片那是很叫得响的,很多地方只要放出话去,说过两天刘黑闼要来了,这个地方的人就敢杀了地方官等着刘黑闼的大军。这样一来搞得李唐的很多地方官员和下属之间互相猜忌,上下离心。刘黑闼很得意,他对自己的威名所产生的震撼效果很满意,但是让他有点意外的是他的威名在魏州这个地方不灵了。

魏州的总管叫田留安,这个人很有能力。当时各级地方官员基本都处于一种提心吊胆的精神高度紧张状态,不知道哪个属下会不会哪天把自己剁了投靠刘黑闼去,看谁都有点儿像卧底,所以对谁都得防着。田留安不同,对谁都是一片赤诚,推心置腹,以心换心。他手下有个人本来是刘黑闼的下属,听说刘黑闼要来,就有点儿想造反的想法。田留安看出来了,看出来以后不是把这个人拉出去剁了,而是直接把家里的钥匙给这个人保管,告诉他以后我的安全就交给你了,走哪儿带到哪儿。这样一来谁还好意思下手?最后这个人成了田留安的死党。魏州上下一心,不买刘黑闼的账。魏州地面拿不下来,这不行,不能有这样的反面典型存在。刘黑闼率军征讨魏州,结果没想到对自己这样的悍匪田留安竟然敢主动出击。刘黑闼一下被打了一个冷不防,被人家俘虏了六千多士卒。这还了得,反了你个田留安!被惹毛了的刘黑闼下令围城猛攻。

就在刘黑闼攻城不下的时候,李建成大军到了。

刘黑闼一方面继续留人围城看着田留安，另一方面率领主力对抗李建成大军。结果挺有意思，李建成和刘黑闼对阵了两次，都是排好了阵势，但是没有交手，大家站了一天，各自收兵了，好像谁都想保存实力。这个时候魏徵拿出了对付刘黑闼最有效的方法，他让李建成释放所有刘黑闼的俘虏。现在你就可以看出我为什么说魏徵务实理性了。因为魏徵最准确地看到了刘黑闼造反队伍成事的原因，就是不得不反。前边李渊征集窦建德的亲信属下搞得人人自危，所以造反。后来虽然反复解释说没有恶意，但是没有人信。其实谁愿意天天在刀剑中打滚？谁不想过一亩三分地的安稳生活？现在释放所有俘虏就是最好的证明。这些人回到自己的阵营，只要把自己的情况一说，不用你宣传，人家都信了。

前边田留安俘虏的六千人和各个地方所有捕获刘黑闼的组织成员全部被释放，这一下刘黑闼那边受不了了。本来刘黑闼最近缺粮，就有开小差的，这些俘虏一回来，把李唐的政策这么一宣传，谁还愿意打仗？这就开始有组织地开小差了，更有甚者，有些胆子大的竟敢把自己的领导绑了跑到李建成那边请功。刘黑闼慌了，自己的人越跑越少，这不行，过两天城里边的田留安再杀出来和李建成里应外合，那就彻底完蛋了，赶紧走。

找了一个月黑风高的晚上，刘黑闼全军开溜了。等跑到馆陶的时候，李建成和李元吉率领的追兵到了。这个时候刘黑闼的人马背水列阵迎击李建成兄弟。不是刘黑闼想背水列阵，而是因为河上的永济桥没有修好，所以没办法走不了，给挡到这里了。刘黑闼一方面指挥全军布阵，另一方面偷偷地找了一帮木工，加班加点地抢修永济桥。刘黑闼本人就在工地前边不远的地方，看上去像是督阵，其实是随时看着修桥的进度。结果这边这几个木工刚把最后一个钉子砸进去，刘黑闼突然掉转马头，一马当先冲过永济桥，跑了。悍匪刘黑闼居然就这么灰地跑了。刘黑闼的手下彻底崩溃了，集体投降。李建成赶紧调动大军过河追人，没想到刘黑闼手下抢修的这座桥并不结实，刚过去一千人，桥塌了。

不行，这个时候不能再让这小子死里逃生，必须赶尽杀绝。李建成命令大将刘弘基率领已经过桥的一千多人咬在刘黑闼屁股后面，死追不放。刘黑闼一路跑,刘弘基一路追,搞得刘黑闼很郁闷,没法休息,想吃一口热乎饭都不行。等跑到饶州的时候,真是又累又饿受不了了。饶州这个地方,现在属于刘黑闼的势力范围,按说应该能喘一口气了。但是刘黑闼也明白,自己现在的处境,对谁都不能太相信。所以刘黑闼到了饶州并没有进城,他要观察一下。这个时候饶州刺史诸葛德威出来了,盛情邀请刘黑闼入城休息。刘黑闼不放心,不想进去,结果诸葛德威那真是演技派的,马上泪流满面地诚意邀请,简直就是披肝沥胆的忠贞不贰。刘黑闼最终和诸葛先生进城了,看来诸葛先生的聪明都是祖传的,以后凡是碰到姓诸葛的智商大概都低不了。诸葛先生给刘黑闼奉上了他向往已久的热饭热菜,然后在刘黑闼埋头猛吃失去警惕性的时候,一帮早已准备好的彪悍士卒突然冲出,三下五除二,拿下了刘黑闼。

接下来,诸葛先生带着刘黑闼这个见面礼举城投降太子李建成。

悍匪刘黑闼最后被斩于洺州。死前,这位著名的土匪头子表达了对自己曾经的种菜生活的无限怀念。

终于消停了,闹腾了一年多,天下终于太平了。

武德六年(623)刘黑闼集团覆灭,同年李靖和李世绩一起又平了辅公祏的叛乱。天下在这一年终于归于平静了。但是另一场更加波诡云谲的激战却悄然拉开了帷幕。现在激战的双方还只是藏在幕后,但是在明年他们就将真正走到前台,刀兵相见。也就在这样的一场充满迷雾的激战中,一个全新风貌的时代即将来临,史称贞观之治。